국가와 세계를 바꾼

위대한 7인의 정치가

국가와 세계를 바꾼

위대한
7인의
정치가

박동운 지음

리콴유 | 박정희 | 덩샤오핑 | 마거릿 대처 | 로널드 레이건 | 넬슨 만델라 | 앙겔라 메르켈

북앤피플

　나라와 세계의 발전은 정치가들의 통치가 결정한다. 나는 이승만 초대 대통령부터 문재인 제19대 대통령까지 80여 년 동안 살아오면서 이를 절실하게 느꼈다. 또 몇몇 세계적인 정치가들 이야기를 쓰면서도 이를 확인했다. 그래서 내가 살아온 시대에 '국가와 세계를 바꾼 위대한 7인의 정치가' 이야기를 한 권의 책으로 엮었다.

　훌륭한 정치가는 타고난다기보다는 주어진 여건에서 스스로 노력하여 만들어가는 것이라고 생각한다. 이런 생각에서 7인의 정치가 이야기에서는 한정된 지면임에도 불구하고 그들의 성장과정에 지면을 넉넉하게 할애(割愛)하고, 나라와 세계를 바꾸려고 한 그들의 비전과 정책에 초점을 맞췄다. 7인의 정치가들의 업적 평가와 주는 교훈에서는 자유주의·시장경제 시각에서 논리를 전개했다.

　내가 선정한 7인의 정치가들은 20세기 후반기에서 21세기 초반기에 걸쳐 활동했거나 활동하고 있다. 이야기의 순서는 이들 정치가들의 집권 연도에 맞춰 정했다. 이야기의 양은 각각 60여 쪽으로 제한하고, 이야기의 초점은 이들 정치가들의 성장 과정, 등장 배경, 비전, 업적, 주는 교훈 등에 맞췄다.

　이 책을 쓰게 된 목적은 세 가지다. 첫째, 나라와 국민은 뒷전에 두고 오로지 '편 가르기'에 여념이 없는 대부분의 한국 정치가들에게 경종을 울리기 위해서다. 둘째, '거꾸로 가는 정책만 고집하여' 잘 나가는 한국경제를 침몰시키고 있는 문재인 대통령과 그의 추종자들에게 경종을 울리기 위해서다. 경종이란 바로 7인의 정치가들의 훌륭한 통치철학이다. 셋째, 언젠가 오게 될 통일을 염두에 두고 통일된 한국의 정치가들에게 도움을 주기 위해서다.

　7인의 정치가들은 다음과 같다.

- 리콴유: 작은 나라 싱가포르를 초일류 국가로 만들다
- 박정희: 가난한 나라 대한민국을 경제대국으로 이끌다
- 덩샤오핑: 굶어죽는 나라 중국을 G2로 이끌다
- 마거릿 대처: 구조개혁으로 세계를 시장경제로 바꾸다
- 로널드 레이건: 작은 정부를 실현하여 '자유로운 미국'을 만들고, 냉전을 종식시켜 '평화로운 세계'를 만들다
- 넬슨 만델라: '화해와 용서'로 인종차별 없는 나라를 만들다
- 앙겔라 메르켈: 노동시장 개혁으로 실업률 11.3%를 3.4%로 낮춰 최고의 복지를 실현하다

2019년 1월 21일
만 78세 생일 아침에

차례

01
리콴유

도시국가 싱가포르를 초일류 국가로 만들다

Lee Kuan Yew

리콴유

도시국가 싱가포르를 초일류 국가로 만들다

싱가포르는 저절로 만들어진 나라가 아니다. 싱가포르는 리콴유(李光耀, Lee Kuan Yew; 1923~2015)가 '일류 국가를 만들겠다'는 비전을 가지고 손수 만든 나라다.

싱가포르는 말레이 반도 끝자락에 자리한 섬으로, 크기는 서울의 약 1.1배, 인구는 약 4백5십만 명의 작은 나라다. 싱가포르는 1826년에 영국의 해협식민지가 된 후 1867년에 영국 식민지로 편입되었다. 제2차 대전 중에는 말레이시아를 침략한 일본군에 점령당했고, 1945년에 일본이 항복하자 영국군에 다시 지배당했으며, 1965년에 영국으로부터 완전히 독립했다.

리콴유는 선거를 통해 1959년 6월 5일에 영국 식민지 자치정부의 총리가 되었고, 싱가포르는 1965년 8월 9일에 영국으로부터 정식으로 독립했다. 독립 당시 싱가포르는 자원이라고는 거의 없는 가난한 나라였지만 리콴유의 뛰어난 통치에 힘입어 지금은 세계 초일류 국가로 발전해 있다.

리콴유는 두 권의 자서전을 남겼다. 이들 자서전은 리콴유가 싱가포르를 어떻게 일류 국가로 만들었는지 소상하게 보여준다. 그래서 이들 자서전을 리콴유 이야기의 텍스트로 삼았다. 싱가포르경제의 현주소는 여러 자료를 바탕으로 정리했다.

주요 참고문헌

Lee Kuan Yew(1998), *The Singapore Story*, Prentice-Hall, Inc.. (류지호 역(1999), 『리콴유 자서전』, 문학사상사.)

Lee Kuan Yew(2000), *From Third World to First*, Harper Collins Publishers Inc.. (류지호 역(2001), 『내가 걸어온 일류국가의 길』, 문학사상사.)

김성진(2007), 『리콴유 작지만 강한 싱가포르 건설을 위해』, 살림.

① 리콴유의 삶: 태어나서 정계 입문까지

태어나서 정계 입문까지 리콴유의 삶을 정리한다.[1]

◆
◆

부유한 집안에서 태어나 중학교 입시에서 전국 1등하다

리콴유는 1870년 중국 광둥(廣東)에서 이주한 리복분의 증손자로 1923년에 태어났다. 그가 태어났을 때 집안 어른들은 그에게 좋은 이름을 지어주기 위해 이름을 작명가에게 부탁했다. 그렇게 해서 지은 이름이 콴유(光耀)로, 이는 '빛과 영리함'을 뜻한다. 여기에다 싱가포르가 영국의 지배를 받고 있을 때 영국에 동경심을 품은 그의 할아버지가 'Harry'라는 이름을 붙여줘 그의 이름은 '해리 리 콴유'로도 불린다. 그는 할아버지의 영향을 많이 받고 자랐다. 리콴유는 이렇게 썼다. "나는 솔직히 할아버지한테 깊은 인상을 받았다. 할아버지는 맨손으로 자신의 앞날을 개척하여 큰 부를 쌓았고, 또 그 부를 통해 삶

---

1) Lee Kuan Yew(1998), *The Singapore Story*. (류지호 역(1999), 『리콴유 자서전』, 문학사상사, pp.1~152.)

의 즐거움을 누릴 줄 아는 분이셨다."

리콴유의 집안은 부유했는데 그는 보통 아이들처럼 자랐다. 그의 아버지는 화를 잘 내는 사람으로 "어머니와 가족 모두를 불행에 빠뜨렸다"고 리콴유는 썼다. 그는 나이가 들면서 어머니와 집안일을 상의해서 처리했다. 그는 청소년기에 사실상 집안의 가장이 된 셈이었는데, 이런 경험을 통해 "자신의 결단력을 키울 수 있었다"고 썼다.

리콴유는 초등학교 1학년 때 3학년으로 월반하여 6년 동안에 7년 과정을 모두 마쳤다. 그는 1935년에 싱가포르 섬 전체를 대상으로 실시된 공립중학교 입학시험에서 1등을 차지하여 싱가포르에서 제일가는 래플스 중고등학교에 입학했다. 여기서도 그는 별다른 노력 없이 늘 1~3등 안에 들곤 했다. 그는 수업시간에는 산만한 편이었지만 담임선생님은 생활기록부에다 이렇게 적어놓았다. "해리 리 콴유는 각별한 의지를 가진 학생으로, 앞으로 높은 지위에 서게 될 것이 분명하다." 그는 청소년기를 즐겁게 보냈다고 회상했다.

변호사를 꿈꾸다

리콴유의 부모님은 친구들의 예를 들어가면서 의사나 변호사 같은 직업이 수월한 삶을 살게 해준다고 늘 강조했다. 그래서 그는 고용주의 지시를 따르는 종업원이 아닌, 자신이 고용주가 되는 변호사가 되리라고 일찍부터 마음먹었다. 그의 꿈은 런던에서 법학을 공부하는 것이었다. 그는 1940년에 치러진 고등학교 졸업시험에서 싱가포르와 말라야 전체 수석을 차지했다.

리콴유는 1940년에 영국 식민정부가 1928년에 설립한 래플스대학 장학생으로 선발되었다. 그는 훗날 법학을 공부할 계획으로 영문학, 수학, 경제학 등을 수강했다. 그는 수학에서 1등을 차지하곤 했지만 영문학, 경제학, 역사학에서는 콰걱추(柯玉芝)에게 1등을 내주곤 했다. 콰걱추는 만만찮은 경쟁자였다. 콰걱추는 훗날 리콴유의 아내가 된다. 래플스대학을 다니는 동안 그는 인종, 민족, 종교 문제에 눈 뜨기 시작했다. 그는 당시 말레이계 학생들에게 주어지는 특전을 보고, 인종차별 문제를 경험하게 되었다고 썼다.

일본 치하에서 먹고 살기 위해 일본어를 공부하다

리콴유는 1941년 12월 8일 새벽 4시에 기숙사에서 잠을 자다가 일본군의 침략을 받았다. 대학 강의가 중단되었다. 그는 의료보조 지원대의 래플스대학 분대에 자원입대했다. 말레이 반도에서 영국군이 일본군에게 형편없이 밀렸다. 일본군의 싱가포르 공격은 밤낮으로 계속되었다. 영국군이 1942년 2월 15일에 항복하자 일본군이 뒤이어 싱가포르를 점령했다. 그는 일본군의 침공으로 백인들의 우월성 신화가 여지없이 무너지는 것을 보았다.

일본군은 영국군보다 훨씬 잔인했다. 한번은 리콴유가 길을 가다가 일본군에게 붙잡혔다. 일본군이 그를 무릎 꿇리고, 군화 바닥으로 가슴을 차는 바람에 그는 길 위에 나동그라지고 말았다. 일본군은

1942년 2월 18일부터 22일까지 중국인 청년 6,000여 명을 학살했다. 대학살 후에도 일본군은 동부 싱가포르에서 반일분자 색출 작업을 계속했고, 중국인 수백 명을 또 처형했다. 처형된 사람들은 모두 건장한 청년들이었다. 일본군 치하의 삶은 한 마디로 지옥이었다. 리콴유의 아버지는 직장을 잃었고, 리콴유가 다니던 대학은 휴교했고, 동생들의 학교도 문을 닫았다. 그들 가족은 항상 위험에 싸여 있었다.

리콴유는 먹고 살기 위해 일본어를 배워야겠다고 생각했다. 그래서 그는 1942년 5월에 점령군 당국이 개설한 일본어 학교에 등록했다. 그 무렵 할아버지가 돌아가시자 리콴유의 아버지는 할아버지의 일본인 친구를 찾아가 리콴유의 일자리를 부탁했다. 이를 놓고 리콴유는 이렇게 썼다. "할아버지와의 옛정을 생각해서 그는 내게 일자리를 주었다. 이제 나는 상전(上典)이 일본인으로 바뀐 새로운 세상에 첫발을 내딛게 된 셈이다." 일본인 회사의 주된 업무는 내부 업무 처리와 다른 일본 회사들과의 교신에 필요한 문서 복사였다. 약 8개월 동안 이 회사에서 일하고 있었는데, 점령군 당국이 발행하는 신문에 영어를 할 줄 아는 사람을 찾는다는 광고가 떴다. 리콴유는 영어 실력을 시험하고 싶어 직장을 옮겼다. 맡은 일은 여러 통신사들이 모스 부호로 타전해오는 뉴스 전문(電文)을 해독하는 것이었다. 리콴유는 15개월 동안 그곳에서 일했다.

먹을 것이 궁해지고, 전쟁이 끝장을 향해 가고 있었다. 리콴유는 일본군에게 미행까지 당하고 있었다. 1945년 8월 15일, 드디어 일본이 항복했다. 리콴유는 일본군 치하에서 겪은 경험을 이렇게 표현했다.

"3년 반 동안의 일본군 점령 시절은 내 인생에서 가장 중요한 시기였다. 나는 그 시절에 인간이라는 존재의 행동양식과 인간이 모여 사는 사회, 인간의 욕구와 충동의 본질에 대해 많은 것을 느꼈다. 정부의 절대적 필요성, 그리고 권력이야말로 혁명적인 변화를 주도할 수 있는 가장 효과적인 수단이라는 점은, 내가 만약 일본 점령 시절을 겪지 못했더라면 절대로 이해할 수 없었을 것이다."[2]

일본이 항복하자 싱가포르는 다시 영국군의 지배를 받게 되었다.

전쟁이 끝난 후 리콴유는 생계를 위해 암시장 중개인과 건설 하청업에 잠시 몸담았다. 그러면서 그는 자신의 진로 문제로 고민에 빠졌다. 휴학 중인 래플스대학에 복학할 것인가, 복학하려 해도 학교가 언제 문을 열 것인가, 자칫 잘못 하다가는 시간만 낭비하는 것이 아닌가, 고민이 컸다. 마침내 그는 자신의 진로를 결정했다. 그는 1946년 9월 16일 스물세 번째 생일에 영국행 배를 탔다. 그동안 사귀어오다가 결혼을 약속한 콰걱추를 뒤에 남겨두고.

영국에 유학하여 법학을 공부하다

리콴유는 바라고 바라던 런던정경대학(LSE)에 입학했다. 거기서 그는 라스키 교수의 강의를 통해 사회주의를 접하게 되었다. 라스키 교수의 강의를 듣고 리콴유는 이렇게 썼다.

"이 세상에 사는 모든 사람들에게 동등한 기회가 주어지고, 사회적

---

2) 류지호 역(1999), 『리콴유 자서전』, 문학사상사, p.87.

지위나 재산 정도 그리고 부모의 신분과 상관없이 부의 분배가 공평하게 이루어지는 사회라는 개념은 무척이나 매력적이었다."

그러나 리콴유는 곧 마르크스주의 이상보다 레닌주의 방법론에 염증을 느꼈다. 그는 일본 항복 직후에 일본군에게 협조했다는 이유로 말레이 인민군이 재판도 거치지 않고 수많은 사람들에게 보복하는 것을 보았기 때문이다.

리콴유는 케임브리지대학으로 옮겨 법대 예비반에 입학했다. 그의 성적은 최상위 등급이었다. 때맞춰 애인 콰걱추가 공부하러 영국에 왔다. 그녀는 케임브리지 북쪽에 있는 거턴칼리지에 입학했다. 그 무렵 리콴유는 말라야와 싱가포르에 대한 영국의 식민통치는 반드시 종식되어야 한다는 생각을 갖게 되었다. 영국 통치에 대한 이 같은 생각은 일 년 동안 런던과 캠브리지에서 생활하는 동안 점점 더 굳어져 갔다. 영국인들은 식민지 사회의 발전 따위에는 전혀 관심이 없었고, 오직 영국이 잘사는 일에만 관심이 있었다. 게다가 리콴유는 방을 구할 때마다 중국인이라는 이유로 번번이 거절당하곤 했다.

1949년에 리콴유와 콰걱추는 졸업시험을 치렀다. 둘 다 최상위 등급을 받았다. 케임브리지대를 졸업한 그들은 열흘 동안 기차를 타고 잉글랜드와 스코틀랜드를 여행했다. 여행에서 돌아온 그들은 런던에서 함께 살 집을 마련하고, 사법고시 준비에 들어갔다. 그들의 꿈은 영국의 사법고시에 합격하는 것이었다. 그 과정에서 리콴유는 노동당 후보로 하원의원에 출마한 케임브리지대 동창을 돕기로 했다. 선거운동 첫 경험이었다.

비밀 결혼한 아내와 함께 영국 변호사 시험에 합격하다

1950년에 리콴유와 콰걱추는 사법고시를 보기 위해 런던으로 갔다. 둘 다 합격했다. 그들은 영국 법조계의 전통에 따라 머리장식과 법복을 착용하고, 미들 템플의 만찬식장에서 열린 법조인 선서식에 참석했다. 그들의 인생이 새로운 국면으로 접어드는 순간이었다.

리콴유는 영국을 '개명된 사회'라고 불렀다. 그는 영국에서 국민건강보험 법안이 1948년에 통과된 지 얼마 지나지 않아 안경을 찾으러 안경점에 갔다. 그는 돈을 낼 생각이었는데 안경점 주인이 공짜라고 자랑스럽게 말하는 것이었다. 서류에 서명만 하면 된다는 것이었다. 치과에 갔을 때도 마찬가지였다. 대학병원에서는 아예 서명도 필요 없었다. '요람에서 무덤까지(from cradle to tomb)'라는 영국의 복지 정책이 가동하기 시작한 무렵이었다. 프랑스인들이 영국에서 공짜 치료를 받기 위해 몰려오고 있다는 신문 기사가 떴다. 리콴유는 영국인들이 그들의 사회를 변화시켜 나가는 모습을 보면서 처음에는 그들에 대한 존경심을 품지 않을 수 없었다. 그러나 당시 현실은 그렇지 않다는 것을 곧 깨달았다. 많은 식료품은 배급제였던 것이다. 훗날 그는 당시 영국 정부가 엄청난 액수의 정부 지출이 뒷받침되어야 한다는 것을 고려하지 않았다고 썼다.

"사람들은 정부에 손을 벌리는 데 길들여질 것이 분명했다. 그래가지고는 사회발전은 기대할 수 없는 법이다. 이것은 인류 역사의 진리다."

리콴유와 콰걱추는 변호사 자격시험에 합격하자 영국 생활을 접고 1949년 8월 1일에 귀국했다. 그들은 영국에서의 결혼을 비밀에 부치기로 하고, 항구에서 뿔뿔이 헤어졌다.

2
정계 입문부터 수상이 되기까지

정계 입문부터 수상이 되기까지 리콴유의 삶을 정리한다.[3]

◆
◆

집배원 노조파업을 변호하여 명성을 얻다

리콴유는 콰걱추와 정식으로 결혼식을 올렸다. 리콴유는 우연한 기회에 레이콕 법률회사에서 레이콕 변호사의 보조 변호사로 일하겠느냐는 제안을 받고 변호사 일을 시작했다. 아내 콰걱추도 같은 회사에서 변호사 일을 시작했다.

리콴유는 당시 영국 식민정부의 지도력 부재를 개탄했다. 식민정부는 일반 민중들로부터 떨어져 있었다. 그래서 그는 정치에 관심 있는 친구를 찾고 있었다. 마침 다가올 입법의회 총선거에 출마하려고 한 레이콕 변호사가 그에게 선거운동 책임자가 되어 달라고 요청했다. 그는 싱가포르 정치를 경험할 수 있는 좋은 기회라고 생각하여 레이콕의 요청을 받아들였다.

---

3) 류지호 역(1999), 『리콴유 자서전』, 문학사상사, pp.153~364.

1952년 어느 날 오후. 집배원 복장을 한 말레이인 세 명과 인도인 한 명이 그의 변호사 사무실로 찾아왔다. 그들은 집배원과 전화교환수 노조가 임금인상을 놓고 식민정부와 협상을 벌여 왔으나 별 진전이 없다고 하면서 자신들 노조의 법률고문이 되어 달라고 부탁했다. 그는 레이콕과 상의한 후에 수임료를 받지 않기로 하고 그들을 돕기로 했다. 그는 정부와의 협상에서, 싱가포르 집배원들이 과중한 업무와 높은 물가에 시달리고 있는데도 말라야 집배원들과 똑같은 급료를 받는다는 것은 불합리하다고 주장했다. 협상은 아무런 성과를 거두지 못했다.

리콴유는 집배원 노조원들의 마음을 달래주려고 애썼다. 그의 연설을 듣고 나서 노조원들은 파업을 결의했다. 파업 첫날 노조원들은 피켓을 들고 평화 시위를 벌였다. 정부는 총과 단검으로 맞섰다. 파업 첫째 주에 대중 여론은 식민정부로부터 완전히 등을 돌렸다. 식민정부의 거만함 때문에 다른 노조들까지 집배원 노조를 지지하고 나섰다. 식민정부가 뒤로 물러서면서, 노조원들이 직장에 복귀하면 새로운 협상에 응할 용의가 있다고 접근했지만 합법적인 파업 앞에 영국 관리들은 속수무책이었다. 협상이 재개되어 리콴유가 도운 집배원 노조가 만족스러운 성과를 얻어냈다. 이를 놓고 그는 이렇게 썼다.

"내 이름은 집배원 노조 파업을 통해 널리 알려지게 되었고, 나는 변호사로서의 명성을 얻었다. 나는 더 이상 케임브리지대를 우수한 성적으로 졸업한 풋내기 변호사가 아니었다. 나는 노조 파업을 주도하고 그들의 이익을 대변해 주었으며, 또 그들의 신뢰를 얻었다. 나는 그들의 기대를 저버리지 않았고, 그들이 원하는 것을 이루어 주었다. 나는 영어파 계층에게 불안감을 조성하지 않으면서도 싱가포르와 말라야의 많은 노동자들로부터 존경을 받게 되었다."

35세에 총리가 되다

그 무렵 리콴유는 뜻이 맞는 사람들과 함께 합법적 정당 창당의 타당성을 검토하기 위해 토요일 오후에 모임을 갖곤 했다. 드디어 1954년 11월 21일 일요일 오전 10시에 빅토리아 기념관에서 인민행동당(人民行動黨; People's Action Party; PAP)이 조촐한 분위기에서 창당되었다. 이어 인민행동당은 1955년 4월 2일로 예정된 총선거에 대비하여 후보 5명을 선출했다. 리콴유는 탄종파카르에서 출마하기로 했다. 리콴유의 집은 사실상 선거운동 본부였다. 리콴유는 6,029표를 얻어 '최다 득표, 최다 표차'로 승리했다. 인민행동당은 4석을 차지했다.

리콴유는 1959년 총선거에 대비했다. 인민행동당은 51개 모든 지구에 후보를 냈는데, 총선거에서 반드시 승리해야 한다는 결론에는 도달했지만 중대한 문제들이 얽혀 있었다. 영어 사용자, 중국계, 말레이시아계 모두의 지지를 받는다는 것은 결코 쉽지 않았다. 실업률은 12%였고, 매년 신생아가 6만 2000명이나 태어나고 있었다. 연평균 성장률은 4%로 경제 전망은 어두웠다. 다음 내각이 해결해야 할 문제는 실로 엄청나게 많았다.

그러나 선거 결과는 감동적이었다. 인민행동당이 51석 중 43석을 차지하여 집권당이 된 것이다. 리콴유는 1959년 6월 5일에 영국 식민지 자치정부의 수반인 총리가 되었다. 그의 나이 35세. 리콴유는 기자회견에서 이렇게 말했다.

"국민의 심판은 단호하고 준엄합니다. 우리의 승리는 악에 대한 선의 승리이고, 추에 대한 미의 승리이며, 불의에 대한 정의의 승리입니다."

그러나 그의 앞에는 험난한 길이 놓여 있었다.

싱가포르가 말레이시아 연방에 가입했다가 탈퇴하다

싱가포르가 독립하기 전에 영국은 싱가포르를 말레이시아 중심의 말라야에서 분리하려고 했는데, 리콴유는 이를 영국이 싱가포르를 영구 식민지로 만들려는 전략이라고 우려했다. 여기에다 싱가포르는 당시 실업률이 13%에 이를 정도로 경제 사정이 좋지 않아 큰 시장이 필요했다. 그래서 리콴유는 싱가포르가 말레이시아 연방에 가입되기를 원했다. 뿐만 아니라 당시 말레이시아는 강력한 반공주의를 내세우고 있었기 때문에 싱가포르의 말레이시아 연방 가입은 공산주의와 싸울 수 있는 여건 강화에도 도움이 되었다. 말레이시아 라만 수상도 말레이시아 연방국가 건설을 계획하고 있었다.

이런 상황에서 리콴유가 이끄는 싱가포르 자치정부는 싱가포르의 말레이시아 연방 가입 여부를 놓고 국민투표에 부쳤다. 국민의 70% 이상이 말레이시아 연방 가입을 지지했다. 싱가포르는 말레이시아 연방 의회 159석 중 15석을 할당받아 말레이시아의 자치주가 되었다. 이로써 싱가포르는 140여 년 만에 영국의 식민 지배에 마침표를 찍게 되었다.

그러나 말레이시아와의 이념 차이로 갈등이 불거지기 시작했다. 갈등의 근본 요인은 말레이시아의 반중국인 정서였다. 말레이시아는 자국 내 화교 문제를 껄끄럽게 생각하고 있었는데, 싱가포르는 중국계가 인구의 4분의 3이나 되었다. 또 기대했던 말레이시아라는 거대 시장도 열리지 않았다. 설상가상으로 말레이시아는 보궐선거에서 싱가포르의 적인 공산당을 지지했다. 마침내 싱가포르와의 갈등에서 벗어나지 못한 라만 수상이 리콴유를 향해 결별을 선언했다. 결국 싱가포르는 1965년 8월 9일에 말레이시아 연방으로부터 정식으로 분리 독립했다. 새로운 상황에 처한 싱가포르를 놓고 리콴유는 이렇게 썼다.

"1965년 8월 9일, 나는 이정표도 없는 길을 따라 미지의 목적지를 향한 여정에 오르게 되었다."

싱가포르는 바다에 떠있는 외로운 섬이 되고 말았다.

3

리콴유, 일류국가를 향해 전력투구하다

싱가포르는 저절로 만들어진 나라가 아니라 청교도들이 만든 미국처럼,
35세의 젊은 총리 리콴유가 비전을 가지고 만든 나라.
리콴유의 두 번째 자서전 '생존을 위한 투쟁'을 중심으로 그가
싱가포르를 어떻게 일류 국가로 만들었는가를 정리한다.

독립은 했지만 앞에는 험난한 길뿐!

싱가포르는 1965년에 말레이시아 연방국가에서 분리 독립한 후
바다에 떠있는 외로운 섬 신세가 되었다. 리콴유는 이러한 싱가포르
를 '생존 위험 안고 만들어진 국가'라고 표현했다. 모든 국가의 기본
은 경제와 안보에 있다. 리콴유만큼 이를 확실하게 깨달은 정치가는
없을 것이다. 리콴유는 국민이 잘살 수 있는 길과 나라가 안전을 유지
할 수 있는 길을 찾았다.

리콴유가 당장 해결해야 할 과제는 세 가지였다. 첫 번째 과제는
싱가포르가 독립을 국제 사회로부터 인정받기 위해 UN에 가입하는
것. 계획대로 싱가포르는 1965년 9월에 유엔에 가입했다. 두 번째 과
제는 싱가포르가 작은 섬나라를 지키기 위해 국방을 강화하는 것. 독
립 당시 싱가포르는 군대가 없었고, 말레이시아의 말레이인 준장이

지휘하고 있었다. 국방 문제가 시급한 나머지 싱가포르는 1965년 10월에 자원해서 영연방의 일원이 되기도 했다. 세 번째 과제는 앞이 안보이는 경제를 안정시키는 것. 리콴유는 심각한 고민에 빠졌다. 어떻게 해야 국민들이 생계를 유지할 수 있을까? 인도네시아는 싱가포르와 대결 정책을 펴고 있어서 무역은 정체 상태였다. 말레이시아는 싱가포르를 철저하게 무시하고, 자국 항구를 통해 수출입업자나 무역 파트너들과 직접 거래하려고 했다. 영국이 이전에 하나로 묶어 통치했던 광범위한 지역의 중심 역할을 싱가포르가 더 이상 할 수 없게 된 시점에서, 리콴유는 어떻게 해야 독립 국가로서 생존해 나갈 수 있을 것인가 고민에 빠졌다.

독립은 했지만 앞에는 험난한 길뿐! 리콴유는 난파 직전의 싱가포르호를 조종하는 항해사였다.

맨손으로 군대를 창설하다

리콴유는 맨손으로 가장 시급한 군대 창설부터 시작했다. 싱가포르 내에서 종족 간의 분쟁은 아무 때나 일어날 수 있는 상황이었다. 이런 상황에서 영국정부는 1971년까지 싱가포르 주둔 영국군을 모두 철수하겠다고 통보해 왔다. 북쪽에서는 말레이시아가, 싱가포르 내에서는 말레이시아 군대가, 남쪽에서는 대국 인도네시아가 싱가포르를 호시탐탐 노리고 있었다.

싱가포르는 여러 나라에 군대 창설 도움을 요청했다. 말레이시아는 제동을 걸었고, 영국은 거절했다. 오직 싱가포르와 출발이 비슷한 이스라엘만이 요청을 받아들였다. 1965년 11월, 엘라자리 대령이 이끄는 이스라엘군 고문단이 싱가포르에 도착했다. 이스라엘 고문단은, 싱가포르 장교들이 자신들로부터 배워서 하루빨리 인계받아 교관 역할을 수행할 수 있어야 한다고 강조했다. 싱가포르에 파견된 이스라엘 고문단은 18명의 하사관이 전부였다. 그들은 말레이계 이슬람교도들로부터 반감을 사지 않을까 우려되어 '멕시코인'으로 불렸다.

군대 창설은 쉽지 않았다. 싱가포르정부는 국민에게 군대가 필요하다는 것을 인식시키고, 전통적으로 병역을 기피하려는 정서를 극복해나가기 위해 국민정신을 재교육해야 했다. 모든 중등학교에 학도군사훈련단과 학도경찰훈련단을 창설했다. 성공하기까지 10년을 잡았다. 1966년 8월 9일 첫 번째 독립 기념일 축제에서 훈련단 학생들이 행진에 참여했다. 그들의 용맹스러운 모습에 연단 뒤로 몰려든 사람들과 길가에 늘어선 군중들이 열광적으로 박수를 보냈다.

리콴유는 1967년 2월에 영국이 1952년에 입법화한 국민 병역에 관한 법령을 의회가 수정하게 했다. 직업군인으로 입대한 사람들이 제대 후에 예비군에 소속되면 정부 기관이나 여러 민간단체에서 직업을 보장받을 수 있도록 했다. 이 법이 의회에서 통과되었을 때 국민들은 큰 지지를 보였다.

리콴유는 1968년 1월, 이스라엘이 무기를 교체하면서 싼값으로 내놓은 프랑스산 AMX-13 탱크를 사들이기로 했다. 깨끗이 정비해 새것처럼 보이는 탱크 30대가 1969년 6월에 도착했고, 나머지 42대는 9월에 도착했다. 이처럼 리콴유는 군인을 양성하고 무기를 사들여 군대를 만들어갔다.

영국군 철수 후 생존법을 찾다

싱가포르가 비록 독립은 했지만 영국군 주둔은 절실하게 필요했다. 영국군 주둔은 두 가지 면에서 필요했다. 하나는 안보 때문. 북쪽에서는 말레이시아가, 남쪽에서는 인도네시아가 싱가포르를 호시탐탐 노리고 있었다. 그래서 리콴유는 서둘러 군대부터 만들어야 했다. 또 하나는 경제 안정 때문. 당시 영국 해군은 싱가포르 GDP의 20%를 기여했고, 3만여 개의 직접적 일자리와 4만여 개의 보조적 일자리를 제공했다. 영국 군대야말로 학교 졸업자들을 흡수할 수 있는 유일한 길이었다. 특히 싱가포르는 영국군 없이는 해외투자를 유치할 수도, 상품과 용역을 수출할 수도 없는 처지였다.

그러한 영국군이 1971년까지 싱가포르에서 모두 철수할 계획이었다. 리콴유는 영국군 철수를 막기 위해 전력투구했다. 리콴유는 국제회의에 참석하여 영국 대표를 만나 싱가포르의 처지를 호소했고, 영국을 방문하여 당시 윌슨 총리를 통해 국방장관도 만나 영국군의 계속 주둔을 간청했다. 뿐만 아니라 리콴유는 영국 의회 연설을 통해서도 영국군 철수를 막으려고 피나는 노력을 했다. 노동당 당수 윌슨 총리도 리콴유를 노동당 연례회의에 초청하여 연설할 기회를 주었다. 영국군 철수를 저지하기 위해 안간힘을 쓴 리콴유는 이렇게 썼다.

"우리에게 안보와 안정을 유지할 수 있는 기회'를 주는 방식을 고려하면서 우리를 떠나기를 바란다고 말했다."

그러나 야속하게도 영국군은 예정대로 철수하고 말았다. 싱가포르는 자국의 안전을 스스로 책임져야 했다. 안보만이 싱가포르의 유일한 관심사는 아니었다. 싱가포르는 국민이 살아갈 수 있는 경제 기반을 갖춰야 했고, 그러기 위해서는 투자가들이 싱가포르의 제조공장이나 여러 산업에 돈을 투자하도록 설득해야 했다. 싱가포르는 영국군이 철수한 후에 '내륙 없는 섬 안에서 생존하는 법'을 배워야 했다.

미국의 다국적기업 끌어들여 해외자본 유치 발판을 놓다

싱가포르가 1965년에 독립했을 당시 모든 여건은 참으로 암울했다. 리콴유는 1959년에 집권한 후로 수년간 계속된 실업문제와 힘겹게 씨름한 후에야 비로소 싱가포르가 생존할 수 있는 유일한 방법은 산업화라는 것을 깨달았다.

처음에는 많은 자본이 필요치 않은 노동집약적 관광산업을 육성하고자 관광진흥청을 설립하여 홍콩 영화계의 거물이자 쇼브라더스(Shaw Brothers) 영화사를 설립한 룬메 쇼를 장관으로 임명했다. 이어 공장을 세우는 일에 집중했다. 인구 200만여 명에 지나지 않은 소규모 국내시장이지만 나중에 국산화되리라 생각하면서 국내에서 조립한 차, 냉장고, 라디오, TV, 녹음기 등의 제품 생산을 보호했다. 장난감 공장, 방직 공장, 의류 공장을 세우는 데에 홍콩과 타이완 투자가들을 끌어들였다. 초창기에는 어떤 공장도 환영했다.

영국군 철수를 앞두고 싱가포르는 전환사업청을 설립하여 대비책을 강구했다. 리콴유는 국민을 안심시키기 위해 방송에 나가 이렇게 강조했다.

"영국이 물러난 뒤에도 싱가포르는 오래오래 산업, 교역, 그리고 커뮤니케이션 중심지로 번영을 누릴 것입니다."

정부가 이처럼 철저하게 대비한 결과 영국군 철수 후에 실업은 문제가 되지 않았고, 후유증은 그다지 크지 않았다. 재훈련된 3만여 명의 노동자들이 외국에서 유치한 산업에 흡수되었고, 방치된 채로 남아 있는 땅과 건물도 없었다.

1968년 가을. 리콴유는 재충전할 필요가 있어서 하버드대학에서 짧은 휴식을 취했다. 그는 많은 경제학자들을 만나 조언을 들었다. 그는 1967년 첫 미국 방문에 이어 뉴욕의 경제 클럽 등에서 학자들과 경영인들을 지속적으로 만나 조언을 들었다. 그러고 나서 그는 결론을 내렸다. 싱가포르가 미국의 다국적기업(MNC)들과 손을 잡는 것이 최선의 방법이라는 것을.

리콴유는 이를 바로 실행에 옮겼다. 리콴유는 먼저 싱가포르를 '기업하기 좋은 나라'로 만들어갔다. 미국의 다국적기업들이 싱가포르로 들어왔다. 미국의 다국적 기업들은, 1960년대에 싱가포르에 들어온 홍콩과 타이완의 소규모 노동집약적 기업과는 달리 많은 일자리를 창출하는 대규모 첨단기술 기업들이었다.

해외자본 유치와 관련하여 리콴유는 두 가지 전략을 세웠다. 첫째 전략은 이스라엘이 그랬던 것처럼 지역 문제를 뛰어 넘는 것, 곧 개방이었다. 리콴유는 싱가포르보다 더 적대적인 환경에 직면해 있던 이스라엘이 이웃 아랍 국가들을 뛰어 넘어 어떻게 유럽, 미국과 교역할 수 있게 되었는가를 한 UN 전문가로부터 들었다. 그래서 리콴유는 미국, 유럽, 일본 같은 선진국들과 연대하여 해외자본을 끌어들이기로 했다.

둘째 전략은 '제3세계 내에서 제1세계의 오아시스를 창조하는 것'이었다. 만약 싱가포르가 개인과 사회 안정을 유지할 수 있는 치안, 교육, 통신, 수송, 서비스 면에서 세계 제1의 수준을 확립할 수 있다면, 싱가포르는 이 지역에서 사업을 하려는 기업가, 기술자, 경영자 그리고 여타 전문가들을 위한 베이스 캠프가 될 수 있다고 생각했다. 그는 국민들을 재교육시켜 적응하게 함으로써 이 목적을 달성할 수 있다고 믿었다. 그래서 리콴유는 싱가포르가 이 지역에 있는 다른 나라들보다 더욱 건실하고, 더욱 조직화되고, 더욱 효율적으로 변해야 한다고 생각했다. 그래서 리콴유는 해외자본 유치를 위한 인프라 구축에 전력투구했다.

그래서 리콴유는 해외자본 유치를 위해 경제개발청(EDB)을 설치했다. 해외자본 유치를 위해 투자자들에게 편의를 제공할 수 있도록 one-stop service 기구를 마련했다. 정부 정책에 맞춰 젊은 관료들은 해외 투자가들에게 싱가포르가 가진 가능성에 흥미를 갖게 하고, 그들이 직접 와서 상황을 살필 수 있도록 만반의 준비를 갖췄다. 젊은 관료들은 해외로 나가 싱가포르 투자 환경을 직접 설명했다. 젊은 관료들은 싱가포르의 생존이 자신들에게 달려 있다고 생각하여 열심히 뛰었다.

싱가포르는 매년 졸업생들 가운데 우수한 인재들을 선발하여 영국, 캐나다, 오스트레일리아, 뉴질랜드, 독일, 프랑스, 이탈리아, 일본 그리고 미국의 일류대학으로 유학을 보냈다. 경제발전을 위해 인재 양성이 시급하다고 생각했기 때문이다.

해외 투자를 유치하기 위해 싱가포르정부도 중요한 역할을 했다. 싱가포르정부는 사회기반시설을 조성했고, 산업기지를 정비했고, 참여 기준을 공정하게 유지했고, 재정적 유인책과 수출진흥정책을 제공했다. 또 다국적기업 유치에 필수적인 면세조치 등 특혜조치도 마련했다.

이렇게 하여 싱가포르는 1970년대 중반까지 눈부신 발전을 이룩했다. 싱가포르는 1971~1979년간 연평균 성장률이 9%대에 이르렀다. 이 결과 싱가포르는 1970년대에 한국, 홍콩, 타이완과 함께 아시아의 4용(龍)으로 불렸다. 이 같은 성공을 놓고 리콴유는 이렇게 썼다.

"성공의 비결은 자신감에 있었다."

리콴유가 이러한 생각을 갖지 않았더라면 싱가포르는 오늘날 인도네시아나 말레이시아 같은 후진국으로 남아 있을 것이다.

싱가포르를 세계 금융의 중심지로 만들다

고도성장의 길로 들어선 싱가포르는 우연히 세계 금융의 중심지가 되었다. 리콴유는 이렇게 썼다.

"1965년에 우리가 말레이시아 연방에서 분리 독립했을 때 장차 싱가포르가 세계 금융의 중심지가 되리라고 예견한 사람은 아마도 정신 나간 사람으로 생각되었을 것이다."

싱가포르는 생각치도 못한 일로 세계 금융의 중심지가 되었다. 싱가포르가 출발할 때부터 도움을 준 네덜란드 경제자문관 빈세미어스(Albert Winsemius) 박사라는 사람이 있었다. 그는 런던에 있는 그의 친구 뱅크 오브 아메리카 싱가포르 지사 부사장 밴 오너에게 전화를 걸어, 싱가포르를 10년 내에 동남아시아의 금융 중심지로 만들겠다고 말했다. 벤 오너는 '5년이면 그렇게 할 수 있을 것'이라며 빈세미어스를 즉각 런던으로 초청했다. 밴 오너는 빈세미어스를 회의실로 데리고 가 지구의(地球儀)를 돌리며 설명했다.

"여길 보십시오. 금융계는 취리히에서 시작합니다. 취리히 은행이 아침 9시 정각에 문을 열고, 다음에 프랑크푸르트, 다음엔 런던 이렇게 이어집니다. 오후에 취리히 은행이 문을 닫고, 다음에 프랑크푸르트와 런던이 문을 닫습니다. 그러는 사이에 뉴욕 은행이 문을 엽니다. 따라서 런던은 금융거래의 중심을 뉴욕으로 넘깁니다. 오후에 뉴욕이 문을 닫을 때 이미 샌프란시스코로 넘긴 후지요. 샌프란시스코 은행이 오후에 문을 닫으면, 세계는 베일에 덮입니다. 다음 날 스위스 시간으로 오전 9시가 될 때까진 아무 일도 일어나지 않다가, 그때야 스위스 은행이 문을 엽니다. 만일 우리가 싱가포르에 금융센터를 둔다면, 샌프란시스코 은행이 문을 닫기 전에 싱가포르가 인계받게 될 것입니다. 그리고 싱가포르 은행이 문을 닫을 때는 이미 취리히로 넘겨진 다음일 것입니다. 그렇게 된다면 인류 역사상 처음으로 우리는 화폐와 은행 업무에서 24시간 전 세계 순환 서비스 체제를 갖추게 될 것입니다."

이렇게 해서 국제금융 미개지요, 제3세계 국가 싱가포르가 세계 금융 중심지로 발돋움하게 되었다.

법치로 노사평화를 달성하다

1940년대 후반부터 1960년대까지 싱가포르는 공산주의 세력이 노조를 장악하고 있었기 때문에 끊임없이 파업과 태업, 폭동 등이 일어났다. 노조의 법률 고문으로 정치 인생을 시작한 리콴유는 노조 투쟁에 대처할 능력을 이미 갖추고 있었다.

영국식 노동 관행으로 싱가포르 노동운동은 골칫거리였다. 영국 식민정부는 영국 노동조합 평의회 소속 전문가들의 자문에 따라 공산주의에 대항하기 위해 고용주들에게서 더 많은 임금과 이익을 얻어내는 나쁜 관행을 가르쳤다. 리콴유 역시 변호사로서 노조 조합원들을 위해 식민정부와 협상할 때 영국의 나쁜 관행을 이용했다. 그렇게 했던 것은 당시 근로자 착취가 너무 심했기 때문이었다.

그러나 총리가 되고 나서 리콴유는 영국 노동조합의 나쁜 관행들을 버려야 한다고 호소했다. 그는 노조 지도자들에게 싱가포르에 꼭 필요한 황금알을 낳는 거위를 죽여서는 안 된다고 되풀이해서 강조했다. 영국 식민정부 치하에서 싱가포르 노조는 영국에 대항하는 정치운동의 하나였다. 리콴유를 비롯해 정치 지도자들은 근로자들에게 '독립'이라는 당근을 던져주면서 "나와 함께 싸워 자유를 얻어 냅시다. 그러면 나는 영국 고용주가 영국 근로자들에게 준 것과 똑같이 여러분에게 주겠소"라고 호소했다.

한번은 상황이 변했다는 것을 이해하지 못한 노조 지도자와 싸움이 벌어졌다. 그는 K. 수피아라는 인도 출신 일용노조연맹 위원장이었다. 리콴유는 수피아와 1950년대부터 함께 일해 온 사이였다. 수피아는 민중 선동가이자 단호하고 완고한 노조 지도자였다. 그는 정부에 보낸 최후통첩에서, 1961년에 공동으로 합의한 내용이 아직 이행되지 않았다며 1만 5000명의 일용직 근로자들을 위해 하루에 싱가포르 달러로 1달러씩 임금을 인상해 줄 것을 요구했다. 리콴유는 그와 그의 조합 지도자들을 만났다. 임금은 1967년이 아닌 1968년 예산에서 올려줄 수 있다고 말했다. 리콴유는 노조 구성원 중 7000명은, 일을 계속하려면 노동허가가 필요한 인도 국적을 가진 사람들이라는 점을 들어 경고했다. 만일 그들이 파업을 지속한다면 그들은 일자리를 잃고 인도로 돌아가야 한다고 경고했다. 그런데도 수피아는 마음을 바꾸지 않았다. 신년 경축 행사를 앞둔 12월 29일에 일용노조연맹 주도로 파업이 발생했다. 리콴유는 파업 결정을 다시 한 번 재고해 보라고 부탁하고, 노동쟁의를 산업중재재판소에 넘겼다. 불법 파업이라고 판결이 났다.

경찰은 수피아 외 14명의 청소 근로자조합 지도자들을 불법파업 주모자로 몰아 체포했다. 정부가 파업 참가자들 가운데 재취업을 원하는 사람들은 다음날 신청할 수 있게 해주자 모두 당황하여 90%가 재취업을 신청했다. 두 달 후 수피아의 일용노조연맹은 등록이 취소되었다. 일용노조파업 사태는 싱가포르 노조 역사의 전환점이 되었다. 싱가포르정부는 노조와 정면으로 맞서서 노조를 법치로 다스린 결과 대중의 지지를 받게 되었고, 불법 노조는 설 자리를 잃게 되었다.

1968년 1월, 군대를 철수하겠다는 영국의 발표는 사람들을 불안하게 만들었다. 리콴유는 이때야말로 경영주의 특권을 침해하고 경영자의 업무 수행 능력을 좀먹는 노동조합의 관행을 제거할 수 있는 좋은 기회라고 생각했다. 1968년 4월 총선거에서 리콴유가 이끄는 인민행동당이 압도적으로 승리했다. 이에 힘입어 같은 해 의회는 노사관계 개정법을 통과시켰다. 그 후 노동조합법도 개정되었다. 특히 노조가 조합원들의 동의를 얻기 위한 비밀투표 없이 벌이는 파업은 불법으로 간주되었다.

이를 계기로 싱가포르 노사관계는 대전환을 겪게 되었다. 정부, 경영자, 노조원들은 투쟁일변도 방식으로는 노조도 회사도 그리고 국가도 생존할 수 없다는 값진 경험을 한 것이다. 1972년에 마침내 노조 대표, 경영자 대표, 정부 대표로 구성된 국가임금협의회(NWC)가 설립되었다. 이는 모든 노동 현안을 대화로 풀어나가기 위한 협의체였다. 싱가포르 내 공산 세력은 무모한 길거리 투쟁과 비합법 투쟁으로 일관한 끝에 싱가포르 국민들로부터 외면당했다. 정당조직으로서의 근거를 모두 잃고 말았다. 노조 역시 무분별한 투쟁 위주의 전략으로 리콴유의 발목을 잡았지만 정부의 강력한 법치 대응과 국민의 외면으로

강성 노조는 무너지고 말았다. 이로써 싱가포르는 합리적이고 선진적인 노사관계를 갖추게 되었다.[4]

복지사회보다 공정사회를 지향하다

리콴유는 '사회적 긴장을 초래하지 않는 공정한 사회' 건설을 지향하며 그 방향을 다음과 같이 썼다.

"우리는 모든 사람에게 공평한 자기 몫을 갖게 하는 사회주의를 신봉했다. 그 후 우리는 개인적 동기와 보상이야말로 생산경제의 근본임을 배웠다. 하지만 사람들의 능력은 똑같지 않기 때문에 만일 일과 보상이 시장에 의해 결정된다면, 큰 승자는 아주 적고 대부분의 사람들은 그저 그런 승리를 얻는 데 지나지 않을 것이고, 적잖은 패배자들이 생겨날 것이다. 그렇게 되면 사회의 공평성이 손상되어 사회적 긴장을 초래하게 될 것이다."

사람은 개인차가 있기 때문에 경제적 불평등은 사라질 수 없다. 사회주의를 신봉하다가 시장경제로 돌아선 리콴유는 '사회적 긴장을 초래하지 않는 공정한 사회' 건설을 지향했다. 리콴유가 '공정한 사회 건설'을 위해 실시한 정책은 적지 않다. 이 가운데 여기서는 주택정책을 소개한다. 그는 이렇게 썼다.

"나는 모든 사람이 자기 집을 가지고 있는 사회가 되길 원했다."

싱가포르는 독립하자마자 국가에 대한 충성심을 높이기 위해 국민

---

4) 김성진(2007), 『리콴유 작지만 강한 싱가포르 건설을 위해』, 살림, pp.55~56.

들의 주택소유를 늘릴 계획을 세웠다. 리콴유는 독립 이듬해인 1966년에 강압적인 토지수용법을 제정하여 독립 당시 전국토의 40%이던 국유지를 90%로 확대했다. 그러고 나서 주택개발청(HDB)이 국유지에 공공주택을 지어 싼 값으로 국민들에게 공급하게 했다.

싱가포르의 주택은 주택개발청이 공급하는 공공주택과 민간이 공급하는 민간주택으로 나뉜다. 주택개발청 아파트는 국유지에 짓기 때문에 값이 싸 국민의 85% 이상이 여기에서 산다. 주택구입자금은 중앙연금준비기금(Central Provident Fund; CPF)을 통해 융자받을 수 있고, 부족할 경우 주택개발청을 통해 낮은 이자율로 융자받을 수 있다. 싱가포르는 모든 국민이 의무적으로 월급의 20%를 개인 계좌에 불입하고, 회사가 20%를 부담하는 중앙적립기금제도를 실시해 왔다. 이 계좌에 개인들은 30년 동안 주택분할불입금을 납입한다. 주택을 구입할 때 지불해야 하는 돈은 총액의 20%인데, 중앙연금준비기금의 융자로 최초 납입금의 18%까지 지불할 수 있다. 따라서 주택을 최초로 구입할 때 개인이 부담하는 금액은 전체의 2%에 지나지 않는다.

싱가포르는 주택보급률이 113% 정도이고, 자가점유율이 92%를 넘어 부동산 투기가 발을 붙이기 어려운 나라다. 그래서 싱가포르에서는 주택 문제가 발생하지 않는다.

인재 영입으로 고도성장을 이룩하다

리콴유는 1983년 8월 14일 밤, 독립기념일 연설에서 폭탄 선언을 했다. 그는 대졸 남성들을 향해 이런 말을 했다. "자신들만큼 우수한 아이를 원한다면 자신보다 교육 수준이 낮은 아내를 고르는 것은 어리석다." 언론은 이를 '대 결혼 논쟁(Great Marriage Debate)'라고 이름 붙였다. 이 연설 때문에 다음 해 총선에서 인민행동당 지지율이 12%나 떨어졌다. 그 후로도 그는 엄청난 비난을 감수해야 했다.

리콴유가 '대 결혼 논쟁' 연설을 하게 된 것은 1980년 인구조사 보고서 때문이었다. 그 보고서에는 싱가포르의 똑똑한 여성들은 결혼하려 하지 않고, 후손을 남기지 않으려고 한다는 내용이 들어 있었다. 싱가포르 최고의 여성들이 자식을 낳지 않는 이유는 그들과 똑같은 수준의 교육을 받은 남성들이 그들과 결혼하고 싶어 하지 않기 때문이었다. 당시 싱가포르 대졸생의 절반가량은 여성들이었는데, 그들 중 3분의 2 정도는 미혼이었다. 아시아 남성은 중국인이든 인도인이든 자신보다 교육을 덜 받은 아내를 선호한다고 알려져 있다. 싱가포르에서 1983년에는 대졸 남성의 38%만이 대졸 여성과 결혼했다. 다행히도 1997년에는 63%로 증가했다.

리콴유는 인재야말로 나라의 가장 소중한 자산이라고 믿었다. 1965년 독립 당시 인구 200만여 명에 불과했던 싱가포르는 작고 자원도 부족한 나라여서 발전을 위해서는 인재가 결정적 요인이었다. 싱가포르의 중국인들은 대부분 짐을 싣고 내리는 일이나 인력거 끄는 일을 시킬 계약직으로 인력브로커들이 중국 남부 지방에서 데려온 농업 노동자들의 후손이었다. 초기의 인도 이민 역시 대부분 고무 농장에서 일하고, 도로를 건설하고, 도랑과 하수구를 파는 계약직 노동자로 데려온 낮은 계급 출신의 사람들이었다.

리콴유는 미혼 대졸 여성들의 문제를 덜어주기 위해 대졸 남녀 간의 교제활동을 도와주는 사교개발기구(SDU)를 설립했다. 세계 신문들은 싱가포르정부의 짝짓기 노력과 사교개발기구 설립을 비웃었다. 그러나 당시 대졸 미혼녀들이 증가하고 있다는 사실에 놀라 필사적으로 도움을 요청한 사람들은 미혼녀의 부모들이었다.

리콴유는 또 새로운 아이디어를 내놓았다. 세 명의 자녀를 둔 대졸 여성에게는 세 아이 모두를 위해 부모들이 높게 평가하는 학교를 선택할 수 있도록 우선권을 주기로 한 것이다. 반론과 비난이 들끓자 이 정책은 곧 폐기되었다. 대신 세 번째와 네 번째 아이를 출산할 경우 부부의 수입에서 소득세를 감면하는 특혜를 주었다. 이런 특권으로 말미암아 세 번째 아이나 네 번째 아이를 갖는 가정이 늘어났다.

당시 리콴유는 우수 인력 부족을 절실하게 느끼고 있었다. 여기에다 서구 강대국들이 아시아인 이민을 확대하자 두뇌 유출이 심해졌다. 1960년대에 베트남 전쟁 중이던 미국은 반아시아 국가로 보이지 않으려고 아시아인의 이민을 적극적으로 받아들였다. 캐나다, 호주, 뉴질랜드도 같은 정책을 도입했다. 그러자 싱가포르는 말레이시아에서 흘러들어오던 중국계와 인도계의 질 좋은 인력의 상당 부분을 잃게 되었다. 싱가포르에 공부하러 오는 외국인들도 줄어들었다.

싱가포르의 인력 부족 문제는 1970년대 후반부터 더욱 악화되어 갔다. 고등교육을 받은 사람들 중 약 5%가 이민을 가기 시작했고, 똑똑한 학생들 중 많은 사람들이 의사가 되었다.

리콴유는 지속 성장에 필요한 일자리를 채우기 위해 사업가, 전문가, 예술가, 고급 기술자를 영입하기 시작했다. 1980년 싱가포르는 두 개의 위원회를 설립하여 하나는 일자리 배치, 다른 하나는 일자리의 사회적 통합을 관리했다. 영국, 미국, 호주, 뉴질랜드, 캐나다에 있는 싱가포르 대사관을 통해 장래가 유망한 아시아계 학생들에게 싱가포르 일자리를 홍보했다. 리콴유는 노력의 결과를 이렇게 썼다.

"이렇게 조직적으로 전 세계에 있는 인재들을 찾아 매년 수백 명의 대학 졸업자들을 끌어들였다. 이렇게 해서 매년 5~10%의 고학력자들이 선진 공업국으로 이민 감으로써 생긴 손실을 메울 수 있었다."

리콴유는 또 외국 인재 영입의 성과를 이렇게 썼다.

"외국 인재들이 없었다면 우리는 아마 지금껏 이룩한 것들을 이루지 못했을 것이다. 첫 내각의 열 명 각료들 중, 싱가포르에서 태어나고 교육받은 사람은 나 혼자밖에 없었다. … 수많은 외국 출신의 엔지니어, 경영인, 전문가들이 싱가포르의 성장을 도왔다. … 만일 우리가 외국 인재들을 영입하지 않았더라면 우리는 정상에 진입하지 못했을 것이다."

깨끗한 정부 만들기에 전력투구하다

1959년 인민행동당 정부가 출범했을 때 리콴유는 '깨끗한 정부 만들기'를 다짐했다. 리콴유는 '탐욕스럽고, 부패하고, 타락한 아시아 지도자들'에게 환멸을 느끼고 있었다. 1959년 5월 총선거 전에 리콴유가 내린 결정은 부패에 대한 입장을 강력하게 부각하는 것이었다. 당시 정부의 교육부장관이 미국의 돈을 받고 엉뚱한 데에 썼다는 것이 밝혀졌다. 이 사건 덕분에 인민행동당이 51석 중 43석을 차지하여 집권당이 되었고, 리콴유가 식민 자치정부의 수반인 총리가 될 수 있었다.

당시 싱가포르는 내부뿐만 아니라 모든 곳에 부패가 널려 있었다. 세관, 경찰, 공무원 등 뇌물에 젖지 않은 곳이 없었다. 리콴유는 투명하고 효율적인 정부를 세워야 한다는 막중한 사명감을 갖고 있었다.

1960년에 리콴유는 1937년에 제정된 반부패법을 개정하여 뇌물의 범위를 확대했다. 개정된 반부패법에서는, 피고가 그의 재산으로 할 수 없는 호화생활을 하거나 그의 수입을 넘는 부를 가지고 있음에도 이를 납득할 만한 설명을 하지 못할 경우 피고가 뇌물을 받았다는 사실의 증거로 취급할 수 있게 했다.

가장 극적인 사례는 당시 국가개발부장관이었던 치앙완의 몰락이었다. 1986년 11월 조사에서, 치앙완의 오랜 동료 한 명이 현금으로 40만 싱가포르 달러를 두 번이나 치앙완에게 주었다는 사실이 인정되었다. 치앙완은 범죄 사실을 부인했고, 내각 사무처장을 통해 리콴유를 만나고 싶어 했다. 리콴유는 수사가 끝날 때까지는 만날 수 없다고 거절했다. 치앙완은 리콴유에게 한 장의 편지를 남기고 자살했다. 리콴유는 빈소로 미망인을 찾아갔다. 미망인은 남편의 명예를 지켜주기 위해 부검을 피하고 싶어 했다. 그렇게 되면 남편이 자연사로 처리될 수 있었다. 그러나 리콴유는 허락하지 않았다. 부검이 실시되었고,

사인은 약물 과다 복용으로 인한 자살임이 밝혀졌다. 리콴유는 치앙완의 죽음을 이해할 수 없었다고 썼다. 치앙완은 능력 있고 유명한 건축가로서 정직하게 수백만 달러를 벌 수 있었는데, 왜 뇌물을 받고 그렇게 되었는지 안타까워했다.

리콴유, 주택 구입 특혜 시비에 휘말리다

싱가포르의 엄격한 기준으로 말미암아 리콴유를 이은 고촉통 총리는 1995년에 리콴유의 아내가 대리인 자격으로 마련한 주택과 부총리인 아들 리셴룽이 마련한 주택에 대한 조사를 실시했다. 그들은 모두 할인된 가격으로 주택을 구입했다. 주택개발업자는 부동산 시장을 시험해 보기 위해 저가로 판매했고, 다른 구매자들에게 5~10%의 할인가격으로 판매했듯이 리콴유의 가족들에게도 자발적으로 5~7% 할인가격으로 판매했다. 그런데 리콴유의 가족이 주택을 산 직후에 부동산시장 열기가 높아져 주택가격이 상승했다. 그러자 사람들이 싱가포르 주식거래소 위원회에 불만을 제기했다.

조사 후에 싱가포르 증권거래소는 개발업자가 자신의 권한 안에서 계약을 체결했음을 밝혀냈다. 그런데 리콴유의 동생이 이 회사의 비상근 이사였기 때문에 리콴유와 그의 아들이 주택 구입 당시 불공정한 이익을 얻었다는 소문이 퍼져 금융감독원이 조사에 착수했다. 조사 결과 부적절한 것은 아무것도 없었다는 것이 밝혀졌다.

리콴유의 아내는 부정 혐의를 받게 된 데 대해 매우 분개했다. 그녀는 40여 년 동안 부동산 양도 수속에 관한 변호사로 일했기 때문에, 거래에서의 할인은 모든 개발업자들에게 일반적으로 통용된다는 사실을 잘 알고 있었다. 리콴유 역시 매우 화가 나서 불공정 거래에 대한 소문을 뿌리 뽑기 위해 자기 가족들의 주택 구입과 주택업자의 자발적 할인 내용을 공개하기로 했다. 그들은 할인으로 얻은 금액이라고 말할 수 있는 100만 싱가포르 달러를 정부에 되돌려 주었다. 고촉통 총리는 이 금액을 리콴유 가족들에게 다시 되돌려 주라고 지시했다. 총리는 리콴유 가족이 주택 거래에서 불공정함이 끼어들지 않았다는 사실이 밝혀졌기 때문에 정부가 그 돈을 받을 명분이 없다고 보았다. 리콴유는 100만 달러를 자선단체에 기부했다. 리콴유는 이렇게 썼다.

"국회에서 언급한 바와 같이 내가 시행한 시스템이 나의 행적을 조사하고, 그 결과를 상부에 보고할 수 있다는 사실은 그것이 개인적인 인정에 얽매이지 않고 효율적이며 법 앞에서는 누구나 다 평등하다는 사실을 입증했다."

깨끗한 싱가포르를 위해 '클린 & 그린 정책'을 실시하다

리콴유의 경험담 하나. 리콴유가 1976년에 중국 베이징의 인민대회당을 처음 방문했을 때 접견상에 침을 뱉기 위한 타구(唾具)가 놓여 있었다. 1978년에 덩샤오핑이 싱가포르를 방문했을 때 싱가포르는 명나라 시대의 타구를 제공했다. 덩샤오핑은 타구를 사용하지 않았다.

그는 중국계 싱가포르인들은 공식적인 장소에서 타구를 사용하지 않는다는 것을 알고 있는 듯했다. 리콴유가 1980년에 베이징을 다시 방문했을 때 그는 인민대회장에서 타구가 치워져 있다는 사실을 발견했다.

리콴유는 1960년대부터 침 안 뱉기 운동을 시작했다. 그러나 1980년대까지도 택시 운전기사들은 차창 밖으로 침을 뱉었고, 많은 사람들이 여전히 시장이나 음식점에서 아무렇게나 침을 뱉었다. 싱가포르는 학교와 언론을 통해 침 뱉는 행동은 결핵과 같은 전염병을 퍼뜨릴 수 있다는 사실을 꾸준히 알렸다.

리콴유는 독립 후 싱가포르를 다른 제3세계 국가들과 크게 차별화할 수 있는 특별한 방법을 찾았다. 결국 그는 '클린 앤드 그린(clean & green)', 즉 '깨끗하고 녹지가 잘 조성된 싱가포르' 건설을 추구했다.

싱가포르는 정부가 앞장서서 국토를 완벽한 정원으로 꾸며가기 시작했다. 가로수를 정글 분위기가 나는 칙칙한 나무 대신 나뭇잎이 작고 키가 15m를 넘지 않는 나무로 장식했다. 가로수가 햇볕을 차단하지 않고 통풍도 잘 되도록 고려했다. 또 싱가포르 정부는 공공질서 유지를 강요했다. 거리에 담배꽁초나 쓰레기를 버리면 500싱가포르 달러(한화로 약 35만 원)의 벌금을 내야 했다. 공공장소에서 흡연도 엄격히 금지되었다. 무단 횡단을 해도, 화장실에서 물을 내리지 않아도 벌금을 냈다.

클린 & 그린 정책이 세계인의 관심을 모은 것은 1992년 사건이다. 당시 싱가포르 정부는 '싱가포르 역 안에서 껌 판매를 중단한다'는 조치를 내렸다. 이는 삽시간에 세계적인 화제가 되었다. 싱가포르 정부는 공공을 위해 개인이 껌을 사서 씹을 수 있는 자유마저 없애버린 것이다. 싱가포르 정부는 개인의 자유를 얼마나 하찮게 여기기에 국민이 껌 씹는 문제까지 관여하느냐고 세계가 떠들썩했다.

리콴유, 31년 반 만에 정계를 떠나다

리콴유는 자원이라고는 거의 없는 싱가포르를 오늘날처럼 초일류 국가가 될 수 있는 기반을 마련해 놓고, 1959년 6월 5일에 취임한 총리직을 국민에게 약속한 대로 1990년 11월 28일에 2대 총리 고촉통에게 물려주고 정계를 떠났다. 통치 기간이 31년 반에 이른다. 2대 총리 고촉통은 14년간 집권한 후 2004년 8월에 리콴유의 아들 리셴룽에게 총리직을 인계했다. 리셴룽은 2004년 8월부터 현재까지 3~6대 총리직을 연임해 오고 있다. 세 총리 모두 인민행동당 소속이다.

4

리콴유의 업적

리콴유는 비전과 진정성을 가진 정치가다.

그의 일생은 작은 섬나라 싱가포르의 생존과 발전을 위한 투쟁의 연속이었다.

◆
◆

시대를 앞서가는 변화의 리더십을 가진 정치가

리콴유는 '시대를 앞서가는 변화의 리더십'[5]을 가진 정치가다. 리콴유는 안보 차원에서 공산주의자들의 위협을 막고, 경제 차원에서 큰 시장을 기대하며 말레이시아 연방에 가입했다가 뜻대로 되지 않자 탈퇴한 후 이렇게 썼다.

"1965년 8월 9일, 나는 이정표도 없는 길을 따라 미지의 목적지를 향한 여정에 오르게 되었다."

싱가포르는 졸지에 바다에 떠있는 외로운 섬이 되고 말아 리콴유는 난파 직전의 싱가포르호를 조종하는 항해사로 출발했다. 이런 여건에서 리콴유는 싱가포르를 만들어 갔다.

---

5) 이 표현은 김성진에게서 따온 것이다. 김성진(2007), 『리콴유 작지만 강한 싱가포르 건설을 위해』, 살림, p.88.

• 리콴유는 위기 때마다 국민을 설득하고, '변하지 않으면 생존조차 불가능하다'고 강조했다. 이는 영국군이 철수 계획을 발표한 직후부터 이어진 리콴유의 위기관리 자세였다. 국민은 리콴유의 진정성을 믿고 따랐다.

• 영국군의 철수로 안보가 위협받게 될 것이 우려되자 리콴유는 영국군 주둔을 국제회의에 참석한 영국 대표까지 찾아가 하소연했고, 영국으로 날아가 당시 윌슨 총리는 물론 영국 의회 연설을 통해서도 간청했다. 다행히도 이스라엘군의 도움으로 리콴유는 군대를 창설할 수 있었다.

• 1965년에 독립하자마자 국제사회로부터 독립을 인정 받고자 온갖 외교 전략을 편 끝에 같은 해 9월 UN에 가입했다.

• 경제 발전과 일자리 안정을 위해 처음에는 주변국의 중소기업을 끌어들였다가 곧 이어 미국의 글로벌기업을 끌어들여 해외자본으로 경제발전을 추진했다.

• 경제 발전을 위해 경제를 개방하고, 해외자본 유치를 위해 규제 완화, 법인세율 인하 등 필요한 인프라를 구축했다.

• 법치로 불법노조가 발붙일 수 없게 만들어 노사 안정을 이룩했다.

• 복지사회 아닌 공정사회를 이룩하기 위한 정책을 실시했다. 대표적인 예로, '모든 사람이 자기 집을 가진 사회'를 만들기 위해 국토의 90%를 국유지로 만들고, 국민이 근로를 통해 주택 구입에 참여할 수 있도록 관련 제도를 가다듬었다. 이 결과 싱가포르는 현재 주택보

급률이 110%를 넘는다.

- 인재양성에 국운을 걸었다. 필요한 인재는 지구 끝까지 가서라도 국적을 가리지 않고 영입했다. 싱가포르 국립대는 아시아 1위다.
- 클린과 그린 정책으로 싱가포르를 깨끗한 나라로 가꿨다.
- 부정부패 없는 정부를 만들었다.
- 싱가포르를 금융·교육·의료·관광 등 세계 서비스 허브 국가로 만들었다.
- 능력주의와 업적주의에 기반을 둔 교육제도를 마련했다.

시장경제와 경제개방으로 경제발전을 이끌다

리콴유가 통치하던 시기에 '시장경제'라는 말은 사용되지 않았다. 애덤 스미스의 나라 영국에서조차 그랬다. 그런데 리콴유는 출발부터 '시장경제 마인드'를 갖추고 있었다.

- 리콴유의 할아버지는 자수성가(自手成家)로 큰 부를 이루었는데 그 부를 통해 삶의 즐거움을 누릴 줄 아는 사람이었다. 그런 할아버지를 리콴유는 무척 존경했다. 당시에는 국가의 역할이 미미했기 때문에 열심히 일해서 저축한 사람만이 잘 살 수 있었다. 리콴유는 할아버지의 그런 정신을 존경한 것이다.
- 리콴유는 영국에 유학 가자마자 '평등주의'를 주창하는 라스키 교수의 강의를 듣고 금방 회의적인 생각을 가졌다.

• 영국이 1948년에 도입한 '국민보험법'에 따라 외국인인 리콴유에게도 치료비가 무료인 것을 알고 리콴유는 "사람들은 정부에 손을 벌리는 데 길들여질 것이 분명하다"며 복지정책을 비판했다.

• 덩샤오핑이 싱가포르의 경제발전을 배우려고 1978년에 싱가포르를 방문했을 때(주: 이 이야기는 뒤에 나옴) 리콴유는 서구의 다국적기업들이 진출하여 창조해놓은 부를 보여준 다음에 그에게 시장경제의 핵심 원리를 다음과 같이 이야기했다.

"공산주의 시스템은 모든 구성원이 자기 자신과 가족이 아니라 다른 사람들을 위해 기꺼이 희생하려고 할 때에만 제대로 움직일 수 있다는 말을 했습니다. 하지만 우리는 모든 구성원이 오로지 자기 자신과 가족을 위해서 일할 수 있는 시스템을 구축하였습니다."

• 리콴유는 싱가포르를 건국하면서 '자원이라고는 거의 없는 나라'라고 개탄했다. 그럼에도 불구하고 그는 건국 직후부터 싱가포르를 완전 개방했다. '개방'이란 시장경제의 핵심 원리 가운데 하나인 '경쟁'을 뜻한다. 리콴유는 건국 초기부터 '빈 손으로' 경쟁을 목표로 정책을 운용한 것이다. 당시에 후진국들은 '국내산업 보호'를 내세워 수입대체산업 육성을 경쟁적으로 도입하고 있었다.

• 리콴유는 싱가포르가 출범할 당시에는 '모든 사람에게 공평한 자기 몫을 갖게 하는 사회주의를 신봉했다가 개인적 동기와 보상이야말로 생산경제의 근본임을 배웠다'고 토로했다.

이렇듯 리콴유는 '시대를 앞서가는 변화의 리더십', '시장경제 마인드'로 싱가포르 발전을 이끌었다.

해외직접투자 유치하여 경제발전을 이룩하다

리콴유는 싱가포르 발전이 막막하던 시기에 싱가포르가 생존할 수 있는 전략은 산업화와 개방화라라고 믿었다. 리콴유는 경제를 완전 개방하여 해외자본을 유치하는 전략을 세웠다.

해외자본을 유치하기 위해 리콴유는 먼저 싱가포르를 변화시켰다. 변화의 중심을 정부를 비롯한 관료조직이 맡았다. 부존자원이 없는 열악한 현실에서 실천력 있는 인재가 중심이 되는 관료조직이야말로 대외개방을 지탱할 수 있는 특공대였다. 싱가포르 공무원들은 경제 마인드로 무장했고, 정부는 기업 지원을 위한 원스톱 서비스로 무장했다. 리콴유가 최고경영자였다면 전략기획실 역할은 경제개발청(EDB)이 맡았다. 리콴유는 박정희 정부보다 1년 앞선 1961년에 제1차 공업개발계획을 세웠다. 이어 리콴유는 싱가포르를 기업하기 좋은 나라로 만들어 갔다.

처음에는 많은 자본이 필요치 않은 노동집약적 관광산업을 육성하려고 했다. 1968년 가을. 리콴유는 재충전을 위해 하버드대학에서 짧은 휴식을 취하면서 많은 경제학자들의 조언을 듣고 싱가포르가 미국의 다국적기업들과 손을 잡는 것이 최선의 방법이라는 것을 깨달았다. 리콴유는 미국의 다국적기업을 유치하기 위해 규제 완화, 법인세율 인하 등 필요한 인프라를 마련했다. 제조업의 경우 관세를 3%까지, 법인세는 40%에서 4%까지 낮췄다. 수입 설비에 대해서는 아예 수입세조차 면제해 주었다. 불법 파업을 일삼는 노조운동은 법치를 내세워 와해시켰다. 다국적기업들이 싱가포르로 속속 들어왔다. 다국적 기업들은 많은 일자리를 창출하고, 소득 증가에 기여했다.[6]

그 후 현재까지 싱가포르는 해외직접투자의 집결지가 되었다. 2017년까지 싱가포르에 유입되어 쌓인 해외직접투자 액수는 무려 1조3천억 달러에 이른다. 이처럼 엄청나게 많은 해외직접투자가, 자원이 없고 크기가 서울의 1.1배 정도인 작은 섬나라 싱가포르를 세계 초일류국가로 만들지 않을 수 있겠는가!

덩샤오핑에게 경제발전 전략을 훈수(訓手)하다

리콴유는 중국에 대해 지대한 관심을 가졌다. 싱가포르의 장기 발전은 중국과 밀접하게 관련된다고 생각했기 때문이다. 덩샤오핑은 1978년 4인방과 권력투쟁을 벌이고 있던 시기에 중국을 하루 빨리 변화시키려는 생각으로 싱가포르를 방문했다. 국가 주도의 급속한 자본주의적 경제개발 프로그램을 리콴유에게서 배우기 위해서였다.[7] 그 때 리콴유는 덩샤오핑에게 글로벌기업이 싱가포르에서 이룩한 부를 보여주며 해외자본 유치가 경제발전의 원동력임을 훈수했다. 리콴유는 자기 나라뿐만 아니라 중국, 곧 세계도 변화시킨 정치가다.

6) 김성진(2007), 『리콴유 작지만 강한 싱가포르 건설을 위해』, 살림, pp.76~77.

7) Tom Plate(2012), *Giant of Asia: Conversations with Lee Kuan Yew*, Marshall Cavendish International. (박세연 역(2013), 『리콴유와의 대화』, RHK, p.88).

싱가포르 국민은 리콴유를 '독재자'라고 부르지 않는다

리콴유는 인민행동당 일당 체제하에서 31년 반 동안(1959. 6.5～ 1990.11.28) 통치했는데도 싱가포르 국민은 그를 독재자라고 부르지 않는다. 리콴유는 그 이유를 이렇게 썼다.

"'독재자'라는 표현은 국민의 동의를 구하지 못한 지도자를 말합니다. 하지만 나는 4, 5년에 한 번씩 치러지는 선거를 통해 국민들로부터 정책적인 동의를 얻고 있습니다. 지금까지 지지율이 60% 밑으로 떨어진 적이 한 번도 없습니다. 그렇기 때문에 나는 독재자라는 말을 절대로 인정할 수 없습니다."[8]

싱가포르는 1959년부터 현재까지 사실상 인민행동당 일당 체제를 유지해 오고 있다. 그런데도 대부분의 싱가포르 국민은 리콴유를 독재자라고 부르지 않는다. 그러나 리콴유와 인민행동당을 비난하는 사람들은 리콴유가 야당을 탄압했기 때문에 권력을 유지할 수 있었다고 말하지만 리콴유는 야당을 탄압하지 않았고, 실제로 야당을 탄압했다는 증거를 찾을 수 없다. 국민이 리콴유를 독재자라고 부르지 않는 이유는 인민행동당이 국민의 지지를 받은 데다 리콴유가 진정성을 바탕으로 통치했고, 그의 통치가 싱가포르를 초일류국가로 만들었기 때문이다. 미국에서 대통령이 재선에 성공하려면 경제가 변수다. 박정희가 산업화의 역군들에게 존경받는 이유는 그가 고도성장을 이룩하여 굶어죽는 나라 대한민국을 경제대국의 길로 이끌었기 때문이다. 문제는 '경제다.'

---

8) 상게서, p.257.

5

싱가포르경제의 현주소

'국가의 기본은 경제와 안보에 있다'는 것을 리콴유만큼 깨달은 정치가는 없을 것이다.
경제 기반이 영국 해군의 철수와 함께 무너졌고, 안보가 인도네시아, 말라야,
공산주의자들에 의해 바람 앞의 촛불처럼 위협받고 있던 상황에서 리콴유는
'산업화와 개방화'에 눈을 돌렸다. 그 결과는 눈부신 경제 발전이었다.
몇 가지 자료를 중심으로 싱가포르경제의 현주소를 정리한다.

◆

세계 3위의 고도성장, 22년 만에 국민소득 1만→5만 달러!

• 싱가포르는 리콴유 통치 기간에(주: UN 자료에 따라 1970~1990 기간에) 8.3%의 고도성장을 기록했다. 1971~2017년간 싱가포르의 연평균 성장률은 6.93%인데, 높기로 8.93%의 중국, 6.98%의 한국에 이어 세계 3위다.

• 고도성장의 결과 1인당 국민소득이 1989년에 1만 달러대였는데 22년 후인 2011년에 5만 달러대로 진입했다. 싱가포르는 1인당 국민소득 1만→5만 달러대 진입에서, 기간이 짧기로 18년 걸린(1989~2007) 아일랜드에 이어 세계 2위다. 아시아에서 1인당 국민소득 5만 달러대 진입은 싱가포르가 최초이고, 유일하다. 일본도 아직 이루지 못했다.

• 고도성장의 결과 싱가포르는 실업률이 최근 10여 년간 2%대 안

팎인데, 2018년 4분기에는 1.8%까지 낮아졌다. 2018년 11월에 한국의 실업률은 3.9%로 1997년 IMF 사태 이후 최악인데, 이는 같은 때 미국의 3.7%, 일본의 2.3%, 독일의 3.4%보다 더 높다. 문재인 정부의 '거꾸로 가는 정책' 때문이다.

해외직접투자 유치하여 고도성장을 이룩한 나라

• 싱가포르가 고도성장을 이룩할 수 있었던 것은 리콴유가 경제 개방, 규제 완화, 법인세율 인하 등 글로벌기업 유치를 위한 인프라 구축에 전력투구했기 때문이다. 싱가포르는 2016년에 개방도(주: GDP 대비 수출·입 비중)가 178%로 세계에서 가장 높다. 2017년 싱가포르의 무역액은 5,615억 달러로, 세계 9위다. 경제 개방으로 2017년까지 싱가포르에 쌓인 해외직접투자 유입액은 1조3천억 달러에 이른다(〈그림 1〉참조).

• 고도성장은 싱가포르를 초일류국가로 만들었다. 스위스 IMD의 '국가경쟁력' 순위에 따르면, 2018년 63개국 가운데 1위 미국, 2위 홍콩, 3위 싱가포르다. 싱가포르는 국가경쟁력 순위 1, 2위를 놓고 해마다 미국과 겨뤄왔다.

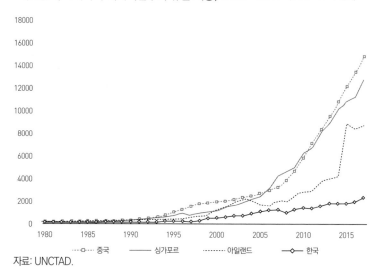

〈그림 1〉 4개국의 해외직접투자 유입 저량, 1980~2017 (단위: 미 1억 달러)

자료: UNCTAD.

세계 1위의 의료관광 국가

《한국 의료관광 마케팅 2016》에 따르면, 싱가포르는 세계 1위의 의료관광 국가다. 주요 국가의 의료관광 현황을 보자.

싱가포르: 의료 관광객 수가 2003년 120만 명에서 2013년 250만 명으로 증가. 싱가포르는 '웰니스(wellness)'를 미래 성장동력 산업으로 지정, 2020년까지 연 200만 명의 해외 환자 유치 통해 GDP의 2% 수준인 60억 달러의 외화 수입과 1만3천 개의 일자리 창출 계획을 세웠다.

태국: 2013년 의료 관광객 수 250만 명.

말레이시아: 2015년 의료 관광객 수 88만 명.

인도: 2013년 의료 관광객 수 85만 명

한국: 2015년 의료 관광객 수 겨우 30만 명, 일자리 창출 4만5천 개. 2018년 5월 9일에 열린 '2018년 제8차 한국의료관광포럼'에서 한국은 의료관광의 '과도한 규제'가 문제라고 지적되었다.

싱가포르는 여러 가지 면에서 일류 국가

• 2017년 부패인식지수(CPI)에서 싱가포르는 180개국 가운데 6위로 부정부패가 적은 나라다. 1위 뉴질랜드, 2위 덴마크, 공동으로 3~5위 핀란드, 노르웨이, 스위스, 6위 싱가포르와 스웨덴. 한국 51위. 소말리아 180위.

• 싱가포르 교육제도는 철저하게 성과주의를 고수하고, 교육평등주의는 찾아볼 수 없다. 싱가포르에는 싱가포르대, 난양공대, 싱가포르 경영대, 국립교육원 4개 대학이 있는데, '2018 조선일보·QS 아시아대학 평가'에서 싱가포르 국립대가 1위, 난양공대가 3위를 차지했다. 이 평가에서 한국은 상위 100위 안에 서울대 등 18개 대학이 들었다. 싱가포르 4개 대학에서는 수많은 국적을 가진 교수들이 가르치고 연구한다.

6

리콴유가 주는 교훈

리콴유가 주는 교훈은 적잖다. 우리는 리콴유 같은 진정성 있는
정치가가 필요하고, 싱가포르가 해외직접투자를 유치하여 경제발전에
성공했다는 것을 이야기한다. 해외직접투자에서는 법인세율 인하가 핵심 내용이다.

◆
◆

우리에게는 왜 진정성 있는 대통령이 없을까?

리콴유는 1959~1990년간 32년 동안 싱가포르를 통치했지만 '독
재자'라고 불리지 않는다. 그의 진정성 있는 통치의 결과다.

우리는 어떤가? 이승만 초대 대통령부터 문재인 제18대 대통령[9]
까지 한 마디로, 이유야 어떻든 존경받는 대통령이 없는 것 같다. 이
글을 쓰는 시점에서 이유야 어떻든 두 명의 전직 대통령이 감옥에 수
감되어 있다. 우리는, 32년 동안 통치하고도 존경받는 리콴유 같은
정치가는 상상할 수 없다 할지라도 5년 동안 통치하고도 존경받는 대
통령을 기대할 수는 없을까?

---

9) 문재인 대통령은 취임 후 지지율이 84%로 역대 최고치를 기록했으나 1년 8개월이
지난 2018년 12월에 40%대로 떨어졌기 때문에 포함시켰다.

문재인 대통령, 법인세율 인하해야 경제가 산다

리콴유는 해외자본 유치를 위해 법인세율 인하를 전략으로 삼았다. 싱가포르는 법인세 최고세율이 1999년에 26%였는데 지속적으로 인하하여 2010년부터 17%를 유지해 왔다. 선진국 가운데 법인세 최고세율이 가장 낮은 아일랜드도 1999년에 28%였는데 지속적으로 인하하여 2003년부터 12.5%를 유지해 왔다.[10] 여러 가지 면세 조치를 감안하면 이 두 나라에서 법인세 실효세율은 훨씬 더 낮다. 중국은 명목 법인세 최고세율은 25%이지만 외국기업에 적용하는 실효세율은 15% 정도다.

세계는 법인세율 인하 전쟁을 벌이고 있다(〈표 1〉 참조). 2003~2018년간 글로벌 평균 법인세율은 29.4%에서 24.0%로 5.5% 포인트 낮아졌다. 문재인 대통령은 2017년 취임 직후 법인세율을 22%에서 25%로 올려버렸다. 〈표 1〉에는 없지만 2017~18년간 법인세율을 올린 나라는 세계 170여 개국 가운데 사실상 한국뿐이다.[11] 이 결과 2003~2018년간 한국의 법인세율 인하 폭은 남미 다음으로 낮다. 2018년에 25.0%인 한국의 법인세율은 아시아 평균 21.21%보다 훨씬 높고 글로벌 평균 24.03%보다 약간 높다. 이 같은 여건에서는, 국

---

10) 싱가포르의 법인세율 인하: 26%(1999)→25.5%(2001)→24.5%(2002)→22%(2003)→20%(2005)→18%(2008)→17%(2010). 참고로 아일랜드 법인세율 인하도 추가함: 28%(1999)→24%(2000)→20%(2001)→16%(2002)→12.5%(2003)

11) KPMG International 2017~18년 자료 참조.

내자본은 해외로 나갈 뿐이고 해외자본은 국내로 들어오지 않을 것이다.

<표 1> 글로벌 법인세율 인하 추세, 2003~2018 (단위: %)

구 분	2003	2018	인하 폭 (%포인트)
아프리카 평균	32.36	28.06	4.30
아시아 평균	30.19	21.21	8.98
유럽 평균	26.72	19.48	6.79
남미 평균	30.81	28.11	2.70
북미 평균	35.30	26.75	8.55
글로벌 평균	29.42	24.03	5.39
싱가포르	22.0	17.0	5.00
한국	28.0	25.0	3.00

자료: KPMG international.

경제를 살리려면 문재인 대통령은 법인세율부터 인하해야 한다. 트럼프 미국 대통령은 2017년에 취임하자마자 연방 법인세율 40%를 21%로 낮췄다. 이 결과 외국으로 나갔던 미국기업들이 줄지어 국내로 돌아오고, 외국기업들 또한 줄지어 미국으로 들어오고 있어 2018년 10월에 미국의 실업률은 3.7%다.

02
박정희

가난한 나라 대한민국을 경제대국으로 이끌다

Park Chung Hee

박정희
가난한 나라 대한민국을 경제대국으로 이끌다

　　1945년 8월 15일에 일본 식민통치에서 해방되자 이승만은 1948년 8월 15일에 대한 민국을 건국했다. 그 후 이승만의 3선 개헌, 4·19 학생혁명, 뒤이은 정치적 갈등 등으로 대한민국은 혼란에 혼란을 거듭했다. 대한민국은 1961년에 1인당 국민소득이 89달러 로 320달러의 북한보다 훨씬 못 살았다. 그 무렵 대한민국은 '보릿고개'를 넘지 못하고 굶어죽는 사람이 적지 않았다. 육군 소장 박정희는 1961년 5월 16일에 쿠데타로 정권 을 잡고, 1963년에 제5대 대통령에 취임했다.

　　박정희는 제5~6대 대통령을 마치고, 3선 개헌으로 제7대 대통령에 취임하여 재임 중 유신헌법을 도입, 제9대 대통령까지 역임하다가 1979년 10월 26일에 시해(弑害)되었 다. 박정희는 네 차례의 5개년 경제계획으로 고도성장을 이룩했다. 박정희는 수출주도 성장정책을 추진하여 대한민국을 경제대국으로 이끌었다. 대한민국은 무역규모 세계 7 위, 경제규모 세계 11위, 고도성장 2위 등 세계 속의 위상이 높은 나라다.

　　박정희는 민정이양 직전 1962년 12월에 헌법을 전부 개정하여 '대한민국의 경제체 제로서 시장경제 도입', '대외무역 개방', '소작농 금지'를 헌법에 명시했다. 박정희는 시 장경제를 통치철학으로 삼아 가난한 나라 대한민국을 경제대국으로 이끌었다. 여기서 는 박정희의 시장경제 중심의 통치철학을 주로 이야기한다.

주요 참고문헌

조갑제(2009), 『朴正熙의 결정적 순간들 62년 생애의 62개 장면』, 기파랑.

김성진(2007), 『박정희』, 살림.

박정희의 삶: 태어나서 군인이 되기까지

태어나서 군인이 되기까지 박정희의 삶을 정리한다.[12]

어머니, 낙태시키려고 디딜방아의 머리를 배에 대다

박정희의 어머니는 45세에 딸과 함께 아이를 밴 것을 부끄럽게 생각하여 일곱 번이나 낙태를 시도했지만 모두 실패했다. 한번은 그의 어머니가 디딜방아의 머리를 배에다 대고 뒤로 자빠져버렸으나 허리만 다치고 실패로 끝났다. 그의 어머니는 '할 수 없다. 아기가 태어나면 솜이불에 돌돌 싸서 아궁이에 던져버리리라'고 생각을 바꿨다.

태어날 수 없는 생명이 될 뻔한 박정희는 1917년 11월 14일 오전 11시경, 경북 선산군 구미면 상모리의 금오산 자락 맨 끝에 자리한 허름한 초가집에서 태어났다. 박정희는 어머니의 젖꼭지가 말라붙어

---

12) 조갑제(2009), 『朴正熙의 결정적 순간들 62년 생애의 62개 장면』, 기파랑. 이 책은 조갑제가 자신의 저서 『朴正熙 傳記』(2006, 조갑제 닷컴)에서 뽑은 62개의 장면을 모은 것으로, 박정희의 삶을 잘 정리해주고 있다.

모유 맛을 모르고 자랐다. 큰 누나 귀희 씨가 젖을 먹였다. 귀희 씨는 동생에게 젖을 먹이려고 시집에서 나와 낙동강을 배로 건너 30분간 걸어서 친정에 가곤 했다.

초등학교에 입학하다

상모동은 가난한 마을이었다. 그의 아버지는 상모동에 와서는 1600평 정도의 외가 위토(位土; 수확을 문중 제사에 쓰기 위해 설정한 토지)를 소작하면서 식량은 근근이 유지되었다. 아버지는 가사에 관심이 없었고, 어머니가 집안일을 도맡았다.

박정희는 아홉 살에 구미보통학교에 입학했다. 상모동에서 구미읍까지는 약 8㎞, 8시까지 도착하기에는 여간 고생이 아니었다. 동네에 시계를 가진 사람이 아무도 없어서 늦다고 생각되면 20리 길을 뛰어야 했다. 여름에 비가 오면 허리에 동여맨 책가방이 비에 젖고, 겨울에 땅바닥이 얼면 열두 번도 더 넘어진다. 어머니가 더 고생이다. 시계도 없이 새벽 창살을 보고 일어나 새벽밥을 짓고, 도시락을 싸고, 아들을 깨운다. 겨울에는 세숫대야에 더운 물을 방안에까지 들고 와 잠이 덜 깬 아들을 세수 시켜준다. 아들은 아침밥을 먹고 집으로 온 동네 친구들과 함께 새벽길을 뛰어간다. 학교에 가지고 간 도시락이 겨울에는 얼어붙어 찬밥을 먹은 박정희는 체하곤 했다.

월사금(수업료)은 당시 돈으로 60전이었다. 그의 어머니는 한 푼이라도 생기면 모아두곤 했다. 학교에 가져가야 할 돈이 없으면 계란 몇

개를 떨어진 양말짝에 싸서 주었다. 이것을 가지고 학교 앞 문방구점에 가면 일본 상점 주인이 계란이 성하면 1개에 1전씩 쳐서 연필이나 공책과 바꿔줬다. 박정희는 6학년 때 키 135.8㎝, 몸무게 30㎏, 가슴둘레 66.5㎝로 발육상태 평가는 병(丙)이었다. 그는 3학년 때부터 급장을 했다.

대구사범에서 73명 중 73등으로 꼴찌 학생

박정희가 다닌 대구사범 5년간(1932~1937) 성적표는 대구사범의 후신인 경북대 사범대가 공개를 금지시켰기 때문에 세상에 알려지지 않았다. 조갑제가 이낙선이 남긴 '박정희 파일'에서 박정희의 대구사범 성적을 알아냈다.

박정희는 입학시험에서는 100명 중 51등이었으나 학년이 올라갈수록 점점 떨어져 4학년 때는 73명 중 73등, 5학년 때는 70명 중 69등이었다. 그의 행동 평가도 학년에 따라 '양, 양, 양, 가, 양'으로 밝혀졌다. 놀라운 것은 장기 결석. 2학년 때 10일, 3학년 때 41일, 4학년 때 48일, 5학년 때 41일이었다.

박정희는 성적이 나빠 한 달에 7원씩 나오는 관비(官費)를 받을 수 없었다. 기숙사생활을 한 박정희는 집에서 부쳐주는 식비를 기다리다 늦어지면 고향으로 내려갔다. 박정희는 이불 보퉁이와 빨랫감은 어머니한테 맡겨놓고, 〈조선일보〉 선산지국을 운영하던 셋째 형 상희 씨의 집을 찾아가 눌러 붙었다. 그 때마다 형은 어렵사리 학비를 마련해 주었다.

박정희는 '말이 없고 항상 성난 사람 같은 인상'을 했지만 검도, 사격, 나팔, 육상에는 뛰어났다. 공부는 꼴찌였지만 교련 시간에는 소대장이었다.

제자들이 본 자상한 교사

대구사범을 졸업한 박정희는 문경보통학교에 부임하여 3년간 (1937~1940) 교사로 근무했다. 박정희의 제자 정순옥은 친구들과 함께 새로 오신 선생님을 보려고 하숙집으로 찾아갔다. 방안 책상 위에 커다란 액자 하나가 걸려 있었다. 그 사진에 배가 불룩 나오고 앞가슴 양편에 단추가 주룩 달려 있는 외국 사람이 들어 있었다. 학생들은 저 사람이 누구냐고 묻자 박정희는 영웅 나폴레옹이라면서 그의 전기를 이야기해 주었다.

3학년 반 급장이었던 주영배와 박정희 선생과의 대화.

박 선생. "니는 임마, 커서 뭐가 될래?"

주영배. "선생님은 그러면 이 담에 뭐가 될 낍니꺼."

박 선생. "나. 나중에 보라. 나는 대장이 될란다. 전장에 나가서 용감히 싸워 이기는 대장이 될란다."

문경보통학교 교사 시절 에피소드. 박정희는 정순옥이라는 제자의 아버지 정한수 씨와 친한 사이였다. 두 사람이 술자리에서 만나면 정한수 씨는 박정희에게 "내 사위하라"며 "나를 아버지라 불러라"고 했다. 하숙생 박정희를 모두들 총각이라 생각했다. 그런데 박정희가 결혼하여 딸(박재옥)이 있다는 사실이 알려지고 말았다. 박정희의 셋째 형 상희 씨가 동생을 보러 왔다가 정한수 씨를 만나 얘기를 나누던 중 들통이 난 것이다.

군인이 되어 쿠데타에 성공하기까지

박정희가 군인이 되어 쿠데타에 성공하기까지의 이야기다.

혈서 쓰고 만주군관학교에 입교하다

박정희가 교사직을 그만두고 만주군관학교로 가게 된 것은 그가 교장과 싸웠기 때문이라고 알려져 있지만 조갑제는 혈서설(血書說)이 더 신빙성이 있어 보인다고 주장한다.

박정희와 함께 문경보통학교에서 근무한 유증선 선생의 증언. 유증선은 1938년 5월에 박정희와 함께 숙직실에서 기거한 적이 있다. 어느 날 박정희가 이런 말을 했다.

"저는 아무래도 군인이 되어야겠습니다. 제 성격이 군인 기질인데, 문제는 일본 육사에 가려니 나이가 많다는 점입니다. 만주군관학교는 덜 엄격하다고 하지만, 역시 나이가 걸립니다."

박정희는 당시 면장을 하고 있던 형 상희 씨에게 부탁해서 나이를 낮추려고 했지만 신원조회를 하면 학교에 있는 기록과 호적이 틀려

말썽이 날 것 같아 그만 두었다. 박정희와 유증선은 숙직실에서 밤새 고민했다. 그들의 생각은 '어떻게 하면 만주군관학교 사람들이 환영할 수밖에 없는 행동을 취할 것인가'였다. 유증선이 문득 생각이 났다.

"박 선생, 손가락을 잘라 혈서를 쓰면 어떨까."

박정희는 즉각 찬동했다. 그는 바로 옆에 있는 시험용지를 펴더니 면도칼을 새끼손가락에 갖다 댔다. 박정희는 핏방울로 시험지에다 '盡忠報國 滅私奉公(진충보국 멸사봉공)'이라고 썼다. 그는 이것을 접어서 만주로 보냈다. 보름쯤 후에 누군가가 만주에서 발행되는 신문에 박정희 이야기가 실렸다고 전했다. 유증선은 그 과정은 알 수 없었다고 회상했는데, 어쨌든 목적은 달성되었다. 1940년 4월 1일 박정희는 만주국 육군군관학교(신징군관학교) 제2기생으로 입교했다.

일본 육군사관학교 졸업 후 만주국 육군 소위로 임관되다

1942년 3월 박정희는 만주국 신징군관학교 2기 예과 졸업생 240명 중 수석으로 졸업했다. 1942년 8월 박정희는 만주국 육군 소위로 임관되었다. 1942년 10월 1일 박정희는 일본 육군사관학교 제57기로 편입되었다. 1944년 4월 박정희는 300명 가운데 3등으로 일본 육군사관학교 57기를 졸업했다. 박정희의 일본 이름은 다카키 마사오. 이어 수습사관 과정을 거쳐 1944년 7월 열하성(熱河省) 주둔 만주국 보병 제8사단에 배속되었다. 1944년 12월 23일 정식 만주국 육군 소위로 임관되었다. 박정희가 배속된 부대는 보병 제8사단으로, 주 토벌 부대는 중국 공산당의 팔로군이었다.

광복을 맞아 무장해제 당하다

1945년 8월 9일 부대 내에서 소련군의 참전을 가장 먼저 안 것은 박정희 중위였다. 박정희는 방원철 중화기 중대 약 250명과 함께 당나귀 50마리에 짐을 싣고 8월 14일 새벽에 반벽산으로 출발했다. 일본이 항복한 사실도 모르고 그들은 걷고 있었다. 8월 17일 방원철 부대가 싱룽에 거의 도착했을 때 그들은 무전기를 작동시켰다. 그 순간 장개석의 육성 연설이 방송되고 있었다. "일본은 14년에 걸친 중국 침략전쟁에서 완전히 패망하여 항복하였습니다. ⋯."

박정희 등 조선인 장교 4명과 일본인 장교 13명은 바로 무장해제 당했다. 한편 소련 하바로프스크 북동쪽 약 70㎞ 아무르 강변 브야츠크에서 광복을 맞은 김일성 소련군 대위는 박정희 만주군 중위와는 처지가 뒤바뀌었다.

만주·중국 전선에서 광복을 맞은 조선인 장병들은 북경으로 몰려들고 있었다. 상해 임시정부는 최용덕 전 중국군 소장을 동북판사처장에 임명하여 이들을 광복군 산하에 편입시키려고 했다. 북경 시내 한 제지공장이 광복군의 병영이 되었다. 박정희는 광복된 뒤에 광복군에 들어간 것을 쑥스러워했다고 한다.

일본 패망 후 빈털터리로 고향에 돌아오다

1946년 5월 8일 박정희는 미군 수송선을 타고 부산항으로 귀국했다. 빈털터리로 돌아온 그를 고향의 가족도 반기는 눈치가 아니었다. 셋째 형 박상희는 "그냥 선생질이나 하면 좋았을 걸 괜히 고집대로 했다가 거지가 되어 돌아오지 않았느냐?"고 면박을 주었다고 한다.

조선경비사관학교에 입학하다

박정희는 고향에서 넉 달 동안 쉬었다가 서울로 갔다. 1946년 2월에 박정희는 만주군관학교와 일본육사 동기인 이한림과 함께 미군정청이 창설한 국군의 전신인 남조선국방경비대에 들어갔다. 1946년 9월 24일 박정희는 조선경비사관학교 제2기생으로 입학했다. 만주군관학교·일본 육사에 이은 세 번째 사관학교이자 만주군·일본군에 이은 세 번째 군복이었다. 입시 경쟁률은 2대1, 입학생은 263명이었다. 중국군·만주군·일본군에서 장교로 근무한 경력자가 35명이었다. 박정희는 당시 29세로, 나이나 경력 면에서 최상층부에 속했다.

'좌익 장교 박정희'

조갑제가 쓴 『朴正熙의 결정적 순간들』을 읽노라면 느닷없이 "'좌익장교' 박정희 소령은 좌익 반란군을 진압할 토벌군사령부의 작전장교로 일하게 되었다"는 대목이 튀어나온다. 박정희가 국군으로 일할 때 한 때 좌익이었다는 사실은 알려져 있기는 하지만 조갑제가 느닷없이 "'좌익장교' 박정희 소령"이라고 쓰고 있어서 읽는 순간 당혹스러웠다.

이는 박정희가 존경하고 따른 상희 형의 죽음, 지인들과의 인간관계와 관련된다. 박정희가 조선경비사관학교에서 2기생으로 한참 훈련을 받고 있던 1946년 9월 말 대구에서 좌익들의 주동으로 대규모 파업사태가 발생했다. 이 사태는 이른바 '대구 10·1 항쟁'으로 이어졌고, '폭동'은 이후 구미를 포함하여 경북 전역으로 확산되었다. 폭도들은 경찰서를 습격하여 경찰관들을 불법 감금했고, 경찰관과 관리들의 집을 박살냈다. 구미 폭동 때 박상희는 군중을 지휘했는데, 이를 진압하려는 경찰의 총에 맞아 죽고 말았다. 박정희는 상희 형의 죽음에 화가 났고, 이재복·최남근과의 인간관계에 얽혀 남로당에 가입했다.

1948년 10월 19일 밤 8시쯤 비상나팔을 신호로 여수 주둔 14연대에서 반란이 일어났다. 연대 내의 남로당 조직책인 지창수 상사가 주동이 되었는데, 이를 계기로 여순반란 사건이 일어났다. 그래서 "'좌익장교' 박정희 소령은 좌익 반란군을 진압할 토벌군사령부의 작전장교로 일하게 된 것이다."

남로당원 박정희, 체포되다

박정희는 여수 반란이 진압된 뒤 육군본부 작전교육국 과장 요원으로 발령받았다. 이 무렵 북한파 최남근이 백선엽의 지시로 체포되었다. 남로당원 박정희는 최남근의 체포가 자신의 체포로 이어질 수 있을 것이라는 생각을 했겠지만 달아나지는 않았다. 그런데 여운형의 지시로 북한으로 들어가 인민군 창설 요원으로 일했던 최창윤이 북한을 탈출해서 돌아왔다. 최창윤은 만주군관학교 후배인 박정희에게 체험한 공산주의의 악마성을 이야기해주고 빨리 남로당으로부터 발을 빼라고 설득했다.

박정희는 체포되었다. 그는 남산 기슭에 있는 헌병대에 갇혔다. 박정희는 혹독한 전기고문을 받았다. 당시 항공사관학교 교장 김정렬은 박정희가 빨갱이가 아니라는 생각을 갖고 있다가 육군참모총장 정일권 대령을 찾아가, "만주군 후배인 박정희가 빨갱이로 몰려 있으니 살려내라"는 식으로 다그쳤다. 김정렬은 국군수사의 총책임자인 백선엽을 찾아갔다. 마침내 박정희는 백선엽 앞에 불려왔다. 백선엽은 석 달 전 여순 14연대 반란군 토벌사령부의 참모장일 때 박정희 소령을 작전장교로 데리고 있었다. 두 사람은 마주 앉았다. 조갑제는 이렇게 썼다.

"마주 앉은 박정희의 모습은 처연했다. 생사의 기로에 선 한 연약한 인간이 생명을 애원하는 순수한 모습, 그것이 백선엽을 움직였다. 그는 '저를 도와주십시오'라며 백선엽 국장에게 애원조로 말했다. 백선엽은 박정희의 그 말에 무심코 '도와드리지요' 대답하고 말았다. 백선엽 장군은 지금도 그 결정적인 말이 '무심코' 나왔다고 또렷이 기억하고 있었다."

박정희와 6·25

김종필 중위는 북한반의 선임장교가 되어 인민군의 남침을 맨 앞에서 정찰하게 되었다. 김종필은 1950년 6월 8일부터 인민군들의 움직임을 파악하기 시작했다. 박정희는 어머니의 1주기 제사를 지내기 위해 구미로 내려갔다. 그는 김종필·이영근 중위에게 무슨 일이 있으면 연락해 달라고 당부했다.

1950년 6월 24일 저녁 육본 장교구락부에서는 개관 연회가 열렸다. 25일 새벽 5시, 포천에 나가 있던 첩보파견대장이 김종필 중위에게 제1보를 전해 왔다. "전차군을 동반한 대병력이 양문리 만세교 일대에서 공격해 오고 있다"는 것이었다.

박정희의 6·25 일기

박정희의 일기에 나타난 6·25 관련 이야기. 1950년 6월 25일 박정희는 고향집에서 어머니 제사를 드리고 문상객들과 사랑방에서 담화를 나누고 있었다. 그는 장도영 대령의 긴급전보를 받고 27일 오전 7시경 용산역에 도착했다. 박정희의 증언.

"27일 밤에 저는 미아리 전선을 시찰하고 자정이 지나서 육본에 돌아왔는데 텅 비어 있었습니다. …부하 장교들을 데리고 한강다리 쪽으로 가 보았더니 폭파된 뒤였어요. … 광나루까지 걸어가서 거기서 헤엄쳐서 건넜습니다. …."

그는 시흥에 있는 육군본부까지 걸어갔다. 육본은 28일 오후 다시 수원으로 옮겼다. 김종필 중위 일행은 시흥의 임시 육본으로 갔다가 다시 수원으로 갔다. 박정희가 정문에서 맞아주었다. 김종필은 마음이 놓였다. "저 분은 역시 북으로 가지 않으셨구나."

"신랑 육영수 군과 신부 박정희 양은…"

박정희 중령은 9사단 사령부를 따라 대구로 왔다. 1950년 12월 12일 박정희는 육영수와 두 번째 결혼식을 올렸다. 주례는 허억이었는데, 그는 신랑 신부와 만난 적이 없었다. 그는 주례사를 하면서 이렇게 말했다.

"신랑 육영수 군과 신부 박정희 양은…"

장내는 웃음바다가 되었다. 박정희가 세든 사랑채는 방이 세 개였다. 큰방은 박정희, 두 번째 방은 이경령(장모)과 육영수·예수(처제), 세 번째 방은 운전병과 부관. 이 집에는 부엌이 없었다.

이승만과 박정희

이승만은 1948년 8월 15일에 국회에서 초대 대통령으로 선출되어 대한민국을 건국했다. 이승만의 임기는 1952년 7월 23일에 끝나게 되어 있었다. 대한민국은 건국되자마자 1950년 6·25 전쟁이 일어났다. 이런 상황에서 이승만은 재집권에 관심을 쏟았다. 1951년 11월

이승만은 직선제와 양원제를 골자로 하는 개헌안을 국회에 제출했는데 개헌안은 부결되었다.

미국은 6·25전쟁 휴전과 관련하여 이승만과 껄끄러운 관계였다. 미국은 이승만에 대항할 대통령 후보로서 장면을 천거했다. 대한민국 국회가 미국의 영향권 아래에 들어갔다고 판단한 이승만은 장면 부총리를 해임하고 장택상을 지명했다. 임시수도 부산에서는 개헌문제를 놓고 친이승만 시위와 야당의 반대로 정국이 긴박하게 돌아가고 있었다. 이승만은 1952년 5월 25일 군부의 반대에도 불구하고 부산, 경남, 전남·북 일원에 계엄령을 선포했다. 그러고 나서 야당을 탄압하기 시작했다.

대구 육본에서 참모회의가 열렸다. 이종찬 육군참모총장은 이 자리에서 '군이 정치에 이용당해서는 안 된다'고 강경하게 말했다. 참모회의 얼마 후 각 부대에 보내질 훈령이 만들어졌다. 참모회의에 참석한 박정희 차장이 이 훈령을 기초했다.

"군은 … 수하(誰何)를 막론하고 국가방위와 민족수호라는 본분을 떠나서는 일거수일투족이라도 절대로 허용되지 아니함은 재론할 여지가 없는 것이다. …."

박정희 대령이 기초한 이 훈령은 이승만 대통령에 대한 정면 도전이었다. 이종찬 육군 참모총장은 군의 정치적 중립이라는 명분을 내세워 부산 지역에 계엄군을 파견하라는 대통령의 명령을 거부했다. 육본에서 심야회의가 열릴 예정이었다. 이종찬 참모총장은 5월 28일에 대통령에게 사의를 표명하고 칩거 중이었다. 이 참모회의에는 박정희 작전차장이 참석했다. 당시 이승만을 실각시킬 목적의 군대동원은 이종찬·이용문·박정희 세 사람의 손에 들어 있었다. 참모회의는 불발로 끝났다. 그때 육본이 2개 대대를 부산으로 파견하여 '이승만의 계엄군' 헌병 2개 중대를 접수해 버렸다면 이승만 정권은 무너졌을 것이다.

1952년 2월 1일 대구시 삼덕동 셋집에서 박근혜가 태어났다. 박정희는 산파를 불러 안방으로 들어가게 한 다음 옆방에서 초조하게 담배를 피우면서 아내의 신음소리를 듣고 있었다.

4·19와 박정희

4·19 학생혁명이 일어났다. 4·19 학생혁명은 이승만 정권이 이기붕을 부통령으로 당선시키기 위해 개표조작을 하자 이에 반발하여 1960년 4월 19일 부정선거 무효와 재선거를 주장하는 학생들의 시위에서 비롯된 혁명이다. 4월 19일 시위로 사망자는 서울, 마산, 광주 등지에서 모두 143명이었다. 4월 19일 밤 8시를 기해 정부는 계엄포고문 제3호를 통해 계엄사령관에 장도영 2군 사령관, 부산 지구 계엄사무소장에 박정희 군수기지사령관, …을 각각 임명했다.

4월 24일 부산 범어사에서 4·19 시위 희생자 13명 합동 위령제가 열렸다. 다음은 박정희 계엄사무소장의 조사(弔辭).

"이 나라에 진정한 민주주의의 초석을 놓기 위하여 꽃다운 생명을 버린 젊은 학도들이여! …. 나도 여러분 선배의 한 사람으로서 오늘

같은 비통한 순간을 맞아 뼈아픈 회한을 느끼는 바입니다. … 여러분들이 못다 이룬 소원은 기필코 우리들이 성취하겠습니다. ….”

박정희, 송요찬 참모총장에게 사퇴를 권유하다

5월 2일 박정희는 손영길 대위를 불러 송요찬 참모총장에게 편지를 전달하게 했다. 다음은 편지 내용.

“참모총장 각하.

… 지금 3·15 부정선거에 관련된 많은 사람들이 선거 부정 관리의 책임으로 규탄되고 있으며 군 역시나 내부적·외부적 양면에서 이와 같은 비난과 정화(淨化)에서 예외 될 수는 없을 것이오니 …. 군의 최고 명령자인 각하께서 부정선거에 대한 전 책임을 지시어 정화의 태풍이 군내에 파급되기 전에 자진 용퇴하신다면 얼마나 떳떳한 것이겠습니까? ….”

당시 송요찬은 계엄군이 4·19 시위대에게 발포하지 않아 이승만의 하야를 피할 수 없게 만들었다고 국민적 인기가 높았다. 미국정부도 한때 송요찬을 과도정부 수반으로 밀어줄 생각을 했을 정도였다. 박정희의 편지를 받은 송요찬은 육본의 전 장병을 연병장에 집합시켜 놓고, ‘4·19 사태 수습이 청사에 남는 위업을 달성한 것인데 이를 파괴하려드는 불순분자가 있다’며 사무치는 분노를 폭발시켰다.

이 자리에 참석한 김종필 중령은 1960년 5월 6일 부산으로 내려가 박정희에게 육본의 동지 규합을 위한 투쟁 방법의 표면화를 진언했다. 5월 8일에는 김종필을 중심으로 한 육사 8기 출신 장교들이 정군(整軍)을 요구하는 연판장을 작성하여 상부에 제출하려다가 탄로 났다.

'혁명이냐, 강제 전역이냐' 기로에 선 박정희

1961년 1월 12일 육본에서 개인 보안심사위원회가 열렸다. 이 위원회는 군인들의 사상적 성분을 검토하는 위원회로, 갑반과 을반으로 나누어 갑반은 중령 이상 장교들을, 을반은 그 이하를 다뤘다. 여기에 해당하는 장성급 인사는 두 사람이 있었는데, 그 중 한 사람이 박정희였다. 미군이 박정희를 내몰려고 하는 가운데 보안 부적격자 처리 문제가 이 위원회에서 재론되었다. 이 위원회의 결의는 즉각 탐지되어 혁명 촉진의 자극제가 되었다고 이낙선은 한 수기에서 주장했다.

5·16 쿠데타가 일어나다

1961년 5월 16일 새벽에 해병여단의 선두인 제2중대가 한강 인도교로 진입했을 때 헌병들은 트럭 두 대를 여덟 팔 자로 배치한 채 제지했다. 해병들은 사전에 얘기가 되어 헌병들이 총장의 명령을 받아 자신들을 환영하러 나온 줄 알았다. 그러나 사정은 달랐다. 김윤근은 박정희 소장한테 들은 대로 "해병대만 가지고 강행하기로 했으니 헌병이 계속해서 막으면 밀어 버리시오"라고 명령했다. 그 뒤 총성이 났고, 해병대들은 한강 인도교로 진입했다. 제2 저지선도 사격을 통해 돌파되었다.

이 때 박정희도 차에서 내려 한강 다리를 걸어서 건너고 있었다. 북단에는 제3의 저지선이 있었다. 트럭들 좌우측에서 헌병들이 매복하여 총을 쏘고 있었다. 헌병 병력이 얼마인지를 알 수 없었으니 불안감은 더해갔다.

박정희는 상체를 숙이지도 않고 걸어가기 시작했다. 이석제와 박정희가 꼿꼿하게 걸어가는데, 총알이 옆으로 쌩쌩거리며 날아갔다. 박정희는 해병대 작전을 바라보면서 다리 난간에 기대어 담배를 피워 물었다. 이석제가 옆에서 이렇게 말했다.

"각하, 일이 끝내 안 되면 각하 바로 옆 말뚝은 제 것입니다."

"사람의 목숨이 하나뿐인데 그렇게 간단하게 죽어서 쓰나."

잠시 후 박정희는 이석제를 불렀다.

"상황이 여의치 않으면 제2안대로 합시다."

박정희의 제2안이란 출동한 부대가 일정 지역을 점거한 다음 정부와 담판하는 것이었다. 박정희는 총격전이 오가는 상황에서 다리 난간을 붙잡고 물끄러미 강물을 내려다보면서 말했다. "주사위는 던져졌어." 박정희의 이 같은 결연한 태도가 흔들리는 장교들의 마음을 붙잡아주었다.

5·16 쿠데타가 성공하다

한강 인도교의 트럭 바리케이드가 뚫린 것은 5월 16일 오전 4시

15분경. 박정희는 혁명공약 인쇄물을 들고 남산 KBS 방송국으로 달려갔다. 박종세 아나운서가 읽기 시작했다.

"친애하는 애국 동포 여러분! 은인자중하던 군부는 드디어 금조미명(今朝未明)을 기해서 일제히 행동을 개시하여 국가의 행정·입법·사법의 삼권을 완전히 장악하고, 부패하고 무능한 현 정권과 기성 정치인들에게 더 이상 국가와 민족의 운명을 맡겨둘 수 없다고 단정하고 백척간두에서 방황하는 조국의 위기를 극복하기 위한 것입니다.

군사혁명위원회는 첫째, 반공을 국시(國是)의 제1의(義)로 삼고 지금까지 형식적이고 구호에만 그친 반공체제를 재정비 강화할 것입니다. 둘째, 유엔 헌장을 준수하고 국제협약을 충실히 이행할 것이며, 미국을 위시한 자유우방과의 유대를 더욱 공고히 할 것입니다. 셋째, 이 나라 사회의 모든 부패와 구악(舊惡)을 일소하고 퇴폐한 국민 도의와 민족정기를 바로 잡기 위하여 청신한 기풍을 진작할 것입니다. 넷째, 절망과 기아선상에서 허덕이는 민생고를 시급히 해결하고 국가 자주경제 재건에 총력을 경주할 것입니다. 다섯째, 민족적 숙원인 국토 통일을 위하여 공산주의와 대결할 수 있는 실력의 배양에 전력을 집중할 것입니다. 여섯째, 이와 같은 우리의 과업이 성취되면 참신하고도 양심적인 정치인들에게 언제든지 정권을 이양하고 우리들 본연의 임무에 복귀할 준비를 갖추겠습니다. ….

대한민국 만세! 궐기군 만세!

군사혁명위원회 의장 육군 중장 장도영"

6개 항의 혁명공약은 김종필이 초안을 잡고 박정희가 교열을 본 것이다. 장도영의 이름은 도용(盜用)된 것이다. 육군참모총장 장도영은 그제서야 병력 동원 명령을 내렸다.

이렇게 하여 혁명군은 사실상 모든 것을 접수했다. 유혈 없이 전국의 치안은 곧 회복되었다.

대통령이 된 후 시해당할 때까지

박정희는 군사정부를 2년 이상 이끌다가 민정이양하여 선거를 통해
5~6대 대통령에 당선되었다. 이어 3선 개헌으로 7대 대통령에, 1972년에
유신헌법을 도입하여 대의원 투표를 통해 제8~9대 대통령에 당선되었다.
1979년 10월 26일에 김재규에 의해 시해당하기까지 정치가로서
박정희의 삶을 정리한다.

선거로 5~6대 대통령에 당선되다

1963년 2월 27일 서울 시민회관에서 박정희 국가최고회의의장
은 민간정치인들과 함께 선서모임을 갖고, 민정에 참여하지 않겠다는
뜻을 밝혔다. 야당은 이 선서식을 '사실상 군사정부의 종지부를 찍은
것'으로 받아들였다. 그러나 박정희의 후퇴는 진심이 아니라 미국·야
당·군부의 공세를 누그러뜨리기 위한 전략상 선택이었다. 박정희는
민정불참 선언을 하면서도 민정이양과 함께 군복을 벗겠다는 약속은
하지 않은 것이다. 보름 후쯤 박정희는 미국 측에 군정 4년 연장을 통
보했는데, 이는 민간정치인들에 대한 압박용이자 자신의 민정참여를
가능하게 하기 위한 일종의 정치공작이었다. 이어 박정희는 군정연장
계획을 철회하는 대신 대통령 선거에 출마하는 길로 나아갔다.

1963년 10월 대통령 선거는 공화당 박정희 후보 대 민정당 윤보선

후보의 싸움으로 압축되었다. 1963년 10월 15일 선거에서 박정희는 15만 6026표 차이로 윤보선을 누르고 제5대 대통령에 당선되었다.

박정희는 제6대 대통령 선거에서 다시 윤보선과 붙었다. 박정희는 1차 5개년계획 기간에 공장이 3,400개나 들어섰고, 한·일 국교정상화, 월남 파병이 잘 된 것이라고 강조하는 등 자신의 업적을 내세웠다. 1968년 4월 28일 선거에서 박정희는 95만 표 차이로 윤보선을 누르고 제6대 대통령에 당선되었다.

3선 개헌으로 7대 대통령에 당선되다

박정희는 1969년 3월에 3선 개헌을 추진했다. 개헌안의 주요 내용은 대통령의 3선 연임을 허용하고, 대통령에 대한 탄핵소추결의 요건을 강화하고, 국회의원의 행정부 장·차관 겸직을 허용하는 것 등이다. 기존 헌법은 대통령의 중임만 허용했다. 개헌안 통과를 위해 정부와 여당은 야당인 신민당 의원 3명을 포섭하여 모두 122명의 개헌 지지선을 확보하고, 대한반공연맹·대한재향군인회 등 50여 개 사회단체들을 동원해 개헌지지성명을 발표하게 하는 등 갖은 방법을 동원했다.

정부와 여당은 국회 본회의장에서 점거농성을 하고 있던 야당 의원들을 피해 3월 14일 일요일 새벽 2시에 국회 제3별관에서 여당계 의원 122명이 모여 기명투표방식으로 찬성 122, 반대 0표로 개헌안을 변칙 통과시켰다. 그 후 개헌안은 1969년 10월 17일 국민투표에서 총유권자의 77.1% 참여에 65.1% 찬성을 얻어 확정되었다.

유신(維新)헌법 도입하여 8~9대 대통령에 당선되다

박정희는 3선 개헌으로 대통령이 된 후 1972년 10월 17일에 '우리 민족의 지상과제인 조국의 평화적 통일을 뒷받침하기 위해 우리의 정치체제를 개혁한다'고 선언했다. 그리고 초헌법적인 국가긴급권을 발동하여 국회를 해산하고, 정치활동을 금지하는 동시에 전국적인 비상계엄령을 선포한 뒤, 10일 이내에 헌법개정안을 작성하여 국민투표로써 확정하도록 지시했다.

이에 따라 1972년 10월 27일에 개헌안이 비상국무회의에서 의결·공고되었고, 11월 21일에 국민투표에서 압도적 찬성(투표율 91.9%, 찬성 91.5%)으로 확정되었고, 12월 27일에 공포·시행되었다. 개정 당시 유신헌법은 그 기본적 성격을 '조국의 평화통일 지향, 민주주의 토착화, 실질적인 경제적 평등 실현을 위한 자유경제질서 확립, 자유와 평화수호의 재확인'이라고 밝혔다. 그러나 유신헌법은 박정희의 장기집권을 위한 개헌이었고, 독재를 가능하게 한 개헌이었다. 유신헌법의 내용은 대통령 임기 6년, 국회의원의 장관 겸임, 국회의원 3분의 1을 대통령이 임명, 대의원이 대통령을 선출하는 간접선거 등이었다.

3선 개헌을 놓고 조갑제는 "10월 유신은 두 번째 쿠데타"라고 표현했다. 10월 유신은 가시적인 요인이 전혀 감지되지 않은 상태에서 단행되었기 때문에 많은 사람들이 '아, 이건 박정희의 독재다'라고 생각하게 되었다.

박정희, 김재규에 의해 시해되다

박정희는 제9대 대통령 2년차 임기 중인 1979년 10월 26일에 당시 김재규 정보부장에 의해 시해되었다.

박정희, 경제인들의 도움 받아 5개년계획을 수립하다

박정희는 본래 군인 되기를 꿈꾼 사람이고, 꿈을 이룬 뒤 쿠데타로 권력을
손에 넣었다. 이 과정에서 박정희가 '경제'를 알고 있었다는 이야기는 어디서도
찾아볼 수 없다. 박정희는 경제인을 만나면서부터 경제를 알기 시작했던 것 같다. 따
라서 박정희와 경제인들 이야기부터 시작한다.

박정희, 이병철을 만나다

박정희는 국민의 환심을 사기 위해 쿠데타 직후 1961년 5월 29일
에 기업규모에 따라 경제인 11명을 부정축재 혐의로 구속했다. 부정
축재자 1호 이병철 삼성 회장은 그 때 일본에 체류 중이었다. 군사정
부는 이병철의 귀국을 종용했다. 이병철은 귀국에 앞서 국가재건최고
회의 이주일 장군 앞으로 서한을 보냈고, 이 서한은 한국 신문에 발표
되었다. 그 핵심 내용이다. '경제의 안정 없이 빈곤을 추방할 수는 없
다. 경제인을 처벌하여 경제활동이 위축된다면 빈곤 추방이라는 소기
의 목적에 오히려 역행하는 결과가 되고 말 것이다.'[13]. 박정희는 이
병철이 공항에 도착하기가 바쁘게 면담 자리를 마련했다. 박정희는
'어떤 이야기를 해도 좋으니 기탄없이 말해 달라'며 부정축재자 11명

---

13) 이병철(1986), 『湖巖自傳』, 중앙일보사, p.110~116.

의 처벌에 대한 이병철의 의견부터 물었다.

이병철: "부정축재자로 지칭되는 기업인에게는 사실 아무 죄도 없다고 생각합니다. 나의 경우만 하더라도 탈세를 했다고 부정축재자로 지목되었습니다. 그러나 현행 세법은 수익을 훨씬 넘는 세금을 징수할 수 있도록 규정되어 있는 전시 비상사태하의 세제 그대로입니다.[14] 이런 세법하에서 세율 그대로 세금을 납부한 기업은 아마도 도산을 면치 못할 겁니다. 만일 도산을 모면한 기업이 있다면 그것은 기적입니다."

박정희는 가끔 고개를 끄덕이며 납득하는 태도를 보였다. 이병철의 얘기를 듣고 난 박정희가 물었다.

"그러면 어떻게 했으면 좋겠습니까?"

1961년 8월 12일에 군사정부는 부정축재에 대한 추징 벌과금을 기업주별로 통고했다. 27개 기업주에게 378억 800만 환이 부과되었는데, 삼성은 103억 400만 환으로 전체의 27%를 차지했다. 그 후 이병철은 박정희를 두 번째 만나 경제인들에게 벌금을 부과하는 대신 공장을 건설하게 하여 그 주식을 정부에 납부하는 방안을 제의했다.

기업인들, 박정희를 돕다

전경련은 2011년에 전경련 50년사를 기념하는 『奇蹟의 50年을 넘

---

14) 이병철의 설명에 따르면, "1950년대의 세제는 법인세·사업소득세·물품세에다 영업세나 부과제세(附課諸稅)까지 부가되었기 때문에 그것을 전부 합치면 결국 세율이 세수의 120%가 된다."(『湖巖自傳』, p.104.)

어 希望 100年』을 출간했다. 이 책은 박정희가 5·16 쿠데타로 정권을 잡고 제5대 대통령으로 취임하여 경제계획을 추진하는 과정에서 박정희와 경제계와의 관계를 잘 보여준다.

1961년 5·16 쿠데타 직전 5월 초에 한·일 국회대표단은 '국교정상화' 추진을 놓고 바쁘게 움직이고 있었다. 5월 17일에는 한일국교정상화 협의회가 출범할 예정이었으나 쿠데타로 무산되었다. 협의회는 바로 '긴급운영위원회'로 바뀌었고, 이를 중심으로 당시 상의·무협·방협·건협 등 경제5단체 대표들이 정부에 건의서를 제출했다. 건의서는 쿠데타 초기에 갈팡질팡했던 혁명정부의 경제운영에 영향을 미쳤다. 박정희와 이병철과의 관계에 이어 박정희와 기업인들과의 관계를 이야기한다.

박정희 의장(주: 처음에는 부의장이었으나 곧 의장이 됨)은 5·16 직후 경제지도자들을 은밀히 만나 의견을 구한 후 5월에 구속되었던 소위 부정축재자들을 7월 14일에 전원 석방했다. 석방 조건은 두 가지였다. 하나는 공장을 세워 속히 부정축재를 속죄하고 또 하나는 단체를 만들어 협력하는 것이었다.[15] 박정희와 이병철과의 만남을 계기로 부정축재 혐의로 구속된 기업인들이 풀려났고, 이병철의 제안대로 혁명정부가 '투자명령 법령'을 도입하여 기업인들이 기간산업공장을 짓게 했다.

석방된 경제인 11명은 1961년 7월 15일에 모임을 갖고 단체 명칭을 '경제재건촉진회'로 정했다. 촉진회는 1차 단계 프로젝트로, 기간

---

15) 전경련(2011), 『奇蹟의 50年을 넘어 希望 100年』(요약본), p.20.

산업으로 양회공장, 화학섬유공장, 전기공장, 비료공장, 제철공장, 정유공장 등을 짓기로 하고, 이를 맡을 기업을 결정했다. 2차 단계 프로젝트로, 외자도입과 사업계획을 수립했는데 기술적 문제가 대두되었다. 당시 외국과의 경제협력은 정부 차원에서 소규모로 이뤄졌고, 민간 차원은 미미했다.

경제재건촉진회는 구성된 지 1개월 후에 '한국경제인협회'로 바뀌었고, ('한국경제인협회'는 1968년 3월 '전국경제인연합회'로 바뀌었음) 초대 회장에 이병철 삼성물산 회장이 추대되었다. 이병철은 "경제와 거리가 먼 군인인 박정희 의장을 이해·설득시키는 일이 급선무였고, … 적어도 경제면에서만큼은 재계가 정부를 리드해 나갈 수 있도록 경제인협회의 위상과 신임을 높여야겠다고 작심했다."[16] 이병철은 또 이렇게 썼다.

"경제인협회는 1962년을 그 착수 연도로 하는 혁명정부의 제1차 경제개발계획[17]에 대응하기 위한 경제인들의 조직체로서, 경제계의 대정부 창구역할을 담당했다."[18]

이병철 중심의 한국경제인협회는 "절망과 기아선상에서 허덕이는 민생고를 시급히 해결하고 국가 자주 경제 재건에 총력을 경주한다"는 군사정부의 경제자문 역할을 자임(自任)한 셈이다. 이렇게 해서 학

---

16) 이병철(1986), 『湖巖自傳』, 중앙일보사, pp.23~24.

17) 박정희의 1차 5개년계획은 1959년 말 이승만 정부가 발표한 경제개발3개년계획과 1961년 4월경 민주당정부가 작성한 미발표의 경제개발5개년계획을 참조한 것이다. 이영훈(2016), 『한국경제사 Ⅱ』, 일조각, p.394.

18) 이병철(1986), 상게서, p.119.

력이나 경력으로 보아 경제지식을 갖추지 않은 박정희는 1962년 1월에 제1차 경제개발5개년계획(이하 5개년계획이라 칭함)을 수립하고, 같은 해 12월 26일에 헌법을 전부 개정하여 대한민국의 경제체제를 '시장경제'로 명시했다. 이 과정에서 경제인들의 기여는 과소평가되어서는 안 될 것이다.

기업인들, 외자도입에 앞장서다

경제촉진회는 2단계 프로젝트인 '외자도입'을 위해 팔을 걷어붙이고 나섰다. 1961년 11월 2일에 외자도입교섭단 제1진은 이병철 회장을 단장, 송대순 부회장을 부단장으로 교섭단을 구성하여 미주지역으로 떠났다. 그들은 미주지역에서 한국투자 유치를 설명했다. 그들은 구체적 투자나 차관 약속은 얻어내지 못했지만 미국 측의 투자조사단 방한 약속을 받았고, 우리 측은 공업지구 설립구상을 구체화시킬 계기를 마련했다.

군사정부, 외자유치 위해 서독으로 가다

1961년 11월에 정래혁 상공부장관이 이끈 한국 대표단은 서독으로 갔다. 그들은 서독과 사흘간 협상을 벌인 끝에 1억 4000만 마르크의 차관을 제공받기로 합의했다. 담보를 제공할 수 없었던 한국 정부는 극심한 노동력 부족에 시달리던 독일에 인력을 수출하고 이들의 월급을 3년간 독일 커메르츠 방크에 강제 예치하는 방법으로 지불 보증을 하기로 했다. 이렇게 해서 1차 5개년계획이 실행에 들어갔다.

이와 관련된 에피소드는 시차(時差)가 있는 이야기이지만 여기에서 미리 언급해두는 것이 적절할 것 같다.[19)]

박정희, "나는 지금 몹시 부끄럽고 가슴 아픕니다"

한국은 서독에 파견할 광부를 모집했다. 대졸자도 지원했다. 어떤 지원자는 고운 손이 결격 사유가 될까 봐 연탄에다 손을 비벼 일부러 거칠게 만들기도 했다. 광부 1진 123명이 1963년 12월에 독일에 도착했다. 1년 후에 박정희는 서독을 방문했다. 그는 광부들 앞에서 이렇게 말했다.

"여러분, 나는 지금 몹시 부끄럽고 가슴 아픕니다. 대한민국 대통령으로서 무엇을 했나 가슴에 손을 얹고 반성합니다. (중략) 나에게 시간을 주십시오. 우리 후손만큼은 결코 이렇게 타국에 팔려 나오지 않도록 하겠습니다. 반드시 …, 정말 반드시…." 이날 이 자리는 온통 눈물바다가 되고 말았다고 한다.

혁명정부가 경제개발을 위해 보유 외환을 꺼내 쓴 결과 1963년에 외환보유고가 1억 달러 아래로 떨어진 상황에서 독일의 차관 제공과 광부·간호사 파견은 그야말로 혁명정부에게는 경제개발을 추진할 수 있는 물질적, 심리적 격려였다. 그 후 박정희 정부는 1966년에 서독

---

19) 김성진(2007), 『박정희』, 살림, pp.26~29.

과 정식으로 특별 고용계약을 맺고 간호사 3000명, 광부 3000명을 파견했다. 1977년까지 독일로 간 광부가 7,932명, 간호사가 1만226명이었다. 이들은 기본생활비를 제외한 월급의 70~90%를 한국의 가족에게 송금했다. 그 돈은 연간 약 5,000만 달러로, 한국 국민총생산의 2% 정도나 되었다.[20]

이렇듯 경제계와 정부가 외자도입에 혼신의 노력을 기울인 결과 공업발전에 시동이 걸리기 시작하여 1962년 1월에 제1차 5개년계획이 수립될 수 있었다.

한일국교 정상화로 경제발전의 불씨를 당기다

정부 수립 이후 일본과의 국교정상화는 역대 지도자들에게 '뜨거운 감자'였다. 한국과 일본과의 첫 만남은 1951년 10월 21일 미국의 압력에 따라 이뤄졌고, 그 후 회담은 4차까지 진행되었지만 성과 없이 끝났고, 공은 박정희에게 넘어갔다.

박정희는 한일국교 정상화가 한국의 국익에 도움이 된다고 믿었다. 1961년에 박정희는 미국 방문 길에 일본에 들렀다. 그는 일본에서 국민의 여론과는 달리 한일국교 정상화 의지를 밝혔다. 이로 인해 나라 안팎이 떠들썩해졌다. 정부는 학생과 시민의 시위를 막기 위해 비상계엄령까지 선포했다.

그 후 1965년 6월 22일에 마침내 한·일간 기본조약이 체결되었

---

20) 김성진(2007), 『박정희』, 살림, p.28.

고, 부속 협정 4개 및 문서 25개가 서명되었다. 이 결과 한국은 청구권 및 경제협력협정에 따라 무상공여 3억 달러를 받기로 하고, 10년에 걸쳐 균등 분할되는 유상 재정 차관 2억 달러와 양해 사항으로 민간 차관 3억 달러가 제공되었다.

한일국교 정상화는 후에 '굴욕 외교'라는 비판도 받았지만 그렇지 않다는 것도 입증되었다. 어떻든 한일국교 정상화는 경제발전의 불씨를 당겼다. 당시 한국의 외환보유고가 2~3억 달러에 불과했다는 점을 고려할 때 일본에서 들어올 자본은 엄청난 규모였다. 수교 이듬해인 1966년에 무려 12.2%에 이르는 성장률을 달성한 것은 한일국교 정상화의 결과였다. 뿐만 아니라 제1차 5개년계획을 연평균 8.5%로 초과 달성했고, 제2차 5개년계획 목표를 2년 앞당겨 1969년에 초과 달성한 것도 한일국교 정상화의 결과였다. 박정희의 선택은 옳았다.

박정희, 케네디에게 당당하게 원조를 요청하다

박정희는 1961년 11월 14일에 미국을 방문했다. 이 방문은 한미관계에서 쿠데타의 정당성에 대한 미국의 인준(認准) 차원에서 추진되었을 것이다. 케네디 대통령 면담 전에 박정희·러스크 회담이 열렸는데, 이 회담에서 박정희는 대한(對韓) 원조 증액을 끈질기게 요청했다. 박정희는 러스크 국무장관에게 '한국 측의 군사비 부담 증가로 경제개발에 큰 짐이 되고 있으니 5개년 계획 기간이 끝날 때까지 한국군에 대한 원조 수준을 1959년 수준으로 유지해 주기 바란다'고 강력하게 요청했다.

미국은 잉여농산물 재고 처리와 이를 통한 군수물자 판매를 목적으로 1954년에 공법 480호(PL480)를 제정하여 원조 수단으로 삼았다. 미국 원조는 1954년에 시작하여 1970년에 끝났다. 미국 원조는 PL480에 따라 2억264만8천 달러, 국제개발처(AID) 차관까지 포함하면 20억8834만 달러에 이르렀다.

같은 날 오후 케네디·박정희 정상회담이 열렸는데 그 기록이 최근에 공개되었다. 이 회담에서 케네디는 한·일관계와 월남전을 언급하면서 박정희에게 어떤 생각이냐고 물었다. 박정희는 미국이 승인하고 지원한다면 월남에 부대를 파견할 용의가 있다고 말했다. 이는 "당시 미국의 원조를 받는 입장에서 케네디 대통령에게 들이밀 카드가 없었던 박정희 의장이 고심 끝에 생각해 낸 것"이었다고 한다.[21]

존슨 대통령, 월남파병 보답으로 KIST 세워주다

베트남 파병은 케네디 사후 1965년에 존슨 정부에서 이뤄졌다. 베트남전 참전으로 한국이 얻게 된 경제적 이익은 미국의 군사 원조 증가분 10억 달러, 미국의 한국군 파월 경비 10억 달러, 베트남 특수 10억 달러, 기술 이전 및 수출 진흥 지원 20억 달러 등 모두 50억 달러였다. 박정희는 1965년 베트남 파병으로 확보한 달러로 '한강의 기적'을 이루었다.

베트남 파병은 한국의 과학기술 발전에도 기여했다. 1965년 5월

---

21) 조갑제(2009), 『朴正熙의 결정적 순간들』, p.235.

에 박정희는 워싱턴에서 존슨 대통령과 정상회담을 가졌다. 이 회담은 미국이 한국의 베트남 파병에 감사를 나타내기 위해 마련된 자리였다. 존슨 대통령은 한국 지원에 감사하면서 공과대학을 하나 지어주겠다고 제안했다. 이렇게 해서 당시 최형섭 원자력연구소장이 주역이 되어 한국과학기술연구소(KIST)와 뒤이어 대덕연구단지가 설립되었다.

5

박정희, 4차에 걸쳐 5개년계획을 세우다

한정된 지면에서 박정희가 추진한 정책을 시시콜콜 언급할 수는 없다.
대신 나는 박정희의 통치철학을 집중적으로 다루려고 한다. 따라서
'경제개발5개년계획' 같은 잘 알려진 정책은 간략하게 언급만 하고 넘어갈 것이다.

❖
❖

• 1차 5개년계획(1962~1966): 1차 5개년계획은 경제인들의 도움을 받아 민정이양 1년 전에 수립되었다. 1차 5개년계획은 기간산업 발전에 역점을 두었다. 발전소를 건설하여 에너지 자원을 확보하고, 철강, 전력 등의 생산에 노력할 계획이었다. 1차 5개년계획 기간에 연평균 성장률은 8.3%였다.

• 2차 5개년계획(1967~1971): 2차 5개년계획은 식량의 자급자족, 화학·철강·기계공업 등 공업 시설 확충과 고도화, 고속도로 건설, 7억 달러 수출 달성, 고용 확대, 국민소득 증대, 과학기술 진흥, 기술수준과 생산성 향상 등이 목표였다. 10억 달러 수출을 달성했으나 무역적자, 곡물 수입 등 문제점을 낳았다. 이 목표를 달성하기 위한 소요자금 9,800억 원 중 국내자금이 6,029억 원, 외자가 14억 2100만 달러였다. 이 중 6억 달러가 1965년에 체결된 한일국교 정상화를 계기로 들어오게 되었다. 2차 5개년계획 기간에 연평균 성장률은 11.5%

였다.

• 3차 5개년계획(1972~1976): 3차 5개년계획은 중화학공업화를 추진하여 안정적 균형을 이룩하는 것이 주요 목표였다. 1973년 10월의 유가파동 등으로 어려운 고비에 처하게 되었으나, 외자도입 급증, 수출 드라이브 정책, 중동 건설경기 호황 등으로 난국을 극복하여 연평균 성장률이 10.5%에 달했다.

• 4차 5개년계획(1977~1981): 4차 5개년계획은 박정희가 1979년 10월 26일에 시해되었기 때문에 전두환 정부가 이어 받아 1981년까지 시행하여 마무리 되었다. 4차 5개년계획에서는 자력성장구조 확립, 사회개발을 통한 형평 증진, 기술 혁신, 능률 향상 등을 주요 목표로 삼았다.

1977년에 수출 100억 달러가 달성되고, 1인당 국민총생산(GNP)이 1000달러에 이르렀다. 1978년에는 물가고, 부동산 투기, 생활필수품 부족, 각종 생산애로 등 여러 가지 문제점이 나타났다. 1979년에는 2차 유가파동이 발생하여 한국경제를 더욱 어렵게 만들었다. 1980년에는 광주에서 발생한 5.18 민주화운동이 정국혼란, 사회적 불안을 야기한 가운데 흉작이 겹쳐 성장이 처음으로 마이너스로 돌아섰다. 그런데도 박정희가 통치한 1977~1979년간 연평균 성장률은 10.6%를 기록했다.

6

박정희의 업적

박정희의 업적은 잘 알려져 있다. 관점에 따라 박정희의 업적은 크게 달라질 수 있다.
나는 박정희의 업적 가운데 그가 고도성장을 통해 굶어죽는 나라 대한민국을
경제대국으로 이끌었다는 것 못잖게 헌법 개정을 통해 대한민국의 경제체제를
'시장경제'로 명시했다는 것을 내세운다. 뿐만 아니라 나는 '소작농 금지'와
'경제 개방'도 그의 업적으로 높게 평가한다.

박정희의 업적(1): 헌법에 경제체제를 '시장경제'로 명시하다

박정희 정부의 출범은 역사적으로 큰 의의가 있다. 박정희 군사정
부는 민정이양 직전에 헌법을 전부 개정하여 대한민국의 경제체제를
처음으로 '시장경제'로 명시했기 때문이다.

대한민국 헌법은 1948년 7월 17일에 제정되어 1987년 10월 29일
에 전부 개정된 현행 헌법에 이르기까지 모두 10차례에 걸쳐 제·개정
과정을 거쳤다. 이 과정에서 박정희는 민정이양 직전인 1962년 12월
26일에 헌법을 전부 개정했는데, 이는 '헌법 6호' 또는 '박정희 헌법'
으로 불린다. '박정희 헌법'은 헌법사상 최초로 '대한민국의 경제체제
를 시장경제로 천명하고, 대외무역을 개방하고, 소작농을 금지한다'
라고 명시했다. 이는 박정희의 통치철학으로서 훗날 경제운용의 바탕
이 되었다.

박정희 헌법, 경제체제를 '개인의 경제상의 자유와 창의를 존중하는 시장경제'로 명시하다

'박정희 헌법' 제111조는 다음과 같다.

"제111조 ①대한민국의 경제질서[22]는 개인의 경제상의 자유와 창의를 존중함을 기본으로 한다. ②국가는 모든 국민에게 생활의 기본적 수요를 충족시키는 사회정의의 실현과 균형 있는 국민경제의 발전을 위하여 필요한 범위 안에서 경제에 관한 규제와 조정을 한다."

'박정희 헌법' 제111조 ①항은 "대한민국의 경제질서는 개인의 경제상의 자유와 창의를 존중함을 기본으로 한다"로, 대한민국의 경제질서, 곧 경제체제를 '시장경제'로 명시한 것이다.

시장경제는 '국가의 통제' 아닌 '개인의 자유와 창의'를 기본 원리로 삼는다. 박정희를 비롯한 쿠데타 그룹이 어떻게 이 같은 구상을 하게 되었는가는 구체적으로 밝혀진 바 없다. 다만 쿠데타 직후 "경제5단체 대표들이 모여 작성한 정부에 대한 건의서가 후일 5·16 쿠데타 초기의 갈팡질팡하는 경제운영에 영향을 주었다"[23]는 사실과, 쿠데타 직후 박정희가 이병철을 비밀리에 만나는 등 경제계의 협조를 구한 데서 그 근거를 찾을 수 있을 것 같다.

어떻든 시장경제란 핵심적 가치를 개인의 자유에 두고 발전해 온 자유주의의 실천적 측면인데, 2차 대전 후에 거의 모든 개발도상국들

---

22) '경제질서'는 '경제체제'와 같은 말이다.

23) 전경련(2011), 『奇蹟의 50年을 넘어 希望 100年으로』(요약본), p.20.

이 국민경제 보호에 역점을 두고 있던 '국가 통제' 시기에 박정희가 대한민국 헌법에 시장경제를 명시했다는 사실은 놀랍지 않을 수 없다.

그런데 '박정희 헌법' 제111조 ①~②항은 그 내용이 서로 어긋난다. 제111조 ①항은 "개인의 경제상의 자유와 창의를 존중함을 기본으로 한다"라고 '시장경제'를 천명해놓고, ②항은 시장경제와 어긋나게 "경제에 관한 규제와 조정을 할 수 있다"라고, '경제 규제'를 추가한 것이다. 이는 '국가는 취약계층을 돌봐야 한다'는 뜻으로 받아들이면 될 것이다.

전두환 헌법, '기업' 추가하여 '개인과 기업의 경제상의 자유와 창의'로 바꾸고, '경제민주화' 도입하다

'박정희 헌법' 제111조는 1987년 10월 29일에 전두환 정부가 전부 개정한 현행 헌법 '헌법 10호'(이하 '전두환 헌법')에서 다음과 같이 개정되었다.

"제119조 ①대한민국의 경제질서는 개인과 기업의 경제상의 자유와 창의를 존중함을 기본으로 한다. ②국가는 균형 있는 국민경제의 성장 및 안정과 적정한 소득의 분배를 유지하고, 시장의 지배와 경제력의 남용을 방지하며, 경제주체간의 조화를 통한 경제의 민주화를 위하여 경제에 관한 규제와 조정을 할 수 있다."

'전두환 헌법'은 제119조 ①항에서 '박정희 헌법' 제111조 ①항에 없던 '기업'을 추가하여 "개인과 기업의 경제상의 자유와 창의"로 개

정되었다. 이 결과 대한민국의 경제체제는 명실상부하게 '시장경제'
가 되었다. 시장경제에서 기업은 개인과 함께 경제활동의 주체이고,
자유와 창의는 기본 원리이기 때문이다.

그런데 '전두환 헌법'은 제119조 ②항에서 '박정희 헌법' 제111조
②항보다 '경제 규제'를 더욱 강화했다. 이는 이 글의 주제가 아니므
로 더 이상 언급하지 않는다.

시장경제가 우리를 잘살게 한다

그러면 시장경제는 과연 우리를 잘살게 하는 경제체제인가? 시장
경제는 왜 우리를 잘살게 하는가?

먼저 시장경제는 우리를 잘살게 하는 경제체제인가를 보자. 프레
이저 인스티튜트는 해마다 세계의 '경제자유지수(Economic Freedom
Index)'를 발표하는데,[24] '경제자유'는 시장경제 활성화 수준을 나타
내는 바로미터로 활용된다.

〈그림 2〉는 2016년 '경제자유' 수준에 따라, 세계 162개국을 4그
룹(quartiles)으로 나누어 각 그룹의 평균 1인당 소득을 나타낸 것이다.

---

24) 프레이저 인스티튜트는 '경제자유(economic freedom)를 다음과 같이 설명한다.
"경제자유의 핵심은 사적 선택, 자발적 교환, 개방된 시장, 그리고 명확하게 규정되고
시행가능한(clearly defined and enforced) 소유권이다. 개인들은 타인이나 타인의
재산을 해치지 않는 한 자신을 위한 선택과 자발적 교환이 허용될 때 경제적으로
자유롭다." 또 밀튼 프리드먼은 '경제자유'를 다음과 같이 정의한다. '소득 사용을
선택할 수 있는 자유, 소유 자원을 처분할 수 있는 자유, 재산을 소유할 수 있는 자유.'

제1그룹은 경제자유가 가장 적은(least free) 나라들로(40개국), 평균 1인당 소득은 5,649달러다. 제2그룹은 경제자유가 두 번째로 적은 나라들로(40개국), 평균 1인당 소득은 11,465달러다. 제3그룹은 경제자유가 두 번째로 많은 나라들로(40개국), 평균 1인당 소득은 18,510달러다. 제4그룹은 경제자유가 가장 많은(most free) 나라들로(42개국), 평균 1인당 소득은 40,376달러다.

한국(35위)은 경제자유가 '가장 많은' 그룹에 속한다. '경제자유가 가장 많은 그룹'의 42개 국가들은 시장경제 활성화가 잘 이루어져 '경제자유가 가장 적은' 그룹의 40개 국가들보다 평균 1인당 소득이 무려 7배 정도 많다. 이는 우리를 잘살게 하는 경제체제가 시장경제라는 것을 확실하게 입증해준다.

〈그림 2〉 경제자유 수준과 1인당 GDP, 2016 (단위: 미 1달러)

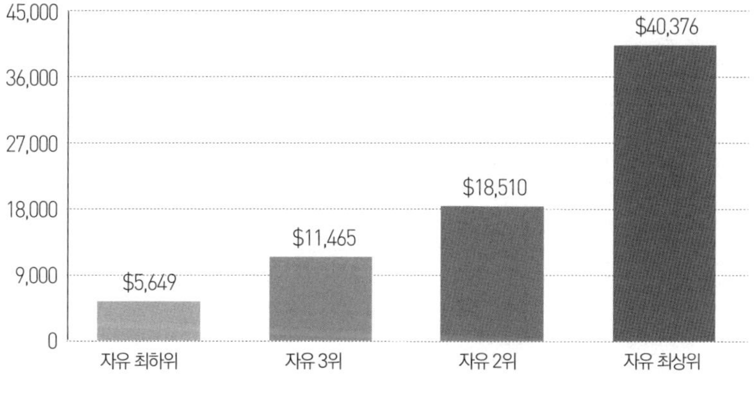

자료: Fraser Institute, Economic Freedom of the World 2018 Annual Report, p.18.

이뿐만이 아니다. 앞에서 언급한 162개국 가운데 경제자유가 가장 낮은 나라는 베네수엘라다. 162개국에 포함되지는 않았지만 현재 북한이 베네수엘라보다 처지가 더 나쁘다는 점을 감안할 때 시장경제국가 남한은 사회주의국가 북한보다 훨씬 더 잘산다는 것을 〈그림 2〉는 확실하게 입증해준다.

빌 게이츠, '시장경제는 왜 우리를 잘살게 하는가'를 입증하다

다음에는 시장경제가 왜 우리를 잘살게 하는가를 보자.

'박정희 헌법'과 이를 이어 받은 현행 헌법은 "개인과 기업의 경제상의 자유와 창의를 존중한다"라고 명시하고 있다. 이는 시장경제의 대표적 특성이요 장점을 나타낸 것이다. 그러면 '개인과 기업의 자유와 창의'는 왜 중요한가?

'개인과 기업의 자유와 창의'는 인류 발전을 가져오는 원동력이다. 개인들은 자유의 토양 속에서만 자신들의 에너지를 마음껏 발휘할 수 있다. 달리 말하면, 개인들은 자유의 토양 속에서만 기업가정신을 발휘할 수 있다. 자유의 토양 속에서만 발휘될 수 있는 기업가정신은 경제 영역뿐만 아니라 종교계, 언론계, 학문계 등 다른 영역에서도 발휘될 수 있다.

이 같은 개인의 자유는 기업의 창의로 이어진다. 빌 게이츠가 이를 입증한다. 그는 1973년 하버드대 2학년 초에 친구 폴 앨런과 함께 캠퍼스 신문가판대 주변을 어슬렁거리다가 우연히 컴퓨터에 관한 기사를 읽게 되었다. 이를 계기로 1973년 겨울에 그들은 기숙사 방에 처박혀 5주 만에 소형 컴퓨터를 위한 베이식 프로그램을 완성했다. 이를 계기로 그들은 컴퓨터 소프트웨어 회사 '마이크로소프트'를 세웠다. 요즘 말로 그들은 '창업'을 했다. 이를 놓고 빌 게이츠는 이렇게 썼다.

"나는 열아홉 살의 나이에 나름대로 앞날의 세계를 점치고 내가 옳다고 여긴 방향에 나의 미래를 걸었다. 결과적으로 나의 판단은 옳았다."[25]

빌 게이츠는 겨우 대학 1학년을 마쳤을 뿐인데도 그가 설립한 마이크로소프트는 '윈도우'를 개발하여 세계 사람들이 인터넷을 쉽게 사용할 수 있게 했고, 그 보상으로 그는 1994년 이후 지금까지 사실상 세계 1등 부자이고, 부부 함께 '빌 & 멜린더 게이츠재단'을 세워 세계 역사상 가장 많이 베풀어 오고 있다.

빌 게이츠는 '개인과 기업의 자유와 창의'를 존중하는 미국 같은 시장경제국가에서만 태어날 수 있는 사람이다. 빌 게이츠는 '개인과 기업의 자유와 창의'를 허용하지 않는 사회주의국가에서는 결코 태어날 수 없다. 따지고 보면, 시장경제국가 미국의 힘은 '개인과 기업의 자유와 창의'에 바탕을 두고 있다. 물론 한국도 그런 나라다.

---

25) Gates III, William H.(1995), *The Road Ahead*, Microsoft Press.

남북한 비교, '시장경제가 우리를 잘살게 해준다'를 입증하다

박정희와 김일성 사이에는 어떤 숙명적 관계가 있지 않을까 생각된다. 1945년 8월 일본 패망으로, 박정희 만주군 중위는 중국 하베이성 싱룽 근처에서 무장해제 당하며 광복을 맞았고, 김일성 소련군 대위는 소련 하바로프스크 북동쪽 약 70㎞ 아무르 강변 브야츠크에서 웃으며 광복을 맞았다. 그 후 박정희는 남한에서 1961년에 쿠데타로 권력을 잡고 1963~1979년간 통치했고, 김일성은 북쪽에서 1948년에 조선민주주의인민공화국을 세워 1948~1993년간 통치했다.

박정희와 김일성의 통치 스타일은 완전히 다르다. 박정희는 1962년에 '헌법'에 경제체제를 '시장경제'로 명시했고, 김일성은 1948년에 '조선민주주의인민공화국 강령'에 경제체제를 '사회주의'로 명시했다. 박정희는 1962~1979년간 4차에 걸쳐 5개년 경제계획을 추진하여 굶어죽는 나라 남한을 경제대국으로 이끌었다. 북한은 김일성이 1961년에 제1차 7개년계획을 세운 후 6개년계획, 제2~3차 7개년계획, 완충기 경제계획이 들어섰다. 이어 김정일이 1998년에 '강성대국' 구상을 밝혔지만 얼마 후에 사망하자 뒤이어 김정은이 2010년 11월 당간부회의에서 강성대국 건설을 다음과 같이 표현했다. "3년 내에 국민경제를 1960~70년대 수준으로 회복시켜 쌀밥에 고깃국을 먹고 기와집에서 비단옷을 입고 살 수 있는 생활수준을 달성해야 한다." 북한은 아직도 '쌀밥에 고깃국' 타령을 하고 있는 나라다.

박정희 사후 남한은 제10~18대까지 9명의 대통령이 통치하면서

'시장경제' 체제를 유지해 왔고, 북한은 김일성에 이어 아들 김정일
(1993~2011), 손자 김정은(2011~)이 통치하면서 '사회주의' 체제를 유
지해 왔다. 그 결과는 어떻게 나타났을까?

<표 2> 남북한 경제 비교, 1970~2016

경제체제	북한	남한
	사회주의	시장경제
연평균 성장률	전 기간(1971~2016): 1.9% 김일성 시대 1971~1994: 3.1% 김정일 시대 1995~2010: 0.3% 김정은 시대 2011~2016: 1.2%	전 기간(1971~2016): 7.0% 1971~1994: 11.0% 1995~2010: 5.0% 2011~2016: 2.8%
1인당 국민소득	김일성 시대 1970: 436달러 김일성 시대 1993: 432달러 김정일 시대 2011: 639달러 김정은 시대 2016: 667달러	1970: 288달러 1993: 9,799달러 2011: 24,315달러 2016: 27,813달러

주: 시대 구분에서 남한은 북한의 통치 기간에 맞췄음. 자료: UN 통계국.

성장률을 보자. 1971~2016년간 북한의 연평균 성장률은 1.9%
다.[26] 연평균 성장률을 북한 통치자의 통치 기간별로 나타내고, 이에
맞춰 남한 성장률을 나타냈다. 북한 성장률은 1971~1994년 김일성
통치 기간에 3.1%, 1995~2010년 김정일 통치 기간에 0.3%, 김정은
통치 기간에 1.2%로 모두 저성장이다. 이는 사회주의 북한이 경제적
으로 얼마나 어려웠는가를 보여주는 증거다. 그러나 시장경제 남한은
1971~2016년간 성장률이 7.0%다. 이는 높기로 중국에 이어 세계 2

---

26) 북한 자료는 믿기 어렵다. 북한의 성장률은 1971~1989년간에는 5년 또는 4년
단위로 해마다 똑같이 각각 10.4%, 4.1%, 3.7%, 1.4%로 기록되어 있기 때문이다.

위다.

　1인당 국민소득을 보자. 1인당 국민소득은 북한이 1970년에 436 달러로 같은 시기 남한의 288달러보다 1.5배 많았다. 1인당 국민소득에서 북한은 1973년까지 남한을 앞섰다. 그런데 2016년에 북한의 1인당 국민소득은 667달러로, 1970년의 436달러에서 별로 증가하지 않았다. 그래서 김정은이 강성대국 건설을 내세우며 '국민경제를 1960~1970년대 수준으로 회복시키자'고 말했을 것이다. 다시 말하면, 김정은은 '생활수준이 높았던 1960~1970년대'를 벤치마킹한 것이다.

　반면 시장경제 남한은 1970년에는 북한보다 훨씬 못 살았지만 2018년 말에는 1인당 국민소득이 3만 달러대로 진입하여, 북한보다 40배 이상 더 잘 살고 있지 않은가! 이는 시장경제가 우리를 잘살게 한다는 확실한 증거다. 이는 헌법에 경제체제를 '시장경제'로 명시한 박정희의 업적이 아닐 수 없다.

박정희의 업적(2): '소작농 금지'로 골고루 잘사는 나라의 기초를 닦다

　박정희는 1962년 헌법 개정에서 '소작농 금지'를 명시했다. 1960 년대에 소작농은 일반화되어 있었다. 소작농 금지는 한국이 다른 나라에 비해 소득불평등이나 소득양극화가 악화되는 것을 막는 데 기여했다. 또 박정희는 이승만이 1948년에 도입한 '농지개혁'도 1969년

4월에 마무리했다. 여기서는 박정희가 헌법에 명시한 '소작농 금지'를 이야기한다.

'박정희 헌법' 제113조는 '소작농 금지' 조항이다.

"제113조 농지의 소작제도는 법률이 정하는 바에 의하여 금지된다."

'박정희 헌법' 제113조는 '농지의 소작제도 금지' 조항인데, 이는 소득불평등과 소득양극화 심화를 막는 데 기여했다. 이에 앞서 이승만은 '제헌 헌법'에서, 농지 소유가 부의 상징이던 시대에 '농지는 농민만이 소유할 수 있고, 농지 소유는 최대 3정보(약 9천 평)를 초과할 수 없게 한 농지소유상한제'라는 농지개혁을 명시했다. 농지개혁법은 1949년 6월 25일에 법 제31호로 공포되었으나 6·25전쟁으로 인해 중단될 수밖에 없었다. 그래서 1954년에 끝낼 예정이었던 농지 개혁은 계속 지연되다가 박정희 정부가 1969년 4월에야 마무리했다.

북한의 토지개혁도 언급할 필요가 있다. 북한은 '농지'보다 범위가 큰 '토지'를 대상으로 남한보다 한 해 앞서 1948년에 개혁했다. 북한의 토지개혁은 "토지는 밭갈이하는 농민에게!"라는 달콤한 구호 아래 행해졌지만, 농민들에게 주어진 것은 토지 소유권이 아니었다. 경작권에 불과했다. 농민들은 게다가 25%에 달하는 고율의 현물세를 납부해야 했다. 그 후 전쟁이 끝나기가 무섭게 농민들은 경작권마저 빼앗겼다. 북한은 1954년 11월 말부터 농업집단화에 착수, 협동농장으로 전환하기 위해 토지를 몰수한 것이다. 이 결과는 1990년대 중반 300만 명이 굶어죽은 '고난의 행군'으로 이어졌다. 북한의 토지개혁은 '노예로 가는 길'로 가는 첫 걸음이었다.

이승만의 농지 개혁과 박정희의 소작농 금지는 대한민국의 소득불평등과 소득양극화 심화를 막는 데 결정적으로 기여했다. 그래서 한국은 소득불평등이나 소득양극화가 다른 나라에 비해 심하지 않은 편이다. 박정희의 어릴 적 이야기에서, 박정희의 아버지가 처가의 문중 토지를 소작으로 경영했다는 것을 언급한 바 있다. 박정희의 성장기에 한국은 소작농이 일반화되어 있었다. 여기에다 필자가 방문하여 살펴본 박정희의 생가는 보통 농가보다 훨씬 가난해 보였다. 그래서 박정희는 가난했던 성장기와 교사생활을 통해 소작농의 폐해를 경험했기 때문에 '소작농 금지'를 헌법에 명시했을 것으로 생각된다.

개발도상국에서 농지소유를 규제하지 않거나 소작농을 허용하면 소득불평등과 소득양극화가 악화되기 마련이다. 필리핀이 그런 나라다. 필리핀은 한국보다 몇 백 년 앞서 개방되었고, 1960년대 전반기까지만 해도 한국보다 훨씬 더 잘 살았던 나라인데도 소득불평등과 소득양극화가 매우 심한 나라다.

『UN 인간개발보고서』 2018년판에 따르면, 필리핀은 지니계수가 0.401로, 작기로 154 개국 가운데 95위다.[27] 지니계수는 수치가 작을수록 소득불평등이 심하지 않다는 것을 뜻하므로 지니계수의 크기와 순위로 보아 필리핀은 소득불평등이 매우 심한 나라다. 한편 같은 기간, 같은 기준으로 한국은 지니계수가 0.316, 순위가 작기로 28위여서 소득불평등이 심하지 않은 나라다.

---

27) 이 순위는 UN 자료를 바탕으로 필자가 계산한 것이다.

그런데 문재인 대통령은 2019년 1월 10일 신년기자회견에서 "우리가 경제적 불평등이 세계에서 가장 극심한 나라가 되었다"고 '자신 있게' 말했다. 문 대통령은 기회 있을 때마다 이를 강조해 왔는데, 이는 그의 소신일지도 모른다. 그러나 이는 큰 잘못이다.

먼저 소득불평등을 보자. 『UN 인간개발보고서』 2018년판에 따르면, 지니계수가 한국 0.316과 비슷한 나라는 룩셈부르크(0.312), 독일(0.317), 아일랜드(0.319), 일본(0.321) 등이다. 지니계수가 중국과 미국은 0.4를 넘어 소득불평등이 심한 나라다. 한국은 독일과 일본보다 소득불평등이 덜 심하다(〈표 3〉 참조). 154개국 가운데 한국이 소득불평등이 28위로 심하지 않다는 것은 문 대통령의 신년기자회견 발언이 잘못된 것임을 밝혀준다.

〈표 3〉 몇몇 나라의 소득불평등과 소득양극화

구분	소득불평등 (Gini coefficient)	소득양극화	
		(Palma ratio; 소득점유율 상위 10%/하위 40%)	(Quintile ratio; 소득점유율 상위 20%/하위 20%)
중국	0.422	2.1	9.2
미국	0.415	2.0	9.4
영국	0.332	1.3	5.4
독일	0.317	1.2	5.1
일본	0.321	1.2	5.4
스웨덴	0.292	1.0	4.6
한국	0.316	1.2	5.3

자료: UNDP, Human Development Report 2018.

다음에는 소득양극화를 보자. 소득양극화는 일반적으로 '팔마비율

(palma ratio)'(주: 이는 소득점유율 하위 40%에 대한 상위 10% 비율이라고도 함)이나 '퀸타일비율(quintile ratio)'(주: 이는 소득점유율 하위 20%에 대한 상위 20% 비율이라고도 함)로 나타낸다. 이 두 비율은 소득 하위계층에 대한 상위계층의 점유율 크기를 나타내는데, 그 크기는 일반적으로 1보다 크고, 수치가 작을수록 소득양극화가 심하지 않다는 것을 뜻한다.

팔마비율이 한국은 1.2로, 크기가 작기로 154개국 가운데 28위다. 이들 국가들 가운데 팔마비율이 한국과 같이 1.2인 나라는 독일, 에스토니아, 아일랜드, 일본, 룩셈부르크 등이다. 팔마비율로 볼 때 중국과 미국은 2.0을 넘어 소득양극화가 심한 나라이고, 복지국가 스웨덴은 1.0으로 심하지 않은 편이다(〈표 3〉 참조). 팔마비율로 볼 때 소득양극화가 심하지 않기로 한국이 154개국 가운데 28위라는 것은 문 대통령의 신년기자회견 발언이 잘못된 것임을 밝혀준다.

퀸타일비율이 한국은 5.3으로, 크기가 작기로 154개국 가운데 40위다. 이들 국가들 가운데 팔마비율이 한국 5.3과 비슷한 나라는 룩셈부르크(5.0), 독일(5.1), 아일랜드(5.1), 스위스(5.2), 프랑스(5.2), 일본(5.4) 등이다. 퀸타일비율이 중국과 미국은 9.0을 넘어 소득양극화가 심한 나라다. 퀸타일비율로 볼 때 소득양극화가 심하지 않기로 한국이 154개국 가운데 40위라는 것은 문 대통령의 신년기자회견 발언이 잘못된 것임을 밝혀준다.

이렇듯 이용가능한 자료를 가지고 국제비교를 통해 평가할 때 한국의 소득불평등이나 소득양극화는 중국과 미국보다는 훨씬 심하지 않고, 독일, 아일랜드, 일본, 스위스, 프랑스와는 비슷한 수준이다. 그런데도 문 대통령은 왜 침소봉대(針小棒大)하는 것일까?

박정희의 업적(3): '대외무역 개방'으로 대한민국을 경제대국의 길로 이끌다

박정희는 1960년대에 거의 모든 개발도상국들이 '수입대체산업'을 육성하기 위해 '보호무역'을 외치던 시기에 리콴유처럼 경제를 개방하여 굶어죽는 나라 대한민국을 경제대국의 길로 이끌었다. 이 과정에서 박정희는 '수출주도 성장정책(export-led economic growth policy)'을 실시하여 성공했다. 여기서는 박정희의 '경제 개방'을 이야기한다.

박정희, 경제를 '통제'에서 '개방'으로 헌법에 명시하다

'박정희' 헌법 제116조는 대외무역 관련 조항이다.

"제116조 국가는 대외무역을 육성하며 이를 규제·조정할 수 있다."

'박정희 헌법' 이전의 헌법은 모두 "대외무역은 법률의 정하는 바에 의하여 국가의 통제하에 둔다"로 명시했다. 박정희는 헌법에서 대외무역을 '통제'에서 '육성'으로 바꿨다. 박정희의 경제 운용이 보여주듯이 '육성은 개방, 개방은 경쟁'을 뜻한다.

박정희 헌법이 도입된 1960년대 초에 사실상 모든 후진국들은 '수입대체산업 육성'을 위해 국가가 대외무역을 철저하게 통제했다. '박정희 헌법' 이전의 헌법을 봐도 대한민국도 예외가 아니었다. 그러나 박정희는 대외무역 정책을 '수입대체'에서 '개방'으로 과감하게 전환했다. 당시에 대외무역을 개방한 나라는 홍콩, 싱가포르, 타이완, 그리고 한국 정도였다. 이들 네 나라는 대외무역 개방을 통해 고도성장을 이룩한 결과 1970~80년대에 '아시아의 4龍'으로 불렸다. 이 가운데 싱가포르는 현재 세계 초일류 국가로 발전해 있고, 한국은 세계 7위의 무역대국·세계 11위의 경제대국으로 발전해 있다. 타이완과 홍콩도 크게 발전해 있다. 특히 한국은 인구 5천만 명 이상의 나라가 수출 5천억 달러 이상을 달성한 소위 '5천-5천 클럽'에 세계 역사상 여섯 번째로 가입한 나라다.

이는 박정희가 헌법 개정에서 대한민국의 경제체제를 '시장경제'로, 대외무역을 '통제에서 개방'으로 명시했기 때문에 이뤄진 결과다. '경제 개방'은 싱가포르에서는 엄청난 해외직접투자 유입을 통한 고도성장으로 나타났고, 한국에서는 수출 증가를 통한 고도성장으로 나타났다.

박정희의 '개방·경쟁철학'과 관련하여 빠뜨릴 수 없는 것이 새마을운동이다.[28] 박정희는 새마을운동의 첫해인 1970년에 전국의 3만 4,000여 개의 마을에 200 내지 300포대씩의 시멘트와 약간의 철근과 일부의 경우 소액의 현금을 마을 규모에 따라 적절히 지원했다. 그

---

28) 좌승희 박사는 누구보다도 박정희의 새마을운동을 깊이 있게 연구한 경제학자다. 좌승희(2015), 『박정희 살아있는 경제학』, 백년동안, 3장.

다음 해에 성과를 평가한 결과 절반 정도는 목표를 달성하지 못했다. 이를 계기로 박정희는 '차별 지원'을 결심했다. 공화당의 실력자 5인 방이 '차별 지원' 철회를 설득했으나 박정희는 "정권을 내주는 한이 있어도 '차별 지원'"을 고집했다. 새마을운동에서 박정희는 시장경제의 핵심 원리 가운데 하나인 '경쟁 원리'를 십분 활용한 것이다. 리콴유가 싱가포르를 세계에 개방하여 경쟁했듯이, 박정희는 '마을 간의 경쟁'을 부추겨 새마을운동을 성공으로 이끌었다.

새마을운동은 급속한 산업화와 공업화로 도시와 농촌 간에 불균형이 심화되어 갈 때 완충지대 역할을 했고, 농촌 환경 개선과 소득 증대에도 크게 기여했다. 새마을운동은 중국이 수입하여 농촌에 보급했다. 아프리카 여러 나라의 농촌 지도자들이 한국에서 연수를 마치고 돌아가 한국말로 "우리도 한 번 잘 살아보세" 하고 외치는 모습을 TV를 통해 볼 때마다 콧잔등이 찡해지곤 한다.

7

박정희가 주는 교훈

박정희가 주는 교훈은 많다. 지면이 한정되어 모두 쓸 수 없는 것이 아쉽다.

◆
◆

박정희, 대한민국을 무역대국·경제대국으로 이끌다

박정희는 시장경제를 도입하고, 경제를 개방하여 굶어죽는 나라 대한민국을 경제대국·무역대국으로 이끌었다. 이 글을 마무리하는 2018년 12월 말에 한국은 수출 6,055억 달러, 수출·입 1조 달러 이상을 달성했다. 이로써 한국은 2018년에도 세계 7대 무역대국 자리를 굳게 지켰다. G11 자리도 계속 지킬 것인지는 두고 볼 일이다.

리콴유가 시장경제를 바탕으로 자원이 없는 싱가포르를 완전 개방하여 초일류국가로 만들었듯이 박정희는 '팔 수 있는 것은 뭐든지 팔아라'며 수출을 독려한 결과 한국을 수출대국으로 만들었다. 박정희는 1965년에 '수출확대회의'를 도입한 후 시해당할 때까지 매달 이 회의를 주재했다. 박정희는 수출 주도 성장정책으로 재임 기간에 연평균 10.2%의 고도성장을 달성하여 한국을 무역대국·경제대국으로 이끌었다.

박정희의 '성장 신화'를 살려야 한다

한국은 연평균 성장률이 1970년대와 1980년대는 각각 10.5%와 8.8%에 달했으나 1990년대에 6.2% 수준으로 하락하더니 2000~2009년간에는 4.7%로 하락했고, 2012년 이후에는 2.3~3.3%로 급락했다. 문재인 정부 2년째에 OECD, 한국은행 등은 한국의 성장률을 2.7~2.5%로 전망했다. 같은 기간 세계 전망치는 3.8% 안팎이다. 2019년 성장률 전망치도 2%대다.

2018년 9월 6일에 한국프레스센터에서 전광훈·최광·고영일[29] 주관으로 '5% 성장을 위한 국민 포럼'이 열렸다. 한국이 성장률 5%대를 달성한다면 일자리 등 여러 경제문제가 해결된다는 취지에서 열린 포럼이었다.

한국은 5% 성장이 가능할까? 한국의 잠재성장률은 현재 3%대 안팎이다. 잠재성장률이란 생산요소를 풀가동하여 인플레이션을 유발하지 않고 생산할 수 있는 GDP 최고 성장률을 말한다. 한국은 생산성이 낮고, 노동과 기업 환경이 열악하여 투자가 위축되고, 출산율마저 세계 최저여서 잠재성장률이 3%대를 넘어서기는 어렵다. 이런 여건에서 '5% 성장'은 한 마디로, 그림의 떡이다. 문제의 심각성은 노

---

29) 전광훈은 대한민국바로세우기국민운동분부 대표, 최광은 전 보건복지부 장관, 고영일은 변호사다.

무현 대통령부터 문재인 대통령에 이르기까지 역대 대통령들이 성장에 관심을 두지 않았다는 데 있다. 이는, 문재인 대통령의 2019년 신년사에도 나타나 있다. 그러는 사이 한국은 저성장의 덫에 갇혔고, 정치가들은 '성장 포기증'에 걸려 있다. 오죽 답답했으면 민간인 전광훈 대표 등이 '5% 성장을 위한 국민 포럼'을 개최했을까!

나는 한국이 싱가포르와 중국, 아일랜드까지 벤치마킹한다면 해외 직접투자 유치로 5% 성장은 이룩할 수 있다고 믿는다(56쪽의 〈그림 1〉 참조). 이를 위해 정부는 기업환경 개선, 노동시장 유연화 등 투자 유인을 위한 인프라를 구축해야 하고, 법인세율도 낮춰야 한다. (문재인 대통령이 법인세율을 인하해야 한다는 이야기는 59쪽 참조)

그런데도 문재인 대통령은 2017년 4월 집권하자마자 법인세율을 기존의 22%에서 25%로 올려버렸다. 한국은 2017년에 세계에서 법인세율을 올린 사실상 유일한 나라다. 문재인 대통령은 이명박 정부가 노무현 정부 때의 법인세율 25%를 22%로 인하한 것을 '적폐청산' 대상으로 본 것 같다. 그러나 역대 정부는 법인세율을 지속적으로 낮춰 왔다.[30]

싱가포르, 중국, 아일랜드처럼 성장이 지속되어야 일자리가 늘고, 소득이 오른다. 실업률이 미국, 독일, 일본처럼 3%대로 떨어져 완전고용이 이뤄져야 자연히 복지 문제도 해결된다는 것을 한국의 정치가

---

30) 역대 정부는 법인세율을 낮춰 왔다. 김영삼 (노태우 정부 때)34%→28%, 김대중 28%→27%, 노무현 27%→25%, 이명박 25%→22% ('2011년 22%→20% 계획'이 현재의 여당인 열린민주당의 반대로 무산). 그러나 문재인 대통령은 22%→25%로 올렸다.

들은 알아야 한다. 성장이 그 원동력이다.

법인세율 인상은 자본을 유출시켜 일자리를 내쫓는다

법인세율 인상은 자본 유입을 막는 것에만 그치지 않는다. 법인세율 인상은 자본 유출을 부추기고, 일자리까지 몰아낸다. 한국은 2006년부터 2017년까지 한 해도 빠짐없이 자본유출이 자본유입을 초과해 왔다. 다시 말하면, 2006년 이후 자본이 지속적으로 해외로 빠져나갔다는 뜻이다. 이 기간에 해외로 빠져나간 순유출(주: 유입에서 유출을 뺀 것) 액수는 무려 마이너스 1,765억 달러에 이른다.

문제는 유출된 돈의 액수에만 있는 것이 아니라 일자리가 사라진다는 데에도 있다. 현대경제연구원은 자본 유출로 2006~2014년간 24만 개 '제조업 고급 일자리'가 해외로 빠져나갔다고 밝혔다. 또 대한상의는 2006~2015년간 한국 기업이 해외에서 고용한 근로자는 약 109만 명인데 외국 기업이 한국에서 고용한 근로자는 겨우 7만 2000명으로, 10년 동안 100만 개 이상의 일자리가 해외로 빠져나갔다고 밝혔다.

지금 우리에게 필요한 것은 박정희의 '성장 신화'를 살리는 일이다. 그래야만 20대들이 마음껏 일할 수 있는 일자리가 생기고, 1인당 국민소득이 4만~5만 달러대로 증가할 수 있다.

박정희의 '진정성 있는 리더십'이 필요하다

박정희는 '진정성 있는 리더십'으로 한국경제를 발전시켰다. 김성진은 박정희의 경제 리더십에서 교훈을 찾을 것을 제안한다. 설득력 있는 제안이라고 생각되어 인용한다.[31]

첫째 교훈은 박정희가 주식회사 대한민국의 유능한 최고경영자(CEO)였다는 점이다. 박정희는 경제발전이라는 최우선 목표를 달성하기 위해 국민에게 '할 수 있다'는 신념을 심어준 다음 국가경영의 효율성을 극대화했다. 둘째 교훈은 박정희가 실천적 전망을 제시했다는 점이다. 박정희는 가난을 탈출하기 위해 수출제일주의를 실천적 대안으로 제시했다. 셋째 교훈은 박정희가 국가 이익에 대해 명확한 정의를 내리고, 초인적인 노력을 통해 이를 달성했다는 점이다. 박정희는 국민과 국가를 잘살게 할 수만 있다면 전 국민이 반대해도 국민을 설득하고 무자비할 정도로 밀어붙였다. 넷째 교훈은 박정희가 '인사가 만사'라는 원칙에 충실했다는 점이다. 박정희는 유능한 인재를 발굴해 정책 집행을 맡겼다. 다섯째 교훈은 박정희가 약소국 입장에서도 냉혹한 국제정치의 현실을 이해하고, 극단적으로 국가 이익을 추구했다는 점이다. 박정희는 한·일 국교정상화 협정 조인과 월남 파병을 통해 국익을 추구했다.

대통령의 리더십과 관련하여 문재인 대통령의 국정 운영을 지적한다. 문재인 대통령은 '국익'이라는 말을 써본 적이 없는 것 같다. 문재

---

31) 김성진(2007), 『박정희』, 살림, pp.88~91.

인 대통령은 실천적 전망을 국민들에게 제시한 적이 없는 것 같다. 문재인 대통령은 오로지 '캠코더 인사'[32]만 기용해 왔는데 한 예로, 노동 관련 조직의 인사는 한결같이 운동권이거나 민노총 출신이다. 문재인 대통령이 김정은만 바라다보는 사이 미국과 일본과 중국과의 외교관계가 삐걱거리고 있어 대한민국의 '내일'이 걱정된다. 집권 2년도 되지 않아 문재인 대통령의 인기는 40%대로 추락하고, 사람들은 문재인 대통령의 리더십이 의심된다고 이야기를 한다.

---

32) '캠코더 인사'란 문재인 대통령의 인사정책에서 발탁되는 캠프·코드·더불어민주당 인사를 말한다.

8

박정희는 어떤 평가를 받는가?

박정희는 산업화 세력에게는 '국가를 구한 영웅'으로 칭송받고,
일반 국민으로부터는 '국민이 존경하는 지도자 1위'로 평가받는다.
반면에 박정희는 민주화 세력에게는 '민주화를 막은 독재자'로 평가받는다.
여기서는 한 때 민주화 세력의 대표 격이었던 두 사람의 평가를 소개한다.

❖
❖❖

안병직, '박정희는 한국 근대화를 이끈 지도자'

1970년대 대표적 마르크스주의 경제학자였다가 전향한 안병직 교수는 박정희를 이렇게 평가했다.

"과거에 그를 타도해야 할 독재자로 봤지만 이젠 한국 근대화를 이끈 지도자로 본다. 박정희 식 군부 독재가 아니었다면 경제발전은 어려웠을 것이다."

김문수, 박정희의 수출 입국(立國)으로 대한민국이 웰빙하다

'급진 좌파의 주역으로 학생운동을 주도했고, 위장취업 1세대였고, 국가보안법 위반으로 두 번이나 감옥에 갔다'고 자신을 밝힌 김문수 전 경기 지사는 박정희를 이렇게 평가했다.

"대한민국은 '수출입국'을 통해서 발전했다. …. 김일성의 주체사상은 북한 인민을 굶기고 있다. 박정희의 수출입국은 대한민국 국민이 웰빙하고, 다이어트할 수 있도록 만들었다."[33]

---

33) 김문수(2006), 『나의 길 나의 꿈』, 미지애드컴, pp.15~16.

03
덩샤오핑

굶어죽는 나라 중국을 G2로 이끌다

Deng Xiaoping

덩샤오핑
굶어죽는 나라 중국을 G2로 이끌다

　　중국 역사가들은 마오쩌둥(毛澤東, 1893~1976)을 '파(破)의 지도자', 덩샤오핑(鄧小平, 1904~1997)을 '입(立)의 지도자'라고 부른다. 마오쩌둥은 구질서를 깨뜨려 새로운 중국을 세웠고, 덩샤오핑은 그 위에다 부강한 중국을 세웠기 때문이다. 덩샤오핑이 개혁개방정책을 추진하여 성공하자 중국은 1990년대 초반부터 굶어죽는 사람이 사라졌고, 머지않아 미국을 제치고 경제대국 G1이 될 수 있는 경제적 기반도 갖췄다.

　　일찍이 중국을 '잠자는 사자'로 표현한 나폴레옹은 중국이 깨어나면 세계를 놀라게 할 것이라고 예언했다. 아놀드 토인비도 21세기는 중국의 세기가 될 것이라고 예언했다. 나폴레옹과 토인비의 예언대로, '중국 굴기(崛起)'는 지금 세계를 놀라게 하고 있다. '중국 굴기'는 덩샤오핑의 개혁개방에서 비롯되었다.

　　덩샤오핑은 1978년에 농업부문에서 시장경제 실험이 성공하자 점→선→면 차원의 개방정책을 추진해가면서 해외자본 유치에 전력투구했다. 2017년까지 쌓인 해외직접투자는 1조5천억 달러가 넘는다. 이 엄청난 해외자본이 싼 임금, 싼 토지임대료와 시너지효과를 발휘하여 중국은 세계 1위의 고도성장국가가 되었다.

　　공산주의자 덩샤오핑 이야기를 쓰면서 몇 차례 회의적인 생각도 가졌지만 그의 '흑묘백묘론(黑猫白猫論)' 통치철학에 압도되고 말았다.

주요 참고문헌
鄧榕, 『나의 아버지 鄧小平』(정인갑 역(2004), 북스토리.)
박형기(2007), 『덩샤오핑 개혁개방의 총설계사』, 살림.
해리슨 E. 솔즈베리(1992), 『새로운 황제들』(박월라·박병덕 역(2013), 다섯수레)

1

태어나서 혁명가가 되기까지

태어나서 혁명가가 되기까지 덩샤오핑의 삶을 이야기한다.
그의 딸 덩롱이 쓴『나의 아버지 덩샤오핑』을 텍스트로 삼았다.
(주: 책마다 표기가 달라 중국어 표기로 통일되지 못했음.)

◆
◆

이름을 선성(先聖)으로 짓다

덩샤오핑은 1904년에 스촨성 광안현에서 덩원밍(鄧文明)의 넷째 아들로 태어났다. 그의 아버지는 잇따라 아내를 잃은 탓에 평생 네 차례나 결혼했는데, 덩샤오핑은 두 번째 아내가 낳은 아들이다. 그는 태어나자 '공자를 앞서라'는 뜻인 선성(先聖)이라는 이름이 붙여졌다. 그가 6살이 되어 서당에 들어갔는데, 훈장이 첫날 '선성(先聖)'은 성인(聖人) 공자(孔子)에 대한 모독이라며 현명한 사람을 바란다는 뜻인 희현(希賢)으로 바꿔주었다. '작은 평화'라는 뜻인 '소평(小平)'은 그가 중국 공산당에 입당하여 본격적인 활동을 벌일 때 보안상 별명으로 쓴 이름이다.

1915년 11살 때 덩샤오핑은 광안현의 고등소학교에 입학했다. 이 학교는 해마다 한두 개 반밖에 모집하지 않았고, 가르치는 것은 그리

많지 않았으며, 가르치는 방식은 주로 암기식이었다. 그는 집이 멀어 기숙사 생활을 했다. 그의 딸은 "아버지는 아주 평범한 소년 시절을 보냈다"고 썼다.

16살에 프랑스 유학길에 오르다

덩샤오핑은 광안현 중학교에 입학한 지 얼마 되지 않아 학교를 그만 두었다. 충칭에 있던 그의 아버지가 '프랑스유학 예비학교'가 충칭에 생겼다는 소식을 듣고 아들을 이 예비학교에 넣은 것이다. 당시 중국 젊은이들의 프랑스 유학은 신문화운동의 여파로 대유행이었다.

1840년 제1차 아편전쟁에서 중국이 영국에 패하자 1842년에 남경조약이 체결되어 영국이 홍콩을 지배하게 되었다. 1844년에 미국도 대포와 군함을 가지고 쳐들어와 망하조약이 체결되었고, 같은 해 프랑스도 군함을 중국에 파견해 황포조약이 체결되었다. 1849년에 포르투갈은 협의도 없이 마카오를 점령했다. 아편전쟁 후 9년 동안에 일어난 일들이다. 1856년에 영국이 선두에 나서고 프랑스, 미국, 러시아 등이 참여하여 제2차 아편전쟁이 일어났다. 1858년에 청국(淸國)정부는 영국, 프랑스, 미국, 러시아와 톈진조약을 맺었다. 이렇게 하여 침략국들은 마음대로 중국 땅을 떼어가고, 배상금도 챙겼다.

이런 상황에서 중국 국민들은 제국주의 침략과 봉건주의 억압에 항거했고, 애국지사들은 구국의 길을 폭넓게 찾고 있었다. 지식인들은 나라를 구하려면 반드시 서양을 배워야 한다고 강조했다. 그래서 많은 유학생들이 일본, 영국, 미국, 프랑스, 독일 등지로 떠났다. 당시 프랑스는 부르주아 혁명이 비교적 잘 진행되고, 학문 수준이 앞서고, 특히 생활비가 적게 드는 나라로 소문이 나 자비유학생들이 유학가고 싶어 하는 나라였다. 중국 내에 여기저기 프랑스 유학원들이 세워졌다. 때마침 청나라를 무너뜨리고 1911년에 중화민국을 세운 쑨원(孫文)이 주도한 신해혁명이 실패로 돌아가자 일부 정치지도자들은 앞다퉈 프랑스로 망명했다. 이들은 1915년 6월에 프랑스에 체류 중이던 중국노동자들을 끌어 모아 '근공검학회(勤工儉學會)'를 세워 '부지런하게 일하고 공부하자'라는 기치를 내걸었다.

1914년에 일어난 1차 세계대전으로 프랑스는 100만여 명의 사상자를 내 노동력이 크게 부족했다. 프랑스정부는 긴급히 근공검학회를 통해 중국 노동자들을 모집했다. 1차 세계대전 중에 10만여 명의 중국 노동자들이 프랑스로 뽑혀 갔고, 중국 청년들의 프랑스 유학이 줄을 이었다. 쑨원의 2차 혁명이 실패로 끝나자 혼란에 빠진 중국의 국내외 정세가 청년들의 프랑스 유학을 더욱 부추겼다.

그 무렵 두 가지 사건이 중국 대륙을 흔들었다. 하나는 1917년에 발생한 러시아의 '10월 혁명.' 10월 혁명은 중국 지식인들을 고무시켜 신문화운동 발전과 중국 내 마르크스주의 전파를 촉진했다. 또 하나는 1919년에 발생한 '5·4운동.' 1차 세계대전이 끝나자 전승국(戰勝國)들은 파리에서 '전리품 배분' 회의를 가졌다. 전승국 일원으로서 중국은, 청국이 망하기 전에 맺어진 '21개조' 불평등조약 폐기를 제의했으나 영국, 프랑스, 미국, 이탈리아, 일본이 반대했다. 이를 계기로 1919년 5월 4일에 북경대학을 비롯해 3,000여 명의 대학생들이 천안문 앞에서 집회를 갖고 시위를 벌였다. 5·4운동은 반제국·반봉건 혁명운동으로, 중국 신민주주의 혁명의 시작을 알렸다. 이 두 가지 사건은 중국 청년들의 프랑스 유학을 더욱 부추겼다.

덩샤오핑의 아버지는 충칭에 프랑스유학 예비학교가 세워지자 아들을 이 학교에 넣었다. 그는 15살이 되던 1919년 9월에 입학했다. 프랑스유학 예비학교 학생 모집은 공비생과 자비생으로 나누어져 있었는데, 그는 자비생으로 입학했다. 드디어 1920년 8월 25일에 충칭 프랑스유학 예비학교 학생 83명이 배를 타고 동쪽으로 떠났다. 그들은 1920년 10월 19일에 프랑스 마르세유 항구에 도착했다.

프랑스 유학생활 중 생활고에 시달려 공부를 그만두다

1920년 10월 21일에 16살 덩샤오핑은 20여 명의 중국학생들과 함께 파리에서 약 200㎞ 떨어진 노르망디의 바예중학교에 입학했다. 그는 프랑스어를 공부하면서 정규 중학생 과정을 시작했다.

가진 돈이 모두 떨어지고 말았다. 한 신문에 이런 기사가 떴다. "22명의 중국 학생들 가운데 19명이 13일에 학교를 떠났다. 그들은 커루진으로 일하러 간다고 했다." 덩샤오핑과 그의 동창들은 바예중학교를 떠날 때 학교로 돌아올 수 없으리라고는 생각하지 않았다. 그의 프랑스 유학생활은 1920년 10월에 시작해서 1921년 3월에 끝났다. 그는 이를 이렇게 회고했다.

"그때가 유럽 대전이 끝난 지 이미 2년이 지난 후여서 유학생활을 시작할 때처럼 프랑스가 많은 노동력을 필요로 하지 않는다는 것을 알았다. 일자리 구하기가 쉽지 않고, 임금도 낮아 일을 해서도 학자금을 댈 수 없었다. … 그래서 '일해서 나라를 구하고 재능을 키우겠다'는 생각은 한낱 수포로 돌아갔다."

1921년 4월 2일에 덩샤오핑과 몇 명의 학생들은 소개를 받고 커루진의 스나이더 공장으로 일하러 갔다. 그는 일개 노동자의 신분으로, 그것도 외국 국적 신분으로 4년 남짓 이어진 노동자 생활을 시작했다. 그는 16세의 작은 체구로 커루진에서 철강선을 끄는 일을 했다. 한 달 후 그는 스나이더 공장을 떠났다. 그는 프랑스 공장에서 노동일을 하면서 자본주의의 어두운 면을 보았고, 노동계급이 착취당하는 현장을 경험했다. 그는 돈을 벌어 다시 학교로 돌아갈 꿈을 버리지 않았다.

커루진의 스나이더 공장을 떠난 덩샤오핑은 1921년 4월 23일에 파리로 왔다. 일자리는 없고, 가진 돈은 떨어져 생활이 비참했다. 중불교육회가 주는 구제금과 프랑스정부가 주는 하루 5프랑 생활보조금으로 생활했다. 프랑스정부의 보조금마저 곧 끊겼다. 하늘이 무너져도 솟아날 구멍이 있다 듯이, 파리의 샹부르랑 공장에 취직했다. 두 주일 후 일거리가 떨어져 중국 유학생들은 모두 해고되었다. 온갖 잡일로 간신히 연명하다가 1922년 2월에 하킨스 고무공장에 취직했다. 여기서 그는 열여덟 번째 생일을 맞았다. 생활은 다소 안정되었다. 아홉 달 동안 일하다가 그는 1922년 10월 17일에 하킨스 공장을 떠났다. 그는 집에 돈을 보내달라는 편지를 보냈다. 1922년 말 집에서 돈이 왔는데, 그는 하킨스 공장에서 번 돈을 합쳐 공부를 계속할 계획이었지만 돈이 모자라 학교에 가는 것을 그만두었다.

프랑스에서 공산당에 입당하여 열심히 활동하다

1922년 6월, 프랑스 내 중국유학생들 가운데 우수한 청년들이 '유럽 중국소년공산당'(이듬해 '유럽 중국공산주의청년단'으로 개칭)을 조직했다. 덩샤오핑은 이 조직에 청년당원으로 가입했다.

1917년 러시아 10월 혁명과 1919년 중국 5·4 운동을 계기로, 중국의 진보적 청년들은 마르크스주의를 접할 기회를 가졌다. 마오쩌뚱이 채화삼과 함께 1918년에 '신민학회'라는 혁명 단체를 조직했는데, 신민학회 회원들은 앞 다퉈 프랑스로 유학 갔다. 그들은 혁명을 위해 프랑스 내 중국 노동자들을 한 데 묶어야 한다는 취지에서 1921년에 '노동학회'를 설립했다.

저우언라이(朱恩來)는 1917년에 일본으로 유학 갔다가 거기에서 민족의 위기를 절감하고, 1919년에 귀국하여 톈진 학생들의 반제국주의 애국투쟁을 이끌다가 당국에 체포되었다. 풀려나자 그는 곧 영국으로 갔다. 영국에서 그는 학교에는 가지 않았지만 대규모 노동자 파업 물결이 런던과 영국을 휩쓰는 것을 보았다. 영국에 있던 저우언라이는 1921년 2월에 프랑스로 건너갔다. 그는 프랑스에서 중국 청년들과 교분을 쌓았고, 학습과 사고를 통해 공산주의 신념을 굳혔다.

1921년 7월, 중국의 운명과 관련된 중대 사건이 발생했다. 이대소, 진독수를 수반으로 하는 공산주의자들이 중국공산당을 창건한 것이다. 당원은 겨우 50여 명에 지나지 않았지만 공산주의 불꽃은 중국 대륙으로 빠르게 퍼져나가 요원의 불길처럼 타올랐다. 이를 계기로 프랑스 내에서도 공산당 조직이 활발하게 결성되었다.

저우언라이는 1920년 22살에 유럽으로 갔다가 1924년 7월 26살에 프랑스를 떠나 귀국하여 중국 내 혁명투쟁에 참여했다. 덩샤오핑의 딸이 그에게 중국의 프랑스 유학생들 가운데 누구와 가장 가깝게 지냈느냐고 물은 적이 있다. "그래도 저우언라이 총리다. 나는 줄곧 그를 형님처럼 생각했고, 우리가 함께 일한 시간도 제일 길다." 프랑스 생활을 하는 동안 그는 후에 마오쩌뚱 정부에서 주요 요직을 맡은 많은 공산당원들과 함께 공산주의 운동을 열심히 전개했다.

공산당 활동을 하던 덩샤오핑은 프랑스 경찰에 쫓기고 있었다. 1926년 1월 8일, 그의 거처를 확인한 프랑스 경찰이 여관방을 덮쳤다. 그러나 낌새를 미리 알아차린 덩샤오핑 일당은 하루 전에 이미 떠났었다. 그 길로 그는 동지들과 함께 혁명의 성지 소련으로 갔다. 중국공산당 유럽 지부는 1925년 5월에 일부 회원들을 모스크바로 보내 공부시키기로 했는데, 그도 그 중의 하나였다. 그는 1920년 10월 19일에 프랑스로 유학 와서 1926년 1월 7일에 프랑스를 떠날 때까지, 생활고에 시달려 공부는 하지 못하고 6년 남짓 노동하며 프랑스 자본주의를 배웠고, 1년 남짓 공산주의 활동에 전념했다.

러시아 '중산대학'에 들어갔다가 중단하고 귀국하다

1921년, 모스크바에 '모스크바 동방근로자공산주의대학(동방대학)'
이 설립되었다. 이 대학은 소련 동부지역 국가들을 위해 간부를 양성
하고 훈련시키는 교육을 전담했다. 인도인, 베트남인, 일본인, 터키
인, 아랍인, 페르시아인, 알제리인 등이 이 학교에서 훈련을 받았다.
1923년 이후 중국혁명은 빠르게 진전되고 있었다. 이런 상황에서 국
공(國共: 국민당과 공산당) 쌍방은 소련에서 혁명 간부를 양성하기로 합
의했다. 이 같은 요구에 따라 소련은 1925년에 '중산노동대학(중산대
학)'을 세우고 중국 학생만 받아들였다. 그 취지는 '마르크스주의로 중
국공산주의 대중운동 간부를 양성하고, 중국혁명의 볼셰비키 간부를
양성한다는 것'이었다. 1925년 말에 국공 쌍방은 중산대학에 보낼 학
생 310명을 선발했는데, 중국공산주의청년단 유럽 지부에서 선발된
학생들 가운데 덩샤오핑이 포함되어 있었다.

소련 정부는 외국 학생들을 성의껏 도왔다. 당시의 당 조직 평가에
따르면, 덩샤오핑은 "학습에 노력하는 만큼 타인에게 영향을 줄 수 있
음"으로 적혀 있었다. 이 무렵에 쓴 글에서 그는 자신의 마음을 이렇
게 밝혔다.

"나는 모스크바에 올 때 이미 나의 몸을 우리 당과 투쟁에 바칠 각
오를 했다. 그때부터 나는 절대적으로 당의 훈련과 지휘를 받고 시종
일관 무산계급의 이익을 위해 투쟁하리라 마음먹었다."

그는 중앙당의 명령을 받고, 2년제 중산대학을 다 마치지 못하고

1926년 말에 귀국하여 국내 혁명 활동에 참가했다. 1920년 8월 25일에 중국을 떠난 지 6년 만의 일이다.

2
국내 혁명전쟁에 참여하여 군인으로 활동하다

귀국 후 덩샤오핑은 23세 나이로 혁명전쟁에 참여하여 본격적으로
군인 활동을 시작했다. 정치가로 활동하기 전까지 그의 군인 활동을 정리한다.

◆
◆

1925년 3월 12일, 쑨원이 병으로 갑자기 서거했다. 국민혁명운동은
식을 줄 모르고 들끓었다. 1926년 1월, 국민당은 제2차 전국대표회의
에서 제국주의의 지지를 받는 군벌정부를 토벌할 계획을 세웠다. 중국
북방의 옛 도시 시안에서 펑위상(馮玉祥) 장군이 군벌 토벌을 이끌었다.
당시 모스크바 중산대학에서 공부하고 있던 덩샤오핑은 중앙당의 명
령을 받고 20여 명의 동지들과 함께 펑위상 부대로 파견되었다. 그의
일행은 모스크바를 출발해 몽골 초원과 서북 사막을 거쳐 한 달 후쯤
중국 서북 지방에 도착했다. 그는 한 달 남짓 세수를 한 번도 못했다.

덩샤오핑은 갓 설립된 시안 중산군사학교에 배치되어 정치처장을
맡았는데, 그의 일행은 펑위상 부대에서 서너 달도 머무르지 못했다.
1927년 4월 12일, 국민당 장제스가 혁명을 배반하고 4·12반혁명 쿠
데타[34]를 일으켰기 때문이다. 쑨원 서거 후 국민당 내부에서는 좌파

---

34) 국공합작은 공산당과 국민당 간 연합전선을 말하는데, 두 번의 합작이 있었다.

와 우파 간에 세력 다툼이 치열하게 벌어지고 있었다. 장제스는 겉으로는 쑨원 사상을 지지하는 척하면서 속으로는 정권 장악을 위해 반공을 내세우고 있었다. 장제스의 반혁명적 죄행(罪行)을 놓고, 마오쩌둥 등 공산당원들은 연명으로 장제스를 규탄했다.

장제스의 4·12반혁명으로 중국공산당 조직은 비참하게 파괴되었다. 당의 우수한 지도자들이 수없이 학살당하면서 혁명은 실패 위기에 처했다. 펑위샹마저 장제스 편으로 돌아서서 부대 안의 공산주의자들을 무참하게 처단했다. 그 때 중산군사학교에서 정치처장을 맡고 있던 덩샤오핑은 중앙당의 집결 명령을 받고 1927년 6월에 시안을 떠나 우한으로 갔다. 우한에서 오래지 않아 그는 당 중앙으로 자리를 옮겨 중앙비서를 맡았다.

4·12반혁명 사태 후 장제스의 국민당은 신군벌 통치를 강화했다. 장제스는 제국주의, 봉건 세력, 재벌의 힘을 빌려 노농(勞農)대중을 잔혹하게 압박하고, 착취하고, 억압했다. 1928년 1월부터 8월까지 10만여 명이 수난을 당했다. 당 조직도 심각하게 파괴되어 1927년 말에는 당원 수가 5만여 명에서 1만여 명으로 감소했다. 1932년까지 약 100만여 명이 학살당했다.

제1차 국공합작은 공산당과 국민당이 1924년부터 통일전선 전술의 일환으로, 공산당 당원들이 개인 자격으로 국민당에 가입해 국민당 개조를 꾀하는 방식으로 실행되었다. 제1차 국공합작은 1927년 4월 12일에 장제스가 상하이에서 일으킨 4·12반혁명 사건으로 인해 백지화되었다. 제2차 국공합작은 중일 전쟁이 발발하자 1937년 9월에 공산당과 국민당이 일본에 대한 공동 전선을 구축하기 위해 연합한 것으로, 일제가 패망한 1945년까지 지속되다가 일본군 점령지 배분 문제로 결렬되었다.

중국공산당 본부는 개편을 마치고, 우한에서 상하이로 옮겨가기 전후로 계속 무장봉기를 시도했다. 중국공산당은 마오쩌둥을 중심으로 남창봉기, 추수봉기, 광주봉기를 일으켰다. 영국, 미국, 일본, 프랑스 등이 무장봉기 진압에 나섰다. 이들 3대 봉기는 중국공산당의 혁명 홍군(紅軍) 창설과 정권 탈취의 출발이 되었다.

중국공산당 본부가 상하이로 옮겨간 후 국민당의 혹독한 압박 속에서 많은 사건이 일어났다. 중국공산당은 혁명 중심지를 농촌으로 옮겨 노농홍군(勞農紅軍) 세력을 확장하고, 농촌 혁명근거지를 개척했다. 노동운동, 학생운동, 부녀운동을 추진하고, 비밀 노조, 비밀 학생 연합회, 일부 도시의 노동자 투쟁도 조직했다. 전국적인 비밀 교통망을 마련하고, 공산당 지하기관지를 출간했다. 저우언라이가 중앙정치국 상임위원회 위원과 조직국 주임을 겸임했다. 덩샤오핑은 상하이의 중앙당 본부에서 비서실장으로 1년 반 동안 일했다.

세 아내 이야기

덩샤오핑의 아내들 이야기를 빼놓을 수 없다.

첫째 아내 이야기. 덩샤오핑은 모스크바 유학 시절 장시위안과 동창이었다. 당시 그는 프랑스에서 온 21세의 당원이었고, 장시위안은 중국에서 온 19세의 당원이었다. 두 사람은 같은 학급은 아니었지만 친숙했고, 서로가 좋은 인상을 가졌다. 그때 그들은 열심히 공부하는 것이 과업이었고, 국민당 우파와 논쟁하는 것이 생활이었다. 그래서 그들은 그저 동창생 관계로 지냈다. 그런데 덩샤오핑이 상하이의 중앙당 본부에서 비서실장으로 일하고 있을 때 장시위안이 1927년 가을에 몽골을 거쳐 귀국했다. 귀국 후 장시위안은 철도노동자 파업을 한 차례 지도한 뒤 우한에 도착해 중앙의 서기처에서 일하다가 상하이로 옮겨와 그의 밑에 있는 비서처에서 일했다. 1928년 설을 쉰 지 얼마 지나지 않아 그는 장시위안과 결혼했다. 그의 나이 채 24세가 안 되었고, 장시위안도 채 22세가 안 되었다. 많은 당원들이 이 결혼을 축하해 주었다. 불행하게도 장시위안은 스물네 살에 출산 후유증으로 죽었다. 아이도 죽었다. 언젠가 그는 딸에게 이렇게 말했다. "장시위안 같이 예쁜 사람은 드물었지!"

둘째 아내 이야기. 덩샤오핑은 홍군 창설에 관계하면서 당 본부의 명령을 받고 상하이에서 배로 광동을 지나 강서로 갔다. 덩은 강서로 가는 길에 상하이에서 알게 된 진웨이잉(金維映)과 동행했다. 그녀는 덩샤오핑과 동갑이었는데 1926년에 공산당에 가입했고, 4·12 반혁명사건 후에 체포되었다가 풀려나와 비밀 노동운동에 관계하고 있었다. 그들은 곧 부부가 되었다. 덩샤오핑은 1932년 1차 실각 후 감옥에 갇혀 있을 때 진웨이잉으로부터 이혼장을 받았다. 이혼 후 진웨이잉은 병이 들어 모스크바로 가 치료를 받다가 소련-독일 전쟁 중에 37세로 병원에서 사망했다.

셋째 아내 이야기. 덩샤오핑이 유격활동을 하던 때의 일이다. 1939년 8월, 그는 류보청과 함께 정치국 확대회의에 참석하기 위해 연안으로 갔다. 거기에서 그는 오랜 전우 등발을 만나 땅굴집에서 함께 생활했다. 등발은 틈만 나면 덩샤오핑에게 부인을 얻어주겠다고 적극적으로 나섰다. 드디어 덩샤오핑은 1939년 9월 초에 친구들과 전우들의 뜨거운 도움과 환영을 받으며 세 번째 아내를 맞았다. 그의 나이 35세. 아내의 이름은 쥐린(卓琳)으로, 23세. 쥐린은 운남성의 저명한 사업가의 가정에서 태어났다. 쥐린은 일찌감치 혁명에 참여했고, 결혼 후 아이를 세 명이나 낳았는데 그 때마다 아이를 남에게 맡겨 기르게 하고 자신은 혁명 활동에 가담했다. 쥐린이 바로『나의 아버지 등소평』을 쓴 막내딸 덩롱의 어머니다. 그는 쥐린과의 사이에 2남 3녀를 두었다.

'홍7군'을 창설하여 장제스와 싸우다

제1차 국공합작(1924~1927)이 결렬될 무렵 혁명은 국민당 장제스 주도 하에 진행되는 듯했다. 국공합작이 결렬된 후 1928년 6월에 열린 중국공산당 제6차대회에서 결의된 몇 가지 핵심내용을 언급한다. 이 대회는 대중을 선동하고, 폭동을 주도하며, 토지혁명을 통해 노농정권(勞農政權)을 수립하기로 결의했다. 이 대회는 공산당의 근거지를 마련하기 위해 농촌지역에서 토지개혁을 실시하고, 이를 통해 소비에트[35]를 건설하여 무장투쟁을 담당할 홍군(紅軍)을 조직하기로 결의

---

35) 소비에트(soviet)는 러시아어로 평의회, 노동자·농민·병사들의 민주적 자치 기구를 뜻한다. 1905년 10월 러시아 제국의 수도 상트페테르부르크에서 노동자 대표 소비에트가 창설된 후 러시아 제국 각지에서 자주적인 소비에트가 설립되었다. 이 글에서 소비에트는 '혁명근거지'를 뜻한다.

했다. 이를 위해 이 대회는 덩샤오핑을 중국 남부의 광시(廣西) 지역에 중앙대표로 파견하기로 결의했다. 광시 지역은 베트남과 이웃한 변경으로, 소수민족인 장족(莊族)이 주민의 대부분을 차지했다. 이곳은 당시 상하이 당 본부와의 교통과 통신이 불편했고, 중국 내에서도 대표적으로 낙후된 곳이었다.

중앙대표로서 덩샤오핑은 처음으로 군사지도자로 활약하기 시작했다. 혁명에 참가하기 전 그의 군사 경력은 모스크바 중산대학에서 8개월간 군사학을 수강하고, 펑위샹의 국민혁명군에서 5개월 남짓 근무한 것이 전부였다. 그는 당의 명령을 충실히 따랐다. 광시 지역에서 그의 임무는 농민무장 혁명세력을 조직하고, 이를 바탕으로 홍군[36]을 건설하여 무장봉기를 일으키는 것이었다. 그는 조직·선전·교육업무를 총괄하고, 홍군 창설·강화에 고군분투하면서 토지개혁에도 매진했다. 토지개혁이 성공하자 소비에트 건설이 빠르게 진전되었다. 그 결과 소비에트가 확대되고, 홍군 수가 1만여 명에 이르렀다. 홍7군은 국민당과의 접전에서 여러 차례 승리했다. 덩샤오핑의 리더십으로 광시 지역에서 소비에트 운동이 활발하게 전개되고, 홍군의 무장역량이 날로 강해지자 장제스는 홍군 토벌에 나섰다.

한편 공산당 내부에서는 홍군의 세력이 날로 강해지자 자신감을 얻고 우한을 비롯한 주요 도시에서 무장봉기를 감행하기 시작했다.

---

36) '홍군'이란 중국공산당이 관리하는 당군(黨軍)을 말한다. '홍군'은 1927년 8월의 남창(南昌)봉기를 출발로, 정강산(井岡山) 등지에서 혁명근거지(일명 '소비에트')를 세우고 토지 혁명을 추진하면서 여러 곳에서 계속 조직되었다. 당시에는 노농홍군(勞農紅軍)이 일반적인 호칭이었다.

덩샤오핑이 이끄는 홍7군은 1930년 9월 여우장을 출발하여 광시·후난·광동·장시 4개성을 지나 7,000리를 행군하면서 독일제와 미제 병력으로 무장한 국민당 군대와 패퇴와 승리를 오가는 접전을 벌였다. 이 과정에서 홍7군은 1931년 7월 싱궈(興國) 현에서 마오쩌둥과 주더(朱德)가 이끄는 중앙 홍군과 합류했다. 합류 당시 홍7군의 병력은 1/3로 줄어 있었다.

덩샤오핑, 1차 실각하다

1932년 일본군은 일본이 조종하는 만주국을 세우고, 동북부를 점령한 후 거침없이 상하이까지 쳐들어왔다. 1933년 3월, 일본이 중국을 본격적으로 침략하고 있는데도 난칭의 장제스 정부는 일본군에 대한 저항을 중단시켰다. 장제스는 일본군의 상하이 주둔을 허용하고, 엉뚱하게도 공산당 토벌을 명령했다. 장제스에게는 공산당과 홍군이 적이었다. 장제스는 "항일을 떠벌리는 자는 사정없이 죽여야 한다"고 명령했다. 그러나 공산당 임시 본부는 일본제국주의 침략에 저항할 것을 국민들에게 호소했다. 장제스는 많은 공산당원들을 살해하고, 공산당 조직을 무참하게 파괴했다.

중국공산당은 초기에 갈등이 심했다. 소련파(또는 유학파)와 국내파 간의 싸움 때문이었다. 1931년 1월 7일, 중국공산당 중앙위원회 제6기 제4차 전원회의가 상하이에서 비밀리에 열렸는데, 이 회의의 목적은 국내파 제거에 있었다. 그 후 공산당 내부에서는 마오쩌둥 중심의 국내파와 소련 유학파가 우위 선점을 놓고 치열한 싸움을 벌였다. 1932년 5월 공산당 중앙정치국회의는 홍군에 대한 마오쩌뚱의 지도권을 박탈했다. 1933년 3월에는 마오쩌뚱 노선을 지지하고 적군의 진격에 대항하지 않았다는 이유로 덩샤오핑을 장시성 선전부장직에서 해임했다. 그의 1차 실각.

덩샤오핑은 해임 후 낙안현 남촌 순시원(巡視員)으로 파견되었다. 그의 1차 실각은 오래가지 않았다. 노동개조학습을 받던 중 그는 프랑스 유학 동기인 리푸춘의 도움으로 장시성 총정치부 비서실장에 임명되었다. 비서실장 일이 많지 않아 그는 다른 일을 요청했다. 그는 총정치부 기관지 〈홍성보(紅星報)〉를 주관하게 되었다. 그는 꽤 오랫동안 〈홍성보〉를 주관했다.

대장정 중 준의회의에서 덩은 마오 노선을 지지하다

1933년 9월 장제스는 다섯 번 째 홍군 토벌작전에 들어갔는데, 100만 대군과 비행기 200대를 출동해 소비에트 여러 구역을 동시에 공격했다. 장제스는 홍군을 전멸시키려고 했지만 마오쩌뚱 군은 앞선 네 차례 토벌전에서 승리했기 때문에 홍군은 오히려 30만 명으로 늘어나 있었다. 그러나 홍군은 일 년 동안의 투쟁에도 불구하고 국민당의 5차 토벌전을 이기지 못하고, 1934년 10월에 대장정(大長征) 길에 오르게 되었다. 대장정이란 1934~36년간 중국공산당의 홍군이 장제스 국민당군의 공격을 피하기 위해 장시(江西)성 루이진(瑞金)에서 산시

(陝西)성 예안(延安)까지 1만 2000km를 걸어서 이동한 행군을 말한다.

장제스에 밀려 중앙홍군은 근거지를 떠나기 시작했다. 중앙홍군 지휘는 국제공산당이 파견한 이덕이라는 군사고문이 맡았는데, 그는 중국 실정을 전혀 모르는 외국인[37]이어서 작전이 엉망이었다. 게다가 홍군은 야간행군을 해야 했으므로 지칠 대로 지쳐 있었다. 파멸 직전의 시급한 상황에서 마오쩌둥은 홍2군, 홍6군과의 회합을 포기하고 국민당군의 방어력이 약한 귀주로 전진해 그 지역을 쟁취하자고 제안했다. 홍군의 북상 계획이 바뀌었다. 뒷이야기이지만, 마오쩌둥이 장정(長征) 노선을 변경하자는 주장을 제 때에 내놓지 않았더라면, 또 홍군 지휘관들이 이를 받아들이지 않았더라면, 홍군 주력은 파멸의 구렁텅이로 빠져들고 말았을 것이다. 1935년 1월 7일 홍군은 준의(遵義)에 입성했다. 1월 15~17일까지 중공 본부는 정치국 확대회의를 열었는데, 이것이 그 유명한 준의회의(遵義會議)다.

준의회의에서 공산군은, 장제스의 제5차 토벌전을 이기지 못한 이유를 검토한 후에 마오쩌둥을 중앙정치국 상무위원으로 선출하고, 저우언라이와 주더에게 군사문제를 맡기기로 결의했다. 가장 중요한 내용은, '중국 공산혁명의 중심은 농민'이라는 마오쩌둥 노선이 강령으로 정식 채택되고, 마오쩌둥이 중국공산당의 당권을 장악한 것이다. 이로써 농민이 중국 혁명의 중심이라는 마오이즘이 인정된 것이다. 이로써 소위 중국식 사회주의가 탄생하게 되었다. 당시 소련 유학 경

---

37) 이덕(李德)은 장제스의 5차 토벌전이 시작했을 때 국제공산당이 중국공산당에 파견한 독일인 리 데(Li The)라는 사람으로, 본명은 오토 브라운, 이덕은 중국명이다.

험이 있었던 덩샤오핑은 소련파를 지지하지 않고 마오쩌둥을 지지함으로써 후에 중공 권력의 최상부에 진입할 수 있는 발판을 마련했다.

덩샤오핑이 마오이즘을 지지하게 된 배경을 덧붙인다. 왕밍(王明)이 중심이 된 공산당 국제파는 소련과 코민테른의 전략인 '좌경모험주의'와 '도시중심 노선'(주: 도시 프롤레타리아가 중심이 되는 혁명)에 입각해 1개 성 또는 몇 개성에서 먼저 승리한 다음 전국적인 승리로 이어가야 한다는 주장을 폈다. 이와 달리, 마오쩌둥이 중심이 된 국내파는 도시중심론을 반대하면서 적의 힘이 약한 지역에서 혁명 근거지를 만들어 농촌의 혁명 역량을 강화하고 무장 투쟁으로 홍군의 실력을 키워나가야 한다는 주장을 폈다. 노선 투쟁 와중에서 덩샤오핑은 프랑스와 소련에서 공부한 국제파임에도 불구하고 마오쩌둥 중심의 국내파의 주장에 동조했다.

두 번째 국공합작이 이루어지다

1935년에 정세는 급변하고 있었다. 일본은 중국의 동북 3성을 강점한 후 하북, 산동, 산서, 찰합이, 수원 등 화북 5성까지 삼킬 목적으로 침략 준비를 다그치고 있었다. 일본군의 압력을 받은 국민당 난칭 정부는 1935년 6~7월에 일본군과 진토협정(秦土協定), 하매협정(何梅協定)을 체결했다. 이 협정은 일본의 영토 확장 요구에 굴종해 중국 군대를 하북성에서 철수하고, 전국적인 항일운동을 금지한다는 내용이었다. 이는 곧 일부 성의 주권을 일본에 양도하는 것이었다. 온 나라가 항일 외침으로 들끓었다.

　중국공산당은 국민당에 대표를 보내 국민당과 연합하여 항일전선을 구축하자고 제안했다. 공산당은 국민당의 장학량과 양호성 장군과도 연락했고, 장제스와도 비밀리에 접촉했다. 결과는 긍정적이었다. 그런데 장학량과 양호성이 막상 공산당과 연합할 것을 제안하자 장제스는 크게 분노했다. 장학량과 양호성이 한 번 더 제안하자 장개석은 욕설까지 퍼부었다. 화가 난 장학량과 양호성이 1936년 12월 12일 화청지에서 장개석을 구속해버렸다. 이것이 시안사변이다.

　시안사변은 전국을 흔들었다. 공산당은 분석을 마치고, 시안사변을 평화적으로 해결하기 위한 전략을 마련했다. 12월 17일에 저우언라이가 시안으로 가 장학량과 양호성에게, 항일투쟁을 지속하고 내전을 막기 위한 공산당의 입장을 설명했다. 장학량과 양호성은 공산당의 제안을 지지했다. 12월 24일에 저우언라이가 직접 장제스를 만나 공산당의 입장을 밝혔다. 장제스가 공산당 토벌을 중지하고, 공산당과 연합하여 항일투쟁에 들어갈 조건들을 받아들였다. 이렇게 하여 항일이라는 대전제 아래 쑨원의 국민혁명 이후로 국민당과 공산당이 제2차 국공합작을 이뤄냈다. 시안사변으로 장제스는 13일간 구속되었다.

2차 국공합작 후 항일 투쟁

　국민당과 공산당은 항일투쟁을 위해 군대를 '국민혁명군 제8로군'으로 재편하고, 팔로군 밑에 제115사단, 제120사단, 제129사단을 배치했다. 제2국공합작은 전국적으로 열렬한 환영을 받았다. 이 소식을 듣고, 쑨원의 미망인 송경령 여사는 너무나 기쁜 나머지 "나는 이 소식에 감동되어 눈물을 흘릴 뻔했다"라고 말했다. 국민당군과 공산당군은 일본군에 대항하여 같은 모자, 같은 군복을 입고 함께 피 흘리며 싸웠다. 1937년 말까지 팔로군은 하나의 본부가 지휘하는 항일의 새로운 국면을 열었고, 중화민족이 일본 침략자에 항거하는 하나의 무장 세력으로 성장해 갔다.

1938년 1월, 34살이 채 안 된 덩샤오핑은 129사단 정치위원으로 임명되었다. 129사단장은 전략이 뛰어난 군인으로 알려진 류보청(劉伯承)이 맡았는데, 그는 이전부터 덩샤오핑과 잘 아는 사이였고 10살이 많았다. 류보청은 사단장으로서 군사를 주관하고 덩샤오핑은 정치위원으로서 정치를 주관하며, 그들은 13년 동안 함께 일했다. 129사단은 일본군과의 전투에서 승승장구했다.

8년간의 항일전이 막을 내리다

1937년부터 1940년 말까지 중국은 일본 침략자들에 대항하여 열심히 싸웠다. 그런데 공산당군은 일본군과 싸우면서 등 뒤에서 공격해 오는 국민당 완고파들과도 싸워야 했다. 그 무렵 국제정세는 격변에 휩싸였다. 1941년 12월 8일, 일본이 갑자기 미국의 태평양기지 진주만을 습격했다. 그 다음날 국민당정부는 일본이 중국을 침략한 지 6년이 지난 후인데도 뒤늦게 일본을 향해 선전포고를 했다. 물론 독일과 이탈리아를 향해서도 선전포고를 했다. 힘들었던 1941년과 1942년이 지나갔다. 전쟁을 일으킨 일본, 독일, 이탈리아가 힘을 잃어갔다. 1945년 8월 15일, 드디어 일본이 항복했고, 9월 2일, 일본정부가 투항서에 서명했다. 8년간의 항전이 막을 내렸다.

일본이 물러가자 국민당과 공산당은 다시 첨예한 대치를 시작했다. 일본이 물러간 뒤 미국이 국민당과 공산당 간의 갈등을 조정하는 역할을 맡았다. 1945년 12월에 공산당 사령부가 무안현으로 옮겨갔다. 덩샤오핑은 셋째 아내 쥐린과 결혼한 후 1939년에 6년 만에 처음으로 온 가족이 한 데 모였다. 덩룽은 그 뒤에 태어났다.

대규모 내전을 치르다

1946년 6월, 드디어 대규모 내전이 다시 시작되었다. 장제스는 430만 명 병력을 갖춘 데다 일본군으로부터 접수한 대규모 장비가 있었고, 미국 원조도 제공받고 있었다. 그러나 공산당은 총병력이 127만 명에 지나지 않았고, 군사장비도 약간의 보병 무기와 대포뿐이었다. 국민당과 공산당의 세력 비율은 3.4 대 1이었다. 이런 여건에서 장제스는 마음 놓고 공산당을 치려고 전투를 개시했다. 내전의 첫 총성은 중원에서 울렸다. 1946년 6월 26일, 장제스가 20여 개 사단을 이끌고 공산당의 중원 해방구로 진격해 왔다. 중원 해방구에서 멀지 않은 곳에 진기루예 해방구가 있었다. 1946년 6월 28일 아침, 장제스와의 일전을 앞두고 마련된 궐기대회에서 덩샤오핑이 단상에 올랐다.

"장제스는 정치협상회의와 정전협정을 지키지 않고 이미 공개적으로 정전협정을 폐기했을 뿐만 아니라 해방구를 전면적으로 공격하기 시작했다. …. 장제스는 비록 미국의 원조를 받고 있기는 하지만 반인민적 내전을 발동했기에 전국 인민의 반대를 받고 있다. …. 우리는 반드시 장제스를 타도할 수 있다. 우리는 이러한 믿음으로 이번 자위반격전을 훌륭하게 수행해야 한다."

공산당은 류보청과 덩샤오핑이 지휘했다, 그들은 전투마다 승리했다. 1947년 3월, 국민당은 34개 사단 25만 병력을 여러 방면으로 나누어 공산당의 심장이며 공산당군의 총지휘본부 연안을 향해 진격했다. 국민당은 마오쩌뚱을 없애버리겠다고 큰소리쳤다. 류보청과 덩샤오핑이 국민당과 맞서 싸웠다. 1947년 내전이 시작된 후로 1년 동안 류보청과 덩샤오핑은 43개현과 성을 해방시켰고, 국민당군 30여개 여단 30만여 명을 섬멸했다. 패전으로 국민당군은 줄었고, 공산혁명 성공으로 공산당군은 늘었다.

대결전에서 승리하다

공산군은 전쟁마다 승승장구했다. 그러나 광활한 중국을 손에 넣기에는 갈 길이 멀었다. 공산당군은 대결전을 계획했다. 그것은 1948년 9월부터 1949년 1월까지 진행된 요심(遼瀋), 회해(淮海), 평진(平津)을 중심으로 한 3대 전쟁이었다.

첫 번째 전쟁은 중국 동북의 요녕 심양 지역에서 단행된 '요심 전쟁.' 동북은 공산당이 97% 이상을 지배하고 있었고, 공산당군 가운데 병력이 가장 막강하고 장비 또한 가장 우수했다. 52일간의 작전을 통해 공산군은 6만 9천여 명이 전사했으나 국민당군은 33개 사단의 47만 2천여 명이 죽었다. 이 전쟁으로 국민당군은 290만 명으로 줄었고, 공산당군은 오히려 300만 명으로 증가했다.

두 번째 전쟁은 '회해 전쟁.' 회해 전쟁 싸움터는 황하-회하 평원의 강소, 안휘, 산동과 하남 4개성의 인접지 부근이다. 장제스가 회해 전쟁에 투입한 병력은 29개 군단 70개 사단에 다른 부대까지 합쳐 모두 70만여 명에 이르렀다. 마오쩌둥은 유백승, 진의, 덩샤오핑, 속유, 담진림 5명이 총전방위원회를 구성하고, 덩샤오핑이 총전방위 서기직을 맡도록 했다. 마오쩌둥은 "이 지역에서 승리하면 장강 이북의 형세뿐만 아니라 전국적인 형세도 대체로 결정될 것이다"고 내다보았을 만큼 이 전쟁의 승리는 중요했다.

1948년 11월에 전쟁이 시작되었다. 전쟁은 승리의 중요성만큼이나 치열하게 진행되었다. 장제스군이 공산당군에게 밀려 30만여 명이 철수했다. 철수는 곧 패배로 이어졌다. 12병단 10만여 명이 섬멸되었고, 국민당의 핵심 부대 사령관 황유도 사로잡혔다. 이로써 회해 전쟁도 승리로 끝났다. 회해 전쟁은 66일 동안 치러졌는데, 공산당은 13만 4천여 명의 사상자가 났고 국민당군은 55만여 명이 섬멸되었다. 회해 전쟁은 유일하게 3대 전쟁 중 병력이 적군보다 적은 상황에서 진행되었는데, 덩샤오핑이 전쟁의 조직과 지휘 공작을 맡았다.

세 번째 전쟁인 경진 전쟁. 이는 쉽게 승리했다.

1948년 9월부터 1949년 1월까지 진행된 3대 전쟁은 중국 전쟁사에서 전례가 없고, 세계전쟁사에서도 드문 일이라고 한다. 이는 마오쩌뚱의 전략과 덩샤오핑의 지휘에 힘입어 얻은 결과로 평가되었다. 3대 전쟁이 끝난 후에 열린 제7기 제2차 전원회의에서 덩샤오핑은 공산당 본부 화동국 제1서기로 승진했다.

중화인민공화국이 탄생하다

1949년 9월 21일에 제1차 중국인민 정치협상회의가 중남해의 환인당에서 성대하게 열렸다. 각계각층의 대표들이 모였다. 회의에서 마오쩌뚱이 선포했다.

"전 세계 인구의 4분의 1을 차지하는 중국인민이 이로부터 일어섰다."

회의에서 대표들은 거수가결 형식으로 중화인민공화국 국기와 국가를 채택하고 임시헌법의 형식을 띠는 '공동강령'을 채택했다. 또 북경을 중화인민공화국의 수도로 확정하고, 제1기 중앙인민정부를 선거로 구성하고, 마오쩌뚱을 중화인민공화국의 중앙인민정부의 주석으로 선출했다. 1949년 10월 1일, 중화인민공화국이 탄생했다.

정치가로서 덩샤오핑의 삶

중화인민공화국 탄생 후 덩샤오핑의 정치 활동을 정리한다.

덩샤오핑, 전쟁 승리로 서남지방에서 왕 노릇하다

류보청·덩샤오핑의 대군은 거칠 것 없는 기세로 서남으로 진군하여 국민당군의 잔여부대 90만여 명을 소멸하고, 서남 지구에서 만행을 일삼던 토비(土匪) 90만여 명도 궤멸했다. 드디어 동서남북이 중화인민공화국으로 통일되었다.

중국은 서북, 서남, 화동, 중남, 화북, 동북 6대 행정구역으로 나뉘었다. 덩샤오핑은 서남지방의 제1서기가 되어 쓰촨(四川)·꾸이저우(貴州)·윈난(雲南)·시찡(西藏)을 다스렸다. 딸 덩룽은 이렇게 썼다.

"아버지는 쓰촨으로 돌아왔다. 29년 전에 중경의 강변 부두에서 등희현이라고 부르는 16세 소년이 길경호를 타고 끊임없이 흐르는 양자강의 물결을 따라 쓰촨을 떠나, 먼 바다를 건너 인생의 첫 여정을 시작했었다. 29년 후에 그 등희현이 덩샤오핑이라는 이름으로 대군을 거느리고 쓰촨을 해방시키는 수석 지휘관이 되어 오리라고 그 누가 상상이나 했겠는가."

서남지구 제1서기 덩샤오핑은 45세 중년이었다. 그는 1952년에 중앙정계에 등장할 때까지 중국 서남지방의 실질적인 왕이 되어 거주지 충칭에서 권세를 누리며 호화롭게 살았다.

중앙 정치무대에서 활약하다

1952년에 덩샤오핑은 마오쩌둥의 부름을 받아 중앙정계로 진출했다. 그는 마오쩌둥, 류샤오치, 저우언라이의 후원 아래 중국 최고 지도자 중 하나로 자리 잡았다. 1955년에 그는 중국공산당 제7기 중앙위원회 제5차 전체회의에서 중앙정치국원으로 선출되었고, 1956년에 중국공산당 제8기 중앙위원회 제1차 전체회의에서 중앙정치국 상무위원 및 중앙위원회 총서기로 당선되었다.

마오쩌둥의 대약진운동과 덩샤오핑의 2차 실각

1933년에 덩샤오핑은 마오쩌둥을 지지했다는 이유로 1차 실각을 당했다. 1969년에 그는 마오쩌둥의 반대편에 섰다는 이유로 2차 실각을 당해 3년 이상 유배생활을 했다. 2차 실각은 마오쩌둥이 1958~1960년 동안에 추진한 대약진운동(大躍進運動, The Great Leap Forward)과 관련된다.

마오쩌뚱은 사회주의경제 건설을 위해 제1단계 계획(1949~53)인 자본 몰수와 토지 개혁이 마무리되자 제2단계 계획으로 제1차 5개년 계획(1953~57)을 실시했다. 1957년에 제1차 5개년계획이 비교적 성공적으로 끝났다. 그러자 마오쩌뚱은 공산주의 이행 속도를 높여야 한다며 '자급자족 공산사회 건설'을 내세워 농업·공업 증산을 목표로 삼았다. 마오쩌뚱은 '식량과 철강 증산으로 15년 내에 선진국으로 도약하여 경제대국 2위인 영국을 따라 잡겠다'며 대약진운동을 펼쳤다.

그는 각 마을마다 식량 증산을 위해 집단농장인 인민공사를 설립하고, 철강 증산을 위해 용광로를 설치했다. 그러나 인민공사는 농업 효율성을 올리지 못했고, 생산된 철은 무용지물이 되었다. 대약진운동은 실패로 끝났다. 굶어죽는 사람들이 줄을 이었다. 정부가 공식적으로 발표한 비자연적 사망자 수가 2,158만 명, 여러 자료들이 발표한 추가 사망자수가 약 2천만 명, 모두 합하면 대약진운동으로 굶어 죽은 사람 수가 대략 3천만~4천만 명에 이르렀다.[38)]

대약진운동 실패는 정치적으로 큰 파장을 불러왔다. 1959년 7~8월 루샨에서 열린 중국공산당 정치국확대회의에서 국방장관 펑더회(彭德懷)가 대약진운동의 문제점을 지적하며 마오쩌뚱을 비판했다. 마오쩌뚱은 대약진운동과 관련하여 자신의 과오를 인정하면서도 70%는 옳았다고 주장했다. 마오쩌뚱은 류샤오치, 덩샤오핑 등과 연합하여 펑더회를 '우익 기회주의자'로 몰아 국방장관 자리에서 몰아냈다.

---

38) Naughton, B.(2007), *The Chinese Economy*, MIT. (이정구·전용복(2010, 서울경영, p.94.)

펑더회는 6·25 전쟁 때 한국에 파견된 중공군 최고 사령관이었다. 파장은 끊이질 않았다. 1959년에 마오쩌뚱이 대약진운동 실패로 국가주석을 사임한 것이다.

마오쩌뚱이 공식 직위에서 물러나자 류샤오치가 1959년 4월 제2기 전국인민대표대회 제1차 회의에서 중화인민공화국 주석으로 선출되었다. 총리는 저우언라이, 당총서기는 덩샤오핑이 맡았다. 같은 달 류샤오치는 제2기 국방위원회 주석에 임명되었다. 그 후 류샤오치는 1965년 1월 주석에 재선되었고, 같은 달 국방위원회 주석에도 임명되었다. 이 과정에서 류샤오치는 그동안 문제가 되었던 중국공산당의 좌경 정책을 비판하고, 경제 성장을 위해 시장경제정책을 도입했다.

대약진운동 실패는 마오쩌뚱 실각을 가져왔고, 그의 실각은 이어 문화혁명을 가져왔다. 1966년 8월 중국공산당 8기 11중전회(주: 中全會란 중앙위원회 전체회의를 뜻함)에서 '무산계급 문화대혁명에 관한 결정'이 채택되었는데, 이를 계기로 북경대에 '사령부를 공격하라'는 대자보가 붙었다. 이 대자보는 마오쩌뚱이 손수 쓴 것인데 이에 따르면, '당내에 마오쩌뚱을 수반으로 하는 당 중앙 외에 류샤오치, 덩샤오핑 등을 수반으로 하는 또 다른 자산계급 사령부가 있다'는 것이었다. 결론은 혁명으로 이들을 타도하자는 것. 1967년에 류샤오치와 덩샤오핑을 규탄하는 대회가 열렸다. 류샤오치는 '당내 제1 주자파(走資派; 자본주의 추종자)로, 덩샤오핑은 제2 주자파'로 몰려 각각 자신의 집에서 연금 당했다. 이어 마오쩌뚱은 홍위병(紅衛兵)으로 불린 학생 집단을 부추겨 자기 자신만을 제외하고, 보호막 뒤에 숨어있는 공산당 지도

부를 전복하도록 사주했다. 덩샤오핑은 장시성 난창시에서 3년 반 가까이 유배생활을 겪었다. 이는 그의 두 번째 실각. 마오쩌뚱의 지위를 위협한 류사오치는 하남성 개봉(開封)으로 유배되어 홍위병들에게 맞아 죽었다.

65세의 덩샤오핑은 부인 쥐린과 함께 장시성 난창 근교 트랙터 수리공장에서 노동자로 일했다. 그는 장시 유배생활 중 하루도 빠지지 않고 트랙터 수리공장에 출근했다. 그의 가족들은 '반동분자'라는 굴욕적 굴레를 쓰고 탄압을 받았다. 큰아들 덩푸팡(鄧朴方)은 홍위병에 의해 반신불수가 되었고, 가족들은 모두 시골로 쫓겨 가 노동에 종사해야 했다. 이런 여건에서 그는 성실성, 낙관적 생활태도로 유배생활의 고통을 이겨냈다.

덩샤오핑이 2차 실각에서 벗어나게 된 과정은 흥미롭다. 딸 덩룽은 아버지의 1차 실각이 "아버지의 정치 생명을 결정하는 매우 중요한 요소로, 그것도 긍정적인 요소이며 적극적인 요소가 되었다"고 썼다. 덩의 행적이 이를 입증할 수 있을 것이다. 1966년에 문화혁명이 일어났고, 1967년에 덩샤오핑이 주자파로 몰려 숙청당했다. 공산당 헌법에 마오쩌뚱 후계자로 명기된 린뱌오(林彪)가 급히 권력을 빼앗으려고 1971년에 마오쩌뚱을 살해하려다 미수로 그친 사건이 일어났다. 린뱌오는 범행이 발각되자 비행기를 타고 도망가다가 비행기 사고로 죽었다. 유배 중이던 덩샤오핑은 1972년에 린뱌오의 범죄 행위를 알고 몹시 격분하여 마오쩌뚱에게 자기의 견해를 편지로 써서 보냈다.

마오쩌둥은 덩샤오핑의 편지를 읽고 1972년 8월 14일에 서면 지시를 내렸다.

"덩샤오핑 동지가 범한 오류는 엄중하다. 그러나 류샤오치와는 구별되어야 한다. …. 첫째, 그는 중앙 소비에트 구역에 있을 때 많은 타격을 받았다.(주: 마오를 지지했다는 이유로 당한 1차 실각) 둘째, 그는 역사적으로 문제가 없다. 셋째, 그는 … 많은 전공(戰功)을 세웠다."

마오쩌둥의 서면 지시에는 덩샤오핑 사면(赦免)이 암시되어 있다. (어떤 글에서는 덩샤오핑의 2차 사면은 저우언라이가 마오쩌둥에게 진정해서 이뤄졌다고 함) 덩샤오핑에게는 다행한 일로, 1973년에 중국경제가 파탄에 처했다. 경제를 염려한 마오쩌둥이 덩샤오핑을 베이징으로 불렀다. 마오쩌둥은 문화혁명으로 피폐해진 중국경제를 되살리기 위해 실용정책을 실시하려고 했다. 덩샤오핑의 2차 사면.

그런데 그는 곧 3차 실각을 당하고 만다. 그 이유는 마오쩌둥이 결정한 것은 신성불가침이라는 원칙을 부인했기 때문이다.[39]

1976년 1월 8일에 영원한 총리 저우언라이가 사망하자 베이징 시민들이 천안문 광장에 모여 추도회를 가졌다. 사인방(왕홍문, 장춘교, 강청, 요문원)은 추도회를 제한하고, 저우언라이를 추모하는 화환을 치워버렸다. 시민들은 분개했고, 3월 난징을 시작으로 사인방을 비판하는 대자보가 붙기 시작했다. 4월 5일에는 천안문 광장에서 100만 명 이

---

39) 해리슨 E. 솔즈베리(1992), 『새로운 황제들』(박월라·박병덕 역(2013), 다섯수레, p.537.)

상이 모여 저우언라이를 추도했다. 이 천안문 사건[40]은 사실상 사인방과 문화혁명에 대한 반대이고, 저우안라이와 덩샤오핑에 대한 지지였다.

사인방은 천안문 사건을 반혁명 사건이라 규정하고 탄압했다. 사인방은 천안문 사건의 배후는 덩샤오핑이라며, 그의 지위를 모두 박탈해 버렸다. 저우언라이 장례식장에서 조사(弔辭)를 읽은 것을 마지막으로 덩샤오핑의 모습은 공식석상에서 사라졌다. 이것이 그의 3차 실각.

그러나 3차 실각은 오래 가지 않았다. 중화인민공화국을 건국한 마오쩌둥이 1976년 9월 9일에 죽은 것이다.

사인방과 결투를 벌여 정권을 잡다[41]

마오쩌둥은 덩샤오핑을 100% 믿지는 않았지만 자신의 사후에 덩샤오핑이 중국에 꼭 필요한 인재라는 점은 믿었다고 한다. 마오쩌둥은 사망을 앞두고 화궈펑(華國鋒)을 후계자로 결정했다. 덩샤오핑을 후계자로 지명한다면 자신이 추진한 문화혁명을 뒤집을 가능성이 컸기 때문에 자신의 고향 후배요 무색무취한 화궈펑을 선택한 것이다.

1976년에 마오쩌둥이 병석에 누워 있을 때 중국공산당은 차기 당

---

40) 1976년 천안문 시위는 1차 천안문 사건, 1990년 천안문 시위는 2차 천안문 사건이라고 부른다.

41) 박형기는 덩샤오핑이 권력을 잡기 직전의 상황을 잘 묘사하고 있어서 이를 활용한다. 또 솔즈베리의 『새로운 황제들』(pp.528~531)도 참조했다.

권을 놓고 사인방 등 강경파와 덩샤오핑 등 온건파가 치열한 권력다툼을 벌였다. 마오쩌뚱 사망 직전 덩샤오핑은 국방장관 예젠잉(葉劍英)의 주선으로 베이징을 몰래 빠져나가 광저우(廣州)에서 피신하고 있었다. 이렇게 해서 덩샤오핑은 사인방의 암살공격을 피할 수 있었다. 그러는 동안 덩샤오핑 일당은 국방장관을 중심으로 당내 원로세력과 군세력을 포섭하는 데 주력했다. 예젠잉은 덩샤오핑과 쿠데타를 협의하고 사인방 세력을 제거하기로 계획했다.

1976년 9월 마오쩌뚱의 사망이 임박했다. 장칭은 9월 5일에 상하이에서 마오쩌뚱이 위독하다는 연락을 받고 베이징으로 달려왔다. 9월 9일에 마침내 마오쩌뚱이 사망했다. 장칭은 먼저 중앙정치국 결의를 통해 덩샤오핑의 당원 자격을 박탈하려고 시도했지만 실패했다. 그러는 사이 덩샤오핑의 세력은 쿠데타 준비를 완료하고, 상하이에 기반을 둔 사인방 세력을 베이징으로 끌어들이는 전략을 꾸몄다. 예엔징은 마지막으로 후계자 화궈펑을 면담하고 덩샤오핑의 지지를 요구했다. 화궈펑은 마지막까지 요리조리 버티다가 예엔징과 그의 배후세력인 군부를 과소평가할 수 없어서 장칭을 버리고 덩샤오핑을 선택했다.

예엔징의 쿠데타 세력은 거사 일자를 1976년 10월 6일로 잡고, 사인방 세력을 베이징으로 유인했다. 10월 6일에 베이징에서 마오쩌뚱 선집 제5권의 최종교정본을 승인하기 위한 중앙정치국 상무위원회가 열렸다. 예엔징, 화궈펑 등은 사인방 멤버를 기다렸다. 회의장에 들어오는 왕흥원(王洪文), 장춘차오(張春橋), 야오원위엔(姚文元)을 달려들어

포박했다. 이어 경호부대들은 장칭이 머물고 있는 중남해로 달려갔다. "마오쩌뚱 주석의 시신이 아직 식지도 않았다"며 반항하는 장칭을 체포함으로써 사인방은 일망타진되었다. 남은 사람은 화궈펑뿐이었다.

덩샤오핑과 화궈펑과의 마지막 권력다툼은 범시론(凡是論; 마오쩌뚱이 무조건 옳다는 논리)과 실사구시론(實事求是論) 이념논쟁으로 승패가 갈렸다. 범시론이란 '마오이즘이 무조건 옳다'는 논리인데, 그 주창자는 화궈펑이었다. 그런데 1978년 4월경부터 '실천은 진리를 검증하는 유일한 표준(標準)이다'는 글이 당 기관지에 실렸다. 이는 '이론은 실천에 의해서만 검증될 뿐 기존에 진리(주: 凡是論)라고 여겨진 것이 이론이 될 수 없다'는 것이었다. 이 글의 의도는 화궈펑 공격이었다.

1978년 11월에 덩샤오핑을 비롯한 당 원로들은 1976년 천안문사건과 문화혁명 기간 중에 피해를 입은 사람들의 명예를 회복시켜줄 것을 화궈펑에게 요구했다. 11월 26일에 천안문 사건은 '반혁명사건'이라는 규정이 '혁명사건'으로 수정되고, 문화혁명 기간 중에 여러 가지 사건의 진상이 밝혀지고, 류샤오치 등 피해자들이 명예를 회복했다.

12월 13일에 덩샤오핑은 공산당 중앙공작회의 폐막식에서 "당은 사상해방, 실사구시로 일치단결하여 전진하자"고 발언했다. 범시론을 부정하고 실사구시(實事求是)를 강조한 발언이었다. 덩샤오핑은 한 번도 화궈펑을 물러나라고 말하지 않았지만 화궈펑은 물러날 수밖에 없었다. 덩샤오핑이 실권을 잡았다.

1978년 12월 18일에 베이징에서 중국공산당 11기 3중전회가 열려, 덩샤오핑의 최종 승리가 선언되었다. 마오쩌둥 시대가 가고, 덩샤오핑의 개혁개방 시대가 공식적으로 개막되었다.

4

덩샤오핑, 개혁개방정책 추진하여 성공하다

덩샤오핑은 개혁개방정책을 추진하여 굶어죽는 나라 중국을
경제대국 G2로 이끌었다. 그의 개혁개방정책을 이야기한다.

◆
◆

리콴유에게서 경제발전 전략을 훈수 받다

리콴유 편에서 쓴 이야기. 리콴유는 중국에 대해 지대한 관심을 가
졌다. 싱가포르의 장기 발전은 중국과 밀접하게 관련된다고 생각했
기 때문이다. 리콴유는 싱가포르가 중국 발전에 편승하지 못하면 금
방 뒤처질 것이라고 생각했다. 덩샤오핑은 1978년에 권력을 잡기 직
전 4인방과 피 말리는 권력투쟁을 벌이는 과정에서도 중국을 하루 빨
리 변화시키고자 싱가포르를 방문했다. 국가 주도의 자본주의적 경제
개발 프로그램을 리콴유에게서 배우기 위해서였다.[42]

싱가포르의 발전상을 둘러본 덩샤오핑은 리콴유가 이룩한 성과를
극찬했다. 이를 놓고 리콴유는 후에 이렇게 썼다.

---

42) Tom Plate(2012), *Giant of Asia: Conversations with Lee Kuan Yew*, Marshall
Cavendish International. (박세연 역(2013), 『리콴유와의 대화』, RHK, p.88).

"중국은 우리가 과거에 그들을 도와주었다는 사실을 기억하고 있습니다. 덩샤오핑이 1970년대에 싱가포르를 방문하지 않았더라면, 그리고 서구의 다국적기업들이 진출하여 창조해놓은 부를 두 눈으로 확인하지 않았더라면, 덩샤오핑은 아마도 빗장을 열지 않았을 것입니다. 이후 그는 해안 지역을 중심으로 형성되어 있던 경제특구를 열었고, WTO에 가입하면서 본격적인 개방의 시대로 나아갔습니다."[43]

리콴유는 또 '시장경제의 원리'를 얘기했다고도 썼다.

"나는 덩샤오핑에게 공산주의 시스템은 모든 구성원이 자기 자신과 가족이 아니라, 다른 사람들을 위해 기꺼이 희생하려고 할 때에만 제대로 움직일 수 있다는 말을 했습니다. 하지만 우리는 모든 구성원이 오로지 자기 자신과 가족을 위해서 일할 수 있는 시스템을 구축하였습니다. 그런 때라야만 사람들은 자신보다 더 못 가진 자들과 가까이 함께 나누고자 합니다. 우리는 바로 이러한 시스템을 기반으로 일하고 있습니다."[44]

덩샤오핑은 싱가포르에서 무엇을 보고 배웠을까? 그는 크기가 중국과 비교도 안 될 만큼 작은 나라 싱가포르가 이룩한 눈부신 경제발전, 그 원동력은 '시장경제'이고, 서구의 다국적 기업을 통한 엄청난 해외 직접투자 유치, 그 원동력은 경제개방이라는 것을 배웠을 것이다.

43) Lee Kuan Yew(2000), *From Third World To First*, Harper Collins Publishers Inc.. (류지호 역(2001), 『내가 걸어온 일류국가의 길』, 문학사상사, p.89.)

44) 전게서, p.90.

개혁개방사상의 핵심은 '흑묘백묘론과 남순강화'

덩샤오핑의 개혁개방사상은 '흑묘백묘론(黑猫白猫論)'에 나타나 있다. 또 덩샤오핑이 남부지방을 순회하면서 말한 '남순강화(南巡講話)'에도 나타나 있다.

• '흑묘백묘론(黑猫白猫)': 이는 덩샤오핑 개혁개방사상의 캐치프레이즈다. 흑묘백묘론은 '흑묘백묘 주노서 취시호묘(黑猫白猫 住老鼠 就是好猫)'의 줄임말이다. '흑묘백묘론'은 본래 덩샤오핑의 고향인 쓰촨성의 속담인데, 1958년에 마오쩌뚱이 도입한 대약진운동이 실패하여 굶어죽은 사람이 3천만~4천만여 명에 이르자 덩샤오핑이 대약진운동의 후유증을 치유하기 위해 제시한 말이다. 이는 검은 고양이든 흰 고양이든 쥐만 잘 잡으면 좋은 고양이라는 뜻이다. 1971년에 '미·중 핑퐁 외교'가 성사되어, 덩샤오핑이 집권 다음해인 1979년에 미국을 방문하여 공식 수교가 체결된 직후부터 이 말은 널리 알려지게 되었다. 그래서 '흑묘백묘론'은 자본주의든 공산주의든 중국 인민을 잘 살게만 하면 된다는 뜻으로 통한다. '흑묘백묘론'은 덩샤오핑이 사회주의 중국경제에 자본주의 요소를 도입하겠다는 것으로, 그가 주창한 개혁개방의 기본 원리이고, 통치철학이다.

• 선부론(先富論): 이는 덩샤오핑이 1978년 12월 중국공산당 중앙공작회의 폐막 연설에서 한 말로, "능력 있는 사람이 먼저 부자가 되어, 낙오된 사람을 도우라"라는 뜻이다. 그런데 후진타오 주석이

2005년에 당의 강령을 선부론에서 균부론(均富論)으로 바꾼 후 지금은 이 말이 쓰이지 않는다.

• 남순강화(南巡講話): '남순강화'란 88세의 덩샤오핑이 1992년 2월 춘절을 전후해 광둥성, 상하이 등 남부지방의 경제특구를 순회하면서 한 연설이다. 그의 연설의 일부를 인용한다.[45]

"개혁개방만이 중국의 유일한 살 길이다. 개혁을 하지 않으면 죽음이 기다리고 있을 뿐이다. 개혁에 반대하는 사람은 누구든 물러나야 할 것이다."

"광둥성은 앞으로 20년 내에(주: 1992년에 한 연설로 '2012년 이전'을 뜻함) 타이완, 한국, 홍콩, 싱가포르 등 아시아의 네 마리 용을 따라 잡아야 한다. 그들 사회의 썩은 분위기는 받아들이지 말고…."

"자본주의가 하고 있는 많은 것들은 사회주의도 가져다 쓸 수 있는 것들이다. 가난이 사회주의는 아니다. 시장경제는 자본주의의 전유물이 아니다."

개혁개방을 본격적으로 추진하다

정권을 잡은 덩샤오핑은 마오쩌둥과 문화혁명에 대한 평가를 피해 갈 수 없었다. 그는 "천안문 광장에 마오쩌둥 초상화가 영원히 걸려 있을 것"이라는 말로 새로운 중국을 건설한 마오쩌둥의 업적을 인정

---

45) 해리슨 E. 솔즈베리(1992), 『새로운 황제들』. (박월라·박병덕 역(2013), 다섯수레, p.655.)

하고, 자신이 그의 계승자임을 분명히 했다. 이어 그는 1978년 12월 공산당 제11기 3중전회에서 개혁개방정책의 필요성을 제기한 후 이를 실천에 옮겼다.[46]

• 덩은 인재부터 구했다. 문화혁명으로 유배되었거나 감옥에 간 능력 있는 인사들을 다시 불러들였다. 이렇게 하여 개혁개방의 삼총사가 만들어졌다. 이들은 덩샤오핑, 주룽지 전 총리, 롱이런이다. 개혁개방 비전을 제시한 덩샤오핑을 '개혁개방의 총설계사'라고 한다면 그 비전을 실천한 주룽지를 '개혁개방의 집행자(CEO)'라고 할 수 있고, 개혁개방의 이념을 해외 화교사회에 전파한 롱이런을 '개혁개방의 전도사'라고 할 수 있다. 주룽지는 1990년대에 급격한 경제성장으로 인플레이션이 발생하자 중국경제를 고성장·저인플레이션 구조로 정착시킨 사람이다. 롱이런은 1949년 공산당이 들어서자 자산가들이 대부분 홍콩 등으로 도망갔지만 남아서 상하이를 지켰고, 재산마저 공산당에 헌납한 '붉은 자본가'로 알려진 사람이다. 롱이런은 자신을 개혁개방의 전도사로 내세우며 공산 중국에 화교자본을 유치하고자 선봉에 섰다. 그 결과를 박형기는 이렇게 썼다.

"덩샤오핑이 개혁개방을 선언하자 '한번 중국인이면 영원한 중국인'이라는 말을 증명이라도 하듯이, 해외 화교들은 공산 중국에 막대한 '시드 머니(seed money)'를 제공했다. 막상 개혁개방을 선언했지만 자본이 없는 중국 공산당에게 화교자본은 가뭄의 단비였고, 이를 종

46) 박형기는 덩샤오핑의 개혁개방정책을 잘 정리해 주어, 이를 인용한다.

자돈으로 중국은 단기간에 급성장할 수 있었다. 개혁개방 초기에 중국에 유입된 해외직접투자 대부분이 화교자본이었고, 지금도 3분의 1이 화교자본이다."

• 덩샤오핑은 농업개혁으로 시장경제 원리가 바탕이 되는 농가청부제(農家請負制), 개체호(個體戶), 향진기업(鄕鎭企業)을 도입했다.

농가청부제는 제도화되기 전 덩샤오핑과 함께 일한 적이 있는 완리라는 사람이 실시했다. 1977년에 완리는 기근이 가장 심한 농촌으로 들어갔다. 그는 기근 문제 해결을 위해 마오쩌둥의 인민공사부터 쓸어냈다. 인민공사는 마오쩌둥 시대의 유물로, 공동생산·공동분배였기 때문에 생산성이 오를 리 없었다. 완리의 기여로 이 제도는 삽시간에 중국 전체로 보급되었다.[47]

이 제도 실시로 농업 생산성이 크게 오르게 된 것을 안 덩샤오핑은 1982년에 공식적으로 인민공사를 해체하고, 일부 유휴지를 개인이 경작할 수 있도록 각 농가에 할당해 주는 농가청부제를 도입했다. 농민들은 국가와의 개별적인 계약을 통해 곡식을 국가에 팔았고, 그 나머지는 시장에 팔 수 있었다. 처음으로 농민들은 자기 땅에서 이윤을 내면서 정성껏 농사할 기회를 갖게 되었다. 시장경제의 핵심원리인 개인의 이윤 동기를 자극한 이 정책은 보기 좋게 성공했다. 농업개혁이 추진된 1978년 이후 농업생산성이 껑충 뛰어올랐다. 이 결과 중국은 1992년경부터 굶어죽는 사람이 사라지게 되었다.

덩샤오핑은 개체호라는 자영업 개념을 도입했다. 개체호는 중국의

---

47) 해리슨 E. 솔즈베리(1992), 『새로운 황제들』 (박월라·박병덕 역, 다섯수레, p.544.)

도시지역에서 상공업에 종사하는 종업원 7명 미만의 자영업자들을 말한다. 문화혁명기에는 '자본주의의 찌꺼기'라고 비판의 대상이 되었으나 덩샤오핑의 시장경제 활성화 정책에 힘입어 도시에서 개체호 수는 급증했다. 개체호 역시 개인의 이윤 동기를 자극한 정책으로, 개혁개방 초기 중국이 나아가야 할 '사회주의 시장경제'의 방향을 보여준 제도였다.

덩샤오핑은 향진기업을 도입했다. 향진기업은 '농촌은 농업을, 도시는 공업을 담당한다'는 고정관념을 타파한 것으로, 농촌의 부업을 장려하여 농가소득을 높이기 위해 도입된 제도다. 향진기업 역시 개인의 이윤 동기를 자극한 정책으로, 농촌인구의 도시집중을 억제하고 농촌 현대화를 촉진하는 데 기여했다.

대외개방을 위해 경제특구를 설치하다

덩샤오핑은 1978년에 농업 부문에서 시도한 시장경제가 성공을 거두자 본격적으로 대외개방을 추진했다.

• 덩샤오핑은 농업부문에서 시도한 시장경제 실험이 성공하자 개방정책으로 방향을 돌렸다. 그는 미국과 일본의 자본과 기술을 받아들이기 위해 수교부터 맺었다. 1978년에는 한 때 전쟁을 벌였던 일본과 중일우호조약을 맺고, 1979년 1월에는 미국으로 날아가 미국과 정식으로 국교를 수립하여 미국으로부터 관세최혜국(MFN, Most

Favored Nation) 지위를 얻어냈다. 이렇게 하여 덩샤오핑은 개방을 위한 발판을 갖춰갔다

• 개혁개방 정지(整地)작업을 마무리한 덩샤오핑은 개혁개방의 상징인 특구를 설치했다. 중국의 특구설치는 점 개방→선 개방→면 개방→전방위 개방 단계로 진행되었다. 덩샤오핑은 경제적 충격을 최소화하기 위해 동남연해 지역부터 단계적으로 개방하기 시작해 내륙 서부까지 완전히 개방하는 방법을 썼다.

점 개방 단계는 1979~1983년 시기로, 광둥성의 선전, 주하이, 산터우, 그리고 푸지엔성의 샤먼에 이르는 4대 경제특구가 설치되었다. 특구라는 아이디어를 직접 낸 덩샤오핑은 1984년 초 이들 특구를 순시한 후 특구 설치가 성공했음을 확인한 후에 경제특구 확대를 촉구했다. 이후 특구 설치는 일사천리로 진행되었다.

선 개방 단계는 1984~1987년 시기로, 공산당은 14개 연해지역의 주요 항만도시를 개방도시로 지정했고, 양자강삼각주, 주강삼각주를 개방지역으로 지정했다.

면 개방 단계는 1988~1991년 시기로, 산동반도, 요동반도 및 환발해권을 개방지역으로 지정했고, 중국 최남단 섬인 하이난도를 성으로 승격해 다섯 번째 특구로 지정했다.

전방위 개방은 1992년 덩샤오핑의 남순강화(南巡講話) 이후 서부 내륙지역까지 이뤄졌다. 전방위 개방을 끝으로 중국 대륙은 완전히 개방되었다.

해외직접투자 유입이 '중국 굴기(崛起)'의 원천이 되다

중국이 대외개방을 단행하자 서구 자본은 중국으로 몰려들었다. 개혁개방 전 외국자본은 주로 차관이었고 그 액수는 적었으나 개혁개방 이후에는 해외자본이 해외직접투자 형태로 들어왔다. 차관은 갚아야 하지만 해외직접투자는 갚을 필요가 없기 때문에 효과적인 외자유치 방법이다.

해외직접투자는 개혁개방이 추진된 1978년 이전에는 제로 상태였으나 1999년 이후에는 매년 400억 달러 이상이 유입되었고, 2017년에는 1,363억 달러 유입을 기록했다. 이렇게 해마다 쌓이고 쌓인 해외직접투자 유입액 저량(貯量, stock)은 2017년에 무려 1조 4,909억 달러에 이른다. 이 엄청난 해외자본이 그동안 중국의 싼 임금, 싼 토지 임대료와 결합하여 시너지효과를 발휘한 결과 중국은 고도성장을 이룩할 수 있었고, 그 덕분에 세계는 '중국'이라는 생산기지를 확보할 수 있게 되었다. 유입된 해외직접투자는 '중국 굴기(崛起)'의 원천이다.

5
덩샤오핑의 업적

덩샤오핑은 1997년 2월 19일에 죽었는데, 그는 죽기 전에 중국이 경제규모에서 50년 내에 미국을 따라잡을 것이라고 전망했다. 그 시기는 아마 2045년경일 것 같다. 그런데 그 시기가 크게 앞당겨졌다. 그 시기를, 나는 2027년경으로[48], 미국 블룸버그 통신은 최근 2028년경으로 내다보았다. 덩샤오핑은 '남순강화'를 마친 후 앞의 전망을 했는데, 그는 중국이 고도성장을 지속하리라고 확신했기 때문에 그런 전망을 했을 것이다. 이 같은 전망에는 덩샤오핑의 '가난 극복 비전'이 배어 있다.

'흑묘백묘론'으로 '가난 극복 비전'을 실현하다

덩샤오핑의 통치철학은 '흑묘백묘론'이다. 덩샤오핑은 마오쩌뚱이 1958년에 도입한 대약진운동이 실패하여 3천만~4천만여 명이 굶어 죽는 것을 보고 그 후유증을 치유하기 위해 회의석상에서 '흑묘백묘론'을 제시했다. 이 말은 덩샤오핑이 집권 다음해인 1979년에 미국을 방문하여 중미수교가 체결된 직후부터 널리 알려지게 되었다.

'흑묘백묘론'은 자본주의든 공산주의든 중국 인민을 잘 살게만 하면 된다는 뜻이다. 이런 비전을 가졌기 때문에 덩샤오핑은 1978년에 정권을 잡자마자 바로 농업부문에서 시장경제를 실험했고, 이 실험에 성공하자 본격적으로 개혁개방정책을 추진한 것이다. 덩샤오핑은 1990년대 초 광둥성, 상하이 등 남부지방을 순회하면서 자신이 도입

---

48) 박동운(2012), 『좋은 정책이 좋은 나라를 만든다!』, FKI미디어, p.40.

한 개혁개방정책이 결실을 맺은 것을 보면서 '남순강화'를 남겼다.

"자본주의가 하고 있는 많은 것들은 사회주의도 가져다 쓸 수 있는 것들이다. 가난이 사회주의는 아니다. 시장경제는 자본주의의 전유물이 아니다."

남순강화는 덩샤오핑이 자신의 비전이 실현되었음을 스스로 입증한 것이다.

굶어죽는 나라 중국을 잘 사는 나라로 만들다

덩샤오핑이 개혁개방을 추진한 1978년에 중국의 1인당 국민소득은 223달러로, 세계 평균(2,225달러)의 10.0%였다. 그런데 중국은 고도성장의 결과 1인당 국민소득이 2016년에 7,963달러로 껑충 증가하여 세계 평균(10,153달러)의 78.4%에 이르렀다. 중국의 소득 증가 속도는 매우 빠르다.

일찍이 중국을 '잠자는 사자'로 표현한 나폴레옹은 중국이 깨어나면 세계를 놀라게 할 것이라고 예언했다. 아놀드 토인비도 21세기는 중국의 세기가 될 것이라고 예언했다. 나폴레옹과 토인비의 예언대로, '중국 굴기(崛起)'는 지금 세계를 놀라게 하고 있다. '중국 굴기'는 덩샤오핑의 전망대로 머지않아 중국이 경제규모에서 미국을 넘어 G1이 되게 할 것이고, 이에 따라 중국의 1인당 국민소득도 빠르게 증가하게 될 것이다.

천안문 사건, 덩샤오핑의 업적에 치명적 오점을 남기다

　덩샤오핑은 역사에 오점을 남겼다. 천안문 사건이다. 1989년 1월 6일에 반체제 물리학자 팡리즈가 덩샤오핑에게 10년 전에 체포된 웨이징성(魏京生)의 특별사면과 모든 정치범 석방을 촉구하는 편지를 보냈다. 팡리즈의 용기에 자극받은 젊은 지식인 33명이 같은 해 2월 13일에 중공 중앙에 민주화를 요구하는 공개서신을 보냈다. 이 사건은 중국 정부의 언론 통제 때문에 국내에는 공개되지는 않았지만 외국 통신사를 통해 국내에 빠르게 알려졌다. 국내외 학자들 42명이 33명의 공개서신에 동참했다. 민주화 요구가 점증하고 있는 가운데 1989년 4월 8일에 중남해에서 소집된 공산당 중앙정치국회의에 참가한 후야오방이 갑자기 심장병으로 쓰러져 4월 15일에 세상을 떠났다. 후야오방은 1987년에 학생들의 민주화 요구 시위로 물러났기 때문에 일반인들은 그가 억울하게 숙청되었다고 생각했다. 사람들은 중공 중앙이 후야오방에게 공정한 평가를 내려주어야 한다고 요구하기 시작했다.

　베이징 학생들이 1989년 4월 17일부터 후야오방을 애도하는 시위에 들어갔다. 4월 20일 이후에는 전국의 각 도시에서 학생들이 시위를 벌이기 시작했다. 4월 22일에 후야오방의 장례식은 예정대로 진행되었다. 장례식이 열린 인민대회당 밖에는 20만여 명의 시위 군중이 모였는데, 질서는 제대로 지켜졌다. 그러나 베이징 이외의 도시는 사정이 달랐다. 22일 저녁에 시안에서는 자동차에 불을 지르고 성(省)

정부를 습격하고 검찰청과 법원에 방화하는 소요사태가 발생했다.

후야오방의 장례 이후 학생 시위는 민주화운동이 아니라 정치운동으로 바뀌었다. 드디어 덩샤오핑 하야와 공산당 타도를 외치는 구호가 등장하기 시작했다. 시위는 요원의 불길처럼 전국으로 번졌고, 천안문 광장에는 수많은 시위대가 몰려들었다. 5월 15일에 고르바초프 소련 대통령이 중소회담을 위해 베이징에 도착했으나 17일에 발생한 100만 명이 넘는 대규모 시위 때문에 일정을 변경해야 했다. 이 정상회담을 취재하기 위해 입국한 외국 기자들이 천안문 사건을 전 세계로 알렸다.

당시 덩샤오핑의 입장은 단호했다. 경제발전을 위해서는 가장 중요한 것이 정치적 안정이기 때문에 공산당 일당독재가 흔들려서는 안 된다는 것이었다. 특히 그는 문화혁명 당시 홍위병이라 불리는 학생들에게 봉변을 당해야 했고, 그의 큰 아들은 홍위병들의 고문에 못 이겨 투신해 반신불수까지 되었다. 드디어 덩샤오핑은 무력진압을 명령했고, 이로 인해 덩샤오핑은 서방세계와 중국 민주화 그룹으로부터 마오쩌둥보다 더한 독재자라는 비판을 받게 되었다. 당시 실권을 쥔 리펑은 6월 3일 밤에 인민해방군 27군을 동원해 천안문 광장의 시위 군중을 무차별 살상한 끝에 6월 4일에 완전히 굴복시켰다. 천안문 사건은 마오쩌둥의 문화혁명처럼 덩샤오핑의 업적에 치명적인 오점을 남겼다.

'내 기념관 세우지 말고, 시신은 기증하라'

덩샤오핑은 생전에 자식들에게 이렇게 말했다.

"나는 일평생 재산을 모으지 않았다. 내가 죽은 후에 너희들은 자신의 능력에 의지해 살아가야 한다. 내가 가진 것은 100만 위안(1억 2000만 원)의 저작권료뿐이다. 덩샤오핑 문선 세 권을 발행한 전체 저작권료가 100만 위안인데, 전액을 교육 사업에 기부하겠다."

덩샤오핑은 자신이 죽은 후에 기념관을 세우지 말고, 동상을 만들지 말라고 유언했다. 그 대신 나무를 많이 심으라고 당부했다. 죽은 사람이 산 사람의 자리를 차지하는 것은 잘못이라며 나무를 많이 심을 것을 특별히 강조했다. 실제로 마오쩌둥의 동상은 중국 전역에 있지만 덩샤오핑의 동상은 그의 고향 쓰촨성을 제외하고는 어디에서도 찾아볼 수 없다고 한다.

덩샤오핑은 자신이 죽으면 각막과 장기는 기증하고, 유체는 중국 최고 병원인 301병원에 해부 연구용으로 내놓으라고 유언했다. 그는 유언에 따라 화장되었고, 유골은 바다에 뿌려졌다. 일세를 풍미한 영웅치고는 소박하기 그지없는 마지막이다.

덩샤오핑의 시신 기증 유언과 관련된 이야기. 중국 텐진(天津)에는 저우언라이기념박물관(周恩來記念博物館)이 있다. 1층 기념관 관람이 끝나면 복도는 2층으로 연결된다. 2층 중앙 전시실에는 대략 30㎝× 20㎝×20㎝ 크기의 저우언라이 부부의 유골함(遺骨函)이 테이블 위에 단정히 놓여 있다. 저우언라이는 죽기 전에 '중국은 땅이 좁으니 자신이 죽으면 화장하라'고 유언했다. 이를 계기로 중국은 화장법을 도입했다고 한다.

한국의 두 정치가 이야기. 이들은 경기도 용인에 조상 묘를 이장(移葬)하면 대통령이 된다는 지관(地官)의 말을 듣고 그렇게 했다. 한 분은 대통령이 되었고, 다른 한 분은 되지 못했다. 만일 그 정치가들이 저우언라이나 덩샤오핑처럼 화장(火葬)이나 산장(散葬)을 솔선수범했더라면 한국의 장사문화는 진즉 개선되었을 것이다.

6

중국경제의 현주소

중국경제의 현주소를 간략히 정리한다.

세계 제1의 고도성장으로 G2가 된 나라

• 중국은 1971~2017년간 연평균 성장률이 8.93%로 1위, 한국이 6.98%로 2위, 싱가포르가 6.93%로 3위다. 경제성장은 경제규모, 소득, 고용 등 대부분의 경제지표를 개선한다.

• 중국은 고도성장의 결과 굶어죽는 나라에서 세계 경제규모 2위인 G2로 발전했다. 중국이 덩샤오핑이 개방한 1978년에 세계경제에서 차지한 비중은 2.3%, 미국은 24.6%로 1위였다. 그러한 중국이 고도성장의 결과 2016년에는 그 비중이 14.5%로 G2, 미국이 이전과 같이 24.6%로 1위다.

중국이 경제규모에서 G2가 되기까지의 과정과 G1이 될 수 있는 연도를 보자.

G5: 2002년 중국〉프랑스   G4: 2005년 중국〉영국

G3: 2006년 중국〉독일   G2: 2009년 중국〉일본

G1: 2028년경[49] 중국〉미국

• 고도성장의 결과 중국의 1인당 국민소득은 빠르게 증가하고 있다: 1978년 223달러, 1988년 363달러, 1998년 802달러, 2008년 3,446달러, 2016년 7,963달러

1조5천억 달러의 해외직접투자로 고도성장 이룩하다

2017년까지 중국에 쌓인 해외직접투자는 무려 1조 5천억 달러나 된다. 이는 싼 임금, 싼 임대료와 결합하여 시너지효과를 발휘한 결과 중국을 세계 1위의 고도성장 국가로 이끌었다.

〈표 4〉은 해외직접투자로 고도성장을 이룩한 중국, 싱가포르, 아일랜드와, 비교 목적으로 포함된 한국의 해외직접투자 유입 저량(貯量; stock)을 나타낸 것이다. 중국은 약 1조 5천억 달러, 싱가포르는 약 1조 3천억 달러, 아일랜드는 약 9천억 달러인데, 한국은 겨우 2천3백억 달러다.

〈표 4〉 해외직접투자 유입 저량, 2017년 (단위 미 1억 달러)

나라	중국	싱가포르	아일랜드	한국
2017년	14,909.3	12,849.3	8,8016.7	2306.0

자료: UNCTAD.

---

49) 이 추계에서 필자가 사용한 수식은 다음과 같다. 중국의 2016년 실질 GDP$(1+rc)n$ = 미국의 2016년 실질 GDP$(1+ru)n$. 여기에서, 2016년 GDP는 불변가격으로 나타낸 것, rc는 중국의 연평균 성장률, ru는 미국의 연평균 성장률, n은 미국과 중국의 실질 GDP가 같아지게 될 연도.

세계 제1의 수출 국가

• 중국의 2017년 수출액은 2조4445억 달러, 세계 점유율은 10.7%로 세계 1위다. 2017년 수출 점유율 순위를 보자: 2위 미국 10.2%, 3위 독일 7.6%, 4위 일본 3.8%, 5위 프랑스 3.5%, 6위 영국 3.5%, 7위 네덜란드 3.4%, 8위 한국 2.9%.

• 중국의 '글로벌 500대 기업'에 포함된 기업 수는 세계 2위

2018년 포튠지가 선정한 '글로벌 500대 기업'에 포함된 기업 수는 미국 126개로 1위, 중국 111개로 2위, 일본 52개로 3위다. 한국은 16개로 7위. 중국은 1995년에 3개→2005년에 18개→2015년에 98개→2016년에 103개로 증가했다.

• 중국의 세계 수출 '1위 품목' 수는 1,693개로 세계 1위

2016년 세계 수출시장 1위 품목 순위: 1위 중국 1,693개, 2위 독일 675개, 3위 미국 572개, 4위 이탈리아 209개, 5위 일본 178개. 한국 71개로 13위.

7

덩샤오핑이 주는 교훈

덩샤오핑이 주는 교훈은 적잖다. 여기서는 덩샤오핑이 가난 극복이라는 비전을 갖고 개혁개방에 성공하여 중국을 가난에서 벗어나게 했고, 중국이 미국을 넘어 G1이 될 수 있다는 비전까지 제시했다는 것을 이야기한다.

◆
◆

덩샤오핑, 하이에크를 찾아가 '가난 극복' 방법을 묻다

덩샤오핑은 16살에 프랑스로 유학 가서 공부는커녕 먹고살기 위해 엄청난 고생을 했다. 그는 마오쩌둥이 도입한 대약진운동 실패로 3천만~4천만여 명이 굶어죽는 것을 경험했다. 중국은 1992년까지 굶어죽는 사람이 사라지지 않았다. 이러한 경험 때문에 덩샤오핑은 '가난 극복' 비전을 갖게 되었을 것이다.

덩샤오핑은 1970년대 어느 해에 자유주의자 하이에크를 찾아가 중국이 굶어죽지 않는 방법이 무엇이냐고 물었다고 한다.[50] 하이에크가 이렇게 대답했다고 한다.

"토지를 사유화하십시오."

덩샤오핑은 하이에크의 답변에서 시장경제의 중요성을 배웠을 것

---

50) 필자는 글을 통해 이 사실을 확인하지는 못했다.

이다. 덩샤오핑은 젊은 시절 프랑스 유학생활을 통해 자본주의를, 소련으로 가서 사회주의를 경험했다. 이런 배경 탓에 그는 정치는 사회주의, 경제는 자본주의라는 '사회주의 시장경제'를 1992년에 공산당 정식 강령으로 채택했다.

'가난 극복' 비전을 실현하다

덩샤오핑은 1978년부터 시장경제 실험에 성공하자 경제특구를 설치하는 등 개방정책을 도입했다. 이 과정에서 덩샤오핑은 자본주의든 공산주의든 중국 인민을 잘 살게만 하면 된다는 '흑묘백묘론'을 자신의 통치철학으로 삼았다.

이렇게 하여 중국은 연평균 성장률이 9%에 이르는 세계 역사상 제1의 고도성장 국가가 되었다. 중국은 공식적으로 1992년부터 굶어죽는 사람이 사라졌고, 국민소득은 빠른 속도로 증가하고 있고, 중국 굴기가 세계를 놀라게 하고 있다. 덩샤오핑은 죽기 전에 '앞으로 50년 내에 중국은 미국을 따라잡을 것이다'고 전망까지 했는데 그 시기가 앞당겨지고 있다.

이렇듯 덩샤오핑은 '가난 극복'이라는 비전을 갖고, 개혁개방정책을 도입하여 사회주의에 자본주의를 덧칠해가며 중국이 미국을 넘어 경제대국이 될 수 있는 경제 기반을 닦아놓았다. 우리는 덩샤오핑처럼 '비전을 실현하는 정치가'가 필요하다.

04
마거릿 대처

구조개혁으로 세계를 시장경제로 바꾸다

Margaret Thatcher

마거릿 대처

구조개혁으로 세계를 시장경제로 바꾸다

마거릿 대처(Margaret Thatcher; 1928~2013)는 총리직을 세 차례 역임하면서 사회주의에 만연(漫然)된 영국을 구조개혁을 추진하여 자유시장국가로 말끔히 바꿔놓았다. 때맞춰 2년 후에 정권을 잡은 로널드 레이건도 미국에서 '작은 정부'를 실현하여 세계의 시장경제 체제 강화에 기여했다.

마거릿 대처는 구조개혁에 성공하여, 초대 총리 로버트 월폴 경부터 현 총리 테레사 메이에 이르기까지 약 300년 동안에 배출된 78명의 영국 총리 가운데 이름 다음에 'ism(주의, 철학)'이 붙는 유일한 총리다. 그래서 마거릿 대처의 통치철학은 '대처리즘(Thatcherism)'이라고 불린다.

마거릿 대처와 로널드 레이건이 추진한 정책은 '신자유주의'로 불린다. 신자유주의는 이념이 아니라 정책이다. 1980년대부터 2008년 글로벌 금융위기 직전까지 이어진 신자유주의 체제에서 사람들은 역사상 가장 풍요로운 삶을 살았다. 그런데도 좌파들은 신자유주의가 사람들의 삶을 피폐(疲弊)시켰다고 비난한다. 세계는 지금 신자유주의 체제로 회귀하고 있다. 구사회주의 국가들의 시장경제로의 전환이 그 대표적인 예다.

대처의 자서전을 텍스트 삼아, 대처의 삶과 구조개혁 정책을 소개하면서 신자유주의를 이야기한다.

주요 참고문헌

Thatcher, Margaret(2002), *Statecraft*, Harper Collins Publishers Ltd. (김승욱(2003) 역, 『국가경영』, 경영정신)

박동운(2004), 『대처리즘: 자유시장경제의 위대한 승리 구조개혁에 성공한 마거릿 대처 전 영국 수상 이야기』, FKI미디어.

1
태어나서 정계 입문까지

태어나서 정계 입문까지 마거릿 대처의 삶을 이야기한다.

◆
◆

아버지의 무릎에 앉아 정치를 배우다

마거릿 대처는 총선에서 승리한 후 1979년 5월 4일에 다우닝가 10번지 총리관저로 향하는 계단을 오르다가 갑자기 뒤돌아보며 이렇게 말했다.

"제가 선거에서 승리한 것은, 그리고 선거 때 호소한 것은 모두 어렸을 때 아버지가 가르쳐 주신 것이었습니다."

마거릿의 아버지 알프레드 로버츠는 6형제 중 장남으로 태어나 가업(家業)인 구둣방을 대물려 경영하기로 되어 있었다. 그러나 그는 시력이 나빠 가업을 포기했다. 그는 교사가 꿈이었지만 가정형편이 여의찮아 13세에 학업을 마치고 식료품점 점원으로 취직했다. 마거릿의 어머니 베아트리스는 철도원의 딸이었는데 아름답고, 애교 있고, 친절하고, 일 잘하는 처녀로 소문 나 있었다. 그녀는 양재기술이 뛰어나 집 근처에서 양장점을 경영했다. 1차 세계대전이 일어나기 직전 알프레드는 베아트리스와 결혼했다. 결혼 후 그들은 열심히 일해서 알프레드가 일하던 식료품점을 사들였다. 거기에서 4살 많은 언니 뮤리엘에 이어 1925년 10월 13일에 마거릿이 태어났다.

로버츠 가족은 독실한 감리교 신자였다. 로버츠 가족의 일요일은 모두가 바빴다. 아침 식사가 끝나면 딸들은 주일학교에 가고, 주일학교가 끝나면 교회에서 부모님을 만난다. 집에 돌아와 점심을 먹은 후 딸들은 다시 주일학교에 간다. 베아트리스는 잠깐 시간을 내 여분으로 구워둔 빵과 케이크를 들고 가난한 사람들을 찾아다닌다. 오후 늦게 온 가족은 한 번 더 예배에 참석하고, 로버츠는 설교도 한다. 예배가 끝나면 교회와 동네 사람들은 로버츠 집에 모여 밤늦게까지 얘기를 나눈다.

로버츠는 정치에 관심이 많았다. 그는 마거릿이 4살 때 무소속으로 시의원에 당선되었다. 그는 후에 보수당원이 되어 30여 년 간 그랜덤 시정(市政)에 관여했고, 재정위원장과 보좌역을 거쳐 시장으로 선출되었다. 로버츠는 '사업과 종교와 정치'라는 세 가지 서로 다른 일에 열정적으로 매달렸다. 그의 응접실은 여러 부류의 사람들로 항상 북적였다. 이런 분위기에서 마거릿은 아버지의 무릎에 앉아 사업과 정치와 종교에 관한 어른들의 얘기를 들으면서 자랐다.

마거릿 대처는 1992년 9월 3일 고려대 강의에서 "나의 이상은 나의 가족-나의 크리스천 가족에 의해서 형성되었다"고 말했을 정도로 그녀의 성장과정에서 가정과 종교와 정치는 중요한 역할을 했고, 아

버지의 영향은 매우 컸다.[51]

장학금을 받는 조건으로 화학도가 되다

5살이 되자 마거릿은 그랜덤 시립 케스티븐 초등학교에 들어갔다. 부잣집 아이들은 유명한 사립학교에 들어갔지만 보통집 아이들은 케스티븐 초등학교에 들어갔다. 마거릿은 입학 전부터 책을 가까이 한 덕분에 학력차가 두드러져 한 학년 월반했다. 월반해서도 마거릿은 1등을 놓치지 않았다.

10살이 되면 상급학교 진학을 결정하게 된다. 로버츠는 마거릿을 언니 뮤리엘이 다니는 케스티븐 여학교에 보내기로 했다. 케스티븐 여학교에서도 마거릿은 언제나 학급수석이었다. 소질 없는 과목이 미술이었는데, 노력하여 나쁜 점수는 면했다. 마거릿은 특히 웅변에서 능력을 발휘했다. 그녀의 화술은 설득력이 뛰어났고, 논리가 정연했고, 내용이 풍부했다. 마거릿은 독서와 아버지 친구들의 응접실 대화에서 연설 자료를 얻었다.

16세가 되면 대학 진학을 원하는 학생들은 대학입학 자격시험에 합격해야 한다. 16세가 되자 마거릿은 대학입시 공부에 들어갔다. 케스티븐 여학교 학생들은 대부분 런던이나 그랜덤시의 대학을 지망했

---

51) Thatcher, M.(1992), "On Thatcherism: Its Ideology and Practices" *The Future of Industrial Democracy*, The Inchon Memorial Lecture, Korea University, Sept. 3~4.

다. 마거릿은 지기 싫어하는 기질 때문에 옥스퍼드 서머빌 칼리지 장학생 시험을 목표로 삼았다.

마거릿은 장학생 시험을 보기 위해 서머빌 칼리지 여행길에 올랐다. 시험은 학과시험과 구두시험이었다. 마거릿은 지금까지 배운 모든 지식을 총동원하여 시험에 응했다. 바라던 장학생은 되지 못했지만 옥스퍼드대학 입학은 허가받았다.

그런데 운 좋게도 마거릿은 어느 자선단체로부터 만일 화학을 전공한다면 필요한 학비의 일부를 돕겠다는 제안을 받았다. 마거릿은 바로 받아들였다. '대망의 옥스퍼드 대학에 들어간다. 이 멋있는 대학촌에서 귀중한 청춘을 보낼 수 있다니!' 그녀의 눈앞에는 장미 빛 꿈이 빛나고 있었다. 이렇게 해서 마거릿은 옥스퍼드대학에 들어갔고, 화학도가 되었다.

대학에서 총학생회 회장을 맡아 정치활동에 열중하다

1943년 10월 중순. 마거릿은 책과 옷으로 가득 찬 트렁크를 들고 옥스퍼드대에 도착했다. 학비는 자선단체의 보조금과 저축했던 돈으로 충당할 계획이었다. 부족하면 모교인 케스티븐 여학교에서 가르치고 그 대가로 장학금을 받기로 되어 있었다.

대학생활은 흥미로웠다. 가장 큰 흥미를 끈 것은 아버지를 통해 알게 된 정치였다. 그녀는 옥스퍼드 보수당 학생회에 가입하여 학생회 모임에 빠짐없이 출석했다. 유명한 정치가들의 순회강연에도 열심히 참석했다. 1945년 8월에 전쟁이 승리로 끝났고, 이 해에 총선거가 있었다. 마거릿은 옥스퍼드와 그랜덤에서 보수당 후보를 위해 선거운동에 참여했다. 보수당은 참패했다. 옥스퍼드 학생회는 보수당의 패배를 계기로 더욱 활발한 활동을 시작했다. 옥스퍼드 출신의 퀸틴 호그 위원과 그의 동료 소니 크래프트 위원이 초청받아 연설했다.

"다음 선거에서 보수당이 정권을 잡으면 노동당 정부가 시행하고 있는 가혹한 통제를 버리고 자유경제 실현을 지향한다. 우리는 이를 위한 돌격대다."

두 위원은 통제사회에 반대하고 모든 자유의 완전 회복을 부르짖었다. 당시 노동당 정부는 전쟁 때 시행했던 통제경제를 그대로 놔둔 채 계획경제를 도입하려고 했다. 이 무렵 마거릿은 정치와 경제 간의 깊은 관계에 흥미를 갖게 되어 경제 관련 책을 읽기 시작했다. 마거릿은 하이에크가 1944년에 쓴 『노예가 되는 길(Road to Serfdom)』을 스터디그룹을 만들어 열심히 읽었다. 이 책은 사회주의가 지배하면 우리 모두는 개인의 자유가 억압되어 노예가 된다는 것을 강조한 유명한 책이다.

마거릿은 3학년이던 1946년 10월에 학생회 회장 자격으로 블랙풀에서 열린 보수당 전국대회에 참석했다. 이는 전국의 보수당 남녀노소 당원들이 처칠을 비롯한 지도자들과 한자리에 모인 대회로, 이 대회에서 마거릿은 큰 감동을 받았다.

대회를 마치고 대학으로 돌아온 마거릿은 화학 학사학위 취득에 필요한 논문작성을 위해 1년간 공부에 몰두했다. 이 때 마거릿은 졸업 후에 법률을 공부할 계획을 세웠다. 그녀가 정치, 경제, 법률에 매력을 느낀 것은 그런 것들이 참으로 인간적이기 때문이었다. 이듬해 마거릿이 제출한 논문 「X선 결정학(結晶學) 연구」가 대학상을 받았다.

화학도가 변호사가 되다

마거릿의 아버지 로버츠는 순회재판이 열릴 때마다 그랜덤 시장으로서 노만 위닝 판사와 함께 판사석에 앉곤 했다. 로버츠는 마거릿이 16세가 되어 재판 방청이 가능하게 되자 어느 날 딸에게 재판 견학을 권유했다. 재판 방청석에 앉은 16세 소녀 마거릿은 변호사라는 직업에 호기심을 갖게 되었다.

"아빠, 변호사란 참으로 멋있어요. 당당하게 법 이론을 전개하여 사람들을 돕고, 사회에 공헌하고…."

재판이 끝나면 시장을 비롯하여 그랜덤의 저명인사들이 시내 호텔에서 판사와 함께 회식하는 관례가 있었다. 어느 날 로버츠는 방청석에 나온 딸을 관례적인 회식에 초대했다. 마거릿이 옥스퍼드 서머빌 칼리지 입학이 결정된 직후였다. 그 무렵 마거릿은 화학을 전공한다는 조건으로 학비의 일부를 보조받기로 되어 있어서 법률을 공부할 기회를 잃지 않을까 적잖게 후회하고 있었다. 호텔에서 아버지로부터 노만 위닝 판사를 소개받자마자 마거릿은 그에게 고민을 털어놓았다.

"저는 장차 법률가가 되고 싶습니다. 그러나 서머빌 칼리지에서 화학을 공부하기로 결정했습니다. 서머빌을 졸업한 후에 법을 공부하면 너무 늦지 않을까요?"

"아니, 늦지 않다. 나도 케임브리지에서 물리학을 공부한 다음에 법률을 공부해서 변호사 자격을 딴 거야"

마거릿은 화학을 전공하고 대학을 졸업한 지 7년 후에 대망의 변호사 자격을 얻었다. 그 과정을 정리한다.

마거릿이 화학 공부를 마친 후 정치는 그녀의 일상생활에서 큰 비중을 차지해 갔다. 그녀는 정치가가 되기 위해서는 법을 공부하여 변호사가 되어야 한다는 생각을 굳혀갔다. 그런데 법을 공부하려면 돈이 필요했다. 변호사가 될 수 있는 가장 좋은 방법은 런던에서 화학 관련 직장을 얻어 사법학원(四法學院)(주: 4개의 법률학원; 변호사를 지망하는 사람은 이 법률학원에서 주관하는 시험에 합격해야 했음)에서 법을 공부하는 것이었다. 그러나 마거릿은 런던에서 직장을 얻지 못하고 콜체스터의 플라스틱 회사에 취직했다. 콜체스터에서 런던까지는 너무 멀어 사법학원에 다닐 수 없었다. 마거릿은 법률공부를 잠시 늦추고 콜체스터에 거주하는 동안 그 지방 보수당 지부에 가입하여 정치활동에 전념하기로 했다.

(결혼 후의 이야기.) 마거릿이 남편에게 말했다.

"여보, 나는 오래 전부터 줄곧 생각해 온 것이 있어요. 그것은 아내가 되고 엄마가 되고 또 직업인이 되는 것이에요. 어떤 어려움이 있더라도 나는 여성으로서의 특권과 사회적인 일을 양립시키고 싶어요."

마거릿은 중간 변호사 시험과 최종 변호사 시험을 2년 동안에 모두 마칠 계획이었다. 결혼 1주년이 지났을 무렵 마거릿은 태기를 느

껐다. 남편 데니스가 물었다.

"5월의 중간시험은 어떻게 하려오? 한 두 해 정도 연기하면 어떨까?"

"천만에 말씀이에요. 예정했던 대로 이번 5월에 시험을 치를 거예요."

마거릿은 계획대로 공부에 피치를 올렸다. 마침내 시험 날짜가 다가왔다. 마거릿은 불러온 배를 임신복으로 감싼 채 시험장으로 나갔다. 결과는 합격이었다.

"자, 이젠 12월의 최종시험까지 열심히 해서 이번 한 번으로 합격해버릴 작정이에요."

그러나 데니스는 걱정이었다. 8월에 접어들면서 갑자기 산기(産氣)가 일었고, 예정보다 7주나 일찍 아이를 낳은 것이다. 그것도 이란성(二卵性) 쌍동이었다. 그러나 피나는 노력은 마침내 열매를 맺었다. 최종시험도 단번에 합격이었다.

마거릿의 강한 의지는 결국 그녀를 변호사로 만들었다. 대학에서 화학을 전공한 여성이, 정치에 꿈을 갖고 애까지 가진 여성이, 대학 졸업 후 7년 만에 변호사가 된 것이다.

정치활동을 시작하다

마거릿은 1948년에 옥스퍼드 학생회 대표로 란다두노에서 열린 보수당 대회에 친구 그랜트와 함께 참석했다. 이 때 마거릿은 다트포드 보수당 지부장인 밀러 목사를 만났다. 그랜트는 구면인 밀러 목사에게 다가올 총선거에 관해서 물었다.

"누구를 내세우려고 생각하십니까?"

"아직 정하지 않았어. 빨리 누군가를 결정해야 하는데…"

"그러면 여자면 어떻습니까?"

그러면서 그랜트는 마거릿을 향해

"당신 왜 입후보 안 하지?"

그는 밀러에게 마거릿을 소개했다.

"대단히 우수한 당원입니다. 옥스퍼드 시대에 우리들의 동경의 대상이었습니다."

이를 계기로 마거릿은 하원의원에 입후보할 기회를 얻었다. 24살의 나이에 정계 진출 기회를 얻으리라고는 자신도 전혀 예상하지 못했다. 그런데 다트포드는 앞 선거에서 노동당 노만 도츠가 2만 표 차로 이겼기 때문에 다음선거에서 보수당이 이길 가능성은 없었다. 그런데도 24명이나 입후보를 희망했다.

1949년 초. 마거릿에게 다트포드 보수당 지부에서 후보자 적성 심사를 위한 초청장이 왔다. 마거릿은 24세로 최연소 후보자였다. 공천대회 날, 대회장은 이상한 열기로 가득 찼다. '24세의 옥스퍼드 출신 여성후보'를 보기 위해 지부당원들이 운집했기 때문이다. 마거릿은 시종 차분했고, 애교 있는 태도로 답변하여 박수를 받았다. 마거릿은 최종 후보자로 선정되었다.

데니스 대처와 결혼하다

　최종 후보자로 선정되던 날 밤. 다트포드 보수당 지부의 만찬회가 열렸다. 호스테스 역을 맡은 어떤 부인이 자기 남편의 친구인 데니스 대처(Dennis Thatcher)를 불러 도움을 받고 있었다. 데니스 대처는 지부당 당원이었으나 사업상 런던에서 살고 있었다. 만찬이 끝났을 때 호스테스 역을 맡은 부인이 물었다.

　"마거릿, 콜체스터까지 어떻게 돌아가려고 합니까?"

　"기차로 갑니다."

　그때 옆에서 듣고 있던 데니스 대처가 가로막고

　"제가 런던까지 모셔다 드리지요."

　마거릿은 그의 제안을 기꺼이 받아들였다. 이렇게 하여 두 사람은 처음 만나게 되었다. 이 때 데니스 대처는 36세로, 마거릿보다 11세 위였다. 그는 훤칠한 키에, 스포츠맨 타입으로 성품도 시원시원했다. 그는 마거릿의 선거운동을 열심히 도왔다. 그러는 동안 그의 사랑은 더욱 깊어갔다. 마거릿도 데니스를 좋아하게 되었다.

　그 당시 데니스는 아틀라스 보존료(保存料) 회사의 공동 총지배인 자리에 있었다. 그 회사는 농수산 관계의 화학약물, 절연재료, 페인트 등을 만들어 주로 해외로 수출했다. 데니스 대처 가족은 그 회사의 대주주로서 경영권을 갖고 있었는데, 데니스도 그 중 하나였다. 그는 자동차 광(狂)이었다. 그도 정치에 관심을 갖고 있었는데, 1950년과 1951년에 주 의회선거에 입후보했다가 낙선했다.

1950년에 다트포드 보수당 후보로 출마한 마거릿은 노동당 노만 도츠에게 13,668표 차로 패했다. 그 후 얼마 지나 마거릿은 다트포드 하숙생활을 청산하고 런던의 한 아파트로 이사했다. 법률 공부보다도 데니스와의 데이트가 목적이었다. 1951년 9월에 마거릿이 다시 입후보하여 선거운동을 열심히 시작하던 무렵. 데니스는 친구와 함께 스페인과 프랑스 자동차 여행에서 돌아오자마자 마거릿에게 프로포즈를 했다.

"내가 아내로 맞이할 여성은 당신 말고는 달리 찾을 수가 없소. 여행 중 골몰히 생각한 끝에 얻은 결론이오. 마거릿, 결혼해주시겠지요."

"기뻐요. 데니스."

마거릿은 쉽게 승낙했다.

마거릿은 1951년 선거에서도 노동당 노만 도츠에게 12,334표 차로 또 패하고 말았다. 선거도 끝난 1952년 12월 13일. 데니스와 마거릿 두 사람은 런던의 웨즐리 교회에서 국교파(國敎派) 예법에 따라 결혼식을 올렸다. 데니스는 1942년에 결혼했다가 4년 후에 이혼한 경력이 있었다. 마거릿은 남편의 이혼 경력 때문에 그 날 흰 드레스는 입지 못하고 어린 시절부터 좋아했던 현란한 암청색의 벨벳 드레스를 입었다. 이후에도 그날 입었던 웨딩드레스를 오랫동안 이브닝드레스로 입고 다녔다.

데니스 대처는 2003년 6월 25일 향년 88세로 세상을 떠났다. 그는 아내를 위해 헌신적인 사랑을 베푼 사람으로 잘 알려져 있다. 그는 1979년부터 1990년까지 아내가 총리를 지낼 때 훤칠한 키에, 단정한 옷차림의 신사 모습으로 '철의 여인' 대처를 뒤따르는 절제된 모습을 보이면서 자신을 '그림자 남편'이라고 부르기도 했다. 마거릿 대처도 "사람들이 그를 존경한다고 생각합니다. 나 역시 그를 존경합니다"라고 말하곤 했다.

드디어 정계 입문에 성공하다

마거릿 대처는 결혼 후 아이 돌봄과 변호사시험 준비를 위해 잠시 집에 머물러 있다가 결혼 2년째인 1954년 11월 보궐선거에 출마하려고 했다. 그러나 후보가 되지 못했다. 1955년 총선거에서는 아예 입후보를 단념하고 선거운동을 돕는 데 그쳤다.

그 후 입후보자가 되려고 노력했지만 두 차례나 실패했다. 마거릿은 세 번째로 핀츨리 지구 보수당 입후보에 도전했다. 2백여 명이 이 지구에서 입후보를 희망했다. 최종 심사대상은 마거릿을 포함해 세 사람으로 좁혀졌다. 1958년 8월 8일, 마거릿은 핀츨리 지구의 입후보자로 최종 결정되었다. 1959년에 마거릿 대처는 34세의 젊은 나이로 드디어 하원의원에 당선되었다. 선거에 참가한지 10년 만에 이룬 꿈이었다.

② 정계입문에서 총리가 되기까지

정계입문에서 총리가 되기까지 대처의 삶을 정리한다.

◆
◆

영국 최초의 여성 보수당 당수로 선출되다

대처는 하원의원으로 당선된 지 2년이 지난 1961년에 보수당 해럴드 맥밀런 총리로부터 연금관련 정무차관에 임명되었다. 1965년 7월에 보수당 에드워드 히스가 총리로 취임하자 대처는 1965년에 주택공사 장관과 연금장관, 1966년에 재무장관, 1967년에 연료전력장관, 1968년에 교육장관과 교통장관을 역임한 다음 1970년에 다시 교육장관에 임명되었다.

히스 총리는 보수당을 9년 동안 이끌면서 부유층, 지주, 사업가의 이익을 변호하고자 자유시장경제 정책을 채택했는데, 이 덕분에 1970년 총선에서 보수당이 승리할 수 있었다. 그러나 정권을 잡고나자 히스는 정책을 엉뚱한 방향으로 끌고 갔다. 설상가상으로 1972년 1~2월에 탄광파업과 노조파업으로 발전소마저 가동이 중단되었고,

2월 말에는 실업자가 150만 명을 넘어섰다. 계속해서 경제정책은 잘 못된 방향으로 나아갔다. 이런 사태를 심각하게 본 일부 보수당 의원들은 재빨리 총선거를 실시해야 한다고 목소리를 높였다. 그러나 히스는 수습 명분을 내세워 선거일을 늦추다가 그만 기회를 놓치고 말았다. 히스는 1972년 3월 4일에 수상 자리에서 물러났고, 이날 밤 노동당 해롤드 윌슨 정부가 탄생했다.

키스 조지프 하원의원은 눈앞에 펼쳐지는 위기를 보면서 분노를 느꼈다. 조지프는 새로운 출발점을 경제문제연구소(IEA)[52]에 두고 자유시장경제 이론을 공부하기 시작했다. 이어 그는 1974년에 정책연구센터를 세워 하원의원인 마거릿 대처를 부소장으로 임명했다. 이때 조지프는 대처에게 자유주의를 공부하도록 하이에크가 1944년에 쓴 『노예가 되는 길』을 주었다. 대처는 이 책을 대학생 시절에 이미 읽었지만 새로운 시각에서 다시 읽었다. 이 책은 당시 조지프와 그의 동료들에게는 성경이나 다름없었다.

정책연구센터의 목표는 혼합경제의 모순을 밝혀내는 것이었다. 조지프와 그의 동료들은 자신들이 소수파의 입장에서 출발한다는 사실을 잘 알고 있었다. 그들은 '시장경제'라는 말을 써야 할 것인가를 놓고 결론을 내리지 못했다. 1970년대 중반기에 영국사회는 '시장경제'라는 말을 받아들일 만한 여건을 갖추고 있지 않았다. 1970년대 중반

---

52) 이 연구소는 닭을 키워 큰돈을 번 Anthony Fisher라는 사람이, 하이에크가 1944년에 쓴 『노예가 되는 길(Road to Serfdom)』을 읽고 감동을 받은 나머지 하이에크를 찾아가 자유주의를 위해 무슨 일을 하면 좋겠느냐고 질문하여 세운 연구소로 알려져 있다.

기에, 애덤 스미스의 나라 영국에서조차 '시장경제'라는 말을 쓰기 어려웠다는 사실은 당시 세계를 휩쓸고 있던 사회주의 열풍이 얼마나 거셌는가를 짐작할 수 있다. '시장경제'라는 말은 영국에서도 1990년대에 들어와서야 비로소 흔한 말이 되었다. 그 무렵 대처는 시장경제에 관한 책들을 열심히 읽었다.

조지프를 비롯해 대처와 그의 동료들은 보수당 소수파에 속했다. 당시 히스 전 총리와 당수 자리를 놓고 경쟁할 만한 사람은 조지프뿐이었다. 마거릿 대처는 조지프야말로 보수당 당수 적임자라고 믿고, 그를 위해 일하기로 결심했다. 그런데 1974년 10월 말에 조지프의 운명에 뜻하지 않은 사건이 일어났다. 보수당 집회 연설이 문제가 된 것이다. 그 연설은 당시 이슈가 되고 있던 쟁점으로, 결혼하지 않은 빈곤층 독신여성이 어린 나이에 어머니가 될 수 있느냐 하는 것이었다. 조지프는 빈곤층은 나라의 도움 없이 자녀들을 키울 수 없으므로 아이를 적게 낳도록 그들에게 피임법을 가르쳐야 한다고 주장했다. 어느 날 오후 조지프가 선거사무실에 들렀다.

"미안하오. 더는 뛸 수가 없습니다. 그 연설을 한 다음부터 기자들이 집 앞에 진을 치고 있습니다. 정말 무자비합니다. 입후보하지 않기로 결심했습니다."

대처는 절망했다. 그녀의 입에서 이런 말이 튀어나왔다.

"키스, 만약 당신이 입후보하지 않겠다면 내가 하겠어요."

당권 도전 기회는 참으로 우연하게 대처에게 주어졌다. 1975년 2월 4일은 보수당 당수 선출 투표일이었다. 투표 결과 히스 당수가

119표, 대처가 130표를 얻었다. 그러나 '과반수+14'라는 1차 투표 조건에 미치지 못해 2월 11일에 2차 투표를 실시했다. 146표를 얻은 대처가 당수가 되었다. 영국 역사상 최초로 여성 보수당 당수가 태어났다.

대처는 1975년 2월 20일에 런던의 한 호텔에서 보수당 상·하원의원과 당원이 참석한 자리에서 당수 취임 수락연설을 했다. 그 내용은 '비전을 잃은 사회는 망한다'는 것이었다.

"여러분 우리 보수당에는 잇따라 위대한 지도자가 나왔습니다. … 우리 보수당은 지금까지 확고부동한 비전을 가지고 나라살림을 담당해 왔습니다. 그러나 불행하게도 미래에 대한 비전을 잃은 때도 있었습니다.

비전이 없는 사회에서 인간은 틀림없이 멸망하는 법입니다. 목적도 사는 보람도 갖지 않고 그저 공기를 마시고 살아간다는 것만으로는 위대한 사회라고 부를 수 없습니다.

과거의 영국인들이 그토록 무기력했더라면 저 위대한 대영제국은 태어나지 않았을 것입니다. … 나는 영광스러운 보수당 당수로서 당의 재건에 전력을 쏟을 것입니다."

마거릿 대처가 보수당 당수로 선출된 1975년 말경 전 세계는 데탕트(detante; 국제 간 긴장 완화) 분위기였다. 다음 해 1월에 대처는 켄싱턴 타운홀에서 연설했는데, 그 연설은 소련에 대한 비난과 공격으로 가득 찼다. 이로 인해 대처는 다음날 소련으로부터 '철의 여인(iron woman)'이라는 별명을 얻게 되었다. 이 때 대처는 이렇게 응수했다.

"소련이 나를 철의 여인이라고 부른다. 맞다. 영국은 이제 철의 여인을 원한다."

영국 최초의 여성 총리가 되다

1975년 2월 11일에 보수당 당수에 취임한 대처는 당 조직을 새롭게 정비해 갔다. 대처는 매주 전국에서 밀려드는 7천~8천 통의 편지를 훑어보고, 처음 두 달 동안에는 3천 회 정도의 초대에도 응하고, 강연 부탁을 받으면 초고부터 완교까지 손수 밤새워 정리하는 등 초인적인 능력을 발휘했다. 대처가 당수로서 겪는 긴장은 끝이 없었다. 그러자 남편 데니스는 그동안 지켜왔던 부부간의 불간섭주의를 버리고 자신이 직접 아내를 돕기로 결심했다. 그가 아내에게 말했다.

"맥밀란이나 흄도 아내의 도움이 있었기에 큰일을 해낼 수 있었어요. 당신도 배우자의 도움이 필요한 것 같소. 나는 당신을 위해 제2의 바이올린을 켜기로 결심했소. 내가 당신의 사설비서가 되겠소. 마음 놓고 무엇이든지 심부름 시키시오."

한번은 마거릿이 남편에게 이렇게 말했다.

"남성들과 동등하게 일하려 해도 차별 받아 온 모든 여성들을 위해 나는 지금 어떻게 해서든지 여성의 실력을 과시하지 않으면 안 된다고 생각해요. 만일 내가 실패한다면 여자는 별수 없다는 말을 듣게 되겠지요. 그 때문에 나는 기어코 성공하고 싶어요."

마거릿은 집안일을 완벽하게 꾸려갔다. 아침마다 7시가 되면 남편도 아이들도 모두 일어나 부엌에서 아침식사를 준비하는 마거릿을 도왔다. 휴일이면 부부가 힘을 합해 집안을 단장했다. 마거릿은 벽지를 바르거나 페인트칠을 하는 게 장기(長技)였다. 총리가 되어서도 마거릿은 딸집에 가서 손수 벽지를 발라주었다. 대처는 항상 '자조(自助)정신'을 내세웠다.

보수당 당수가 된 대처는 섀도우 캐비닛(shadow cabinet; 야당이 다음 선거에서 정권을 잡게 될 것을 전제로 구성한 예비내각)을 구성한 후 각료들에게 정책 연구를 지시했다. 대처는 기회가 있을 때마다 자신의 이념을 열심히 역설했다.

"… 자주와 자유, 자율적 행동, 그리고 그것에 대한 신뢰와 존경- 자유사회는 이것을 기초로 성립하고 있는 것입니다. 인류의 진보는 개인의 재능을 꽃피우는 데서부터 출발했습니다. 그 재능이 발휘되게 하기 위해서는 재능을 가진 사람들에게 되도록 많은 기회와 자유를 주지 않으면 안 됩니다. 그 일을 성취할 수 있는 것이 자유사회입니다. …."

1978년 말경에 대처는 악화되는 경제문제에 관심을 쏟았다. 때마침 병원·청소·운수·자동차노조가 연대파업을 일으켜 악명 높은 '불만의 겨울(winter of discontent)'이 발생했다. 병원노조는 사람이 죽어도 내버려두고, 청소노조는 런던거리에 쓰레기가 쌓여도 치우지 않았다. 노인들은 추운 겨울에 살아남을 수 있을까 공포에 떨었다. 트럭운전사들도 파업에 들어갔다. 노조 사무장만이 필수용품을 실은 트럭을 파업선 넘어 통과시킬 수 있었다. 파업 노조가 나라 기능을 중지시킬 것 같다. 노동당 캘러헌은 히스가 1974년에 했던 것처럼 국가비상 사태 선포를 검토했다. 1979년 3월 28일, 하원의 급식업체가 파업을 시작했다. 바로 그 날 노동당 정부는 불신임투표에서 졌다. 그것도 딱 한 표 차이로! 캘러헌 수상은 총선거 실시 외에 다른 대안이 없었다.

보수당 당수 마거릿 대처는 총선을 진두지휘(陣頭指揮)했다. 대처는 두 가지 구호를 외쳤다. '보수당이 정권을 잡으면 노조파워를 무력화 시키고, 영국에서 사회주의를 추방하겠다.' '불만의 겨울'로 공포에 떨었던 영국 국민은 대처의 구호에 환호했다. 대처는 세 가지 공약을 내세웠다. 첫째, 감세 정책을 보수당의 핵심 공약으로 내세웠다. 둘째, 법치를 통한 질서 확립을 주장했다. 노조파워 무력화가 그 대상이 었다. 셋째, 영국 국민은 스스로 땀 흘려 일해야 한다고 강조했다. 대처는 "1페니도 하늘에서 그냥 떨어지지 않는다. 스스로 일하지 않으면 얻을 수 없다"고 외쳤다.

1979년 5월 3일 개표 결과가 발표되었다. 대처가 이끈 보수당이 339표, 노동당이 268표. 보수당이 압도적으로 승리했다. 마거릿 대처는 영국 최초의 여성 총리가 되었다.

떠나야할 때 떠난 정치가

대처는 1979년 5월 4일부터 1990년 11월 22일까지 11년 반 동안 총리직을 세 차례 역임했다. 그런데 대처가 사임을 결정한 3기 때 임기는 6개월이나 남아 있었다. 그래서 대처는 정치가로서 떠나야 할 때를 알았고, 떠나야 할 때 떠난 정치가다.

대처는 사임 이유를 한국 강연에서 이렇게 밝혔다.

"… 1980년대의 영국을 뒤돌아보면 우리의 의도는 분명하고 명백했습니다. 영국경제의 실적이 바뀐 것입니다. 물론 부정적인 측면도 있었습니다. 우리는 인플레이션을 억제한 뒤 다시 인플레이션을 허용했습니다. 이것은 부분적으로는 다른 나라와 마찬가지로 1987년 증권시장 붕괴 이후에 뒤따른 것으로 예상된 경기침체를 피하기 위해 너무 오랫동안 이자율을 낮게 유지했기 때문이었습니다. 인플레이션을 억제 못한 더 큰 이유는 금융정책의 원칙을 희생하면서까지 영국 파운드화와 독일 마르크화 간의 환율안정을 유지하려 했기 때문이었습니다. 그래서 저금리정책을 폐기하고 이자율을 올렸습니다. 그러자 인플레이션에 대한 부정적인 영향이 나타난 것입니다."

1989년 말경 영국경제는 불황의 늪에 빠져들었다. 성장률은 전년 수준 5.2%의 절반도 안 된 2.2%였고, 실업률은 6.1%로 높았고, 인플레이션은 5.9%로 증가추세였다. 물가상승으로 이자율이 두 배나 오르자 사람들은 집을 담보로 빌린 돈을 갚기가 어렵게 되었다. 이자율 인상이 문제였다.

이런 상황에도 불구하고 대처는 스코틀랜드부터 인두세(poll tax, 주민세)를 도입하기 시작했다. 인두세는 모든 사람들에게 동일한 세율이 적용되기 때문에 가난하고 아이들이 많은 가정은 큰 타격을 받았다. 1990년 3월에 인두세 반대시위가 격렬하게 일어나 130명의 부상자가 발생했다. 그럼에도 불구하고 4월에는 잉글랜드와 웨일즈에서도 인두세가 도입되었다. 대처에 대한 영국 국민의 증오심은 모든 계층으로 확대되어 갔다. 보수당 내에서조차 분열이 생겼다. 보수당 지지율은 노동당보다 26%포인트나 뒤졌다. 언론도 대처의 사임을 들고 나왔다.

보수당은 1990년 11월 20일에 당수 선거에 들어갔다. 투표결과는 대처가 204표, 헤젤타인이 152표, 기권이 16표였다. 보수당 규정에 따라 당수가 되려면 득표율이 50%+15%가 되어야 하는데 대처는 4표가 부족했다. 2차 투표가 예정되었다. 장관들은 이구동성으로 경제문제 악화로 대처가 불리하다고 말했다. 대처가 2차 투표에 나오면 1차 투표 때의 지지자 25명이 돌아설 분위기라고 말했다. 과반수 187표를 얻으리라는 보장이 없었다. 그래도 대처는 2차 투표에 나가기로 했다. 그러나 우여곡절 끝에 대처는 2차 투표에 나가지 않기로 했다. 대처의 신임을 받고 있던 존 메이저가 대처 대신 2차 투표에 나가 당수로 선출되었다. 대처는 임기를 6개월쯤 남기고 당대표와 총리직을 사퇴했다. 대처는 떠나야 할 때 떠난 정치가다.

3

구조개혁을 추진하여 영국을 시장경제국가로 만들다

대처는 구조개혁을 추진하여, 노조천국에다 사회주의에 만연된 영국을
자유시장국가로 말끔히 바꿔놓았다. 대처가 추진한 구조개혁을 정리한다.

1970년대의 영국은 구조개혁 외에 다른 대안이 없었다

대처가 정권을 잡기 전 1970년대의 영국은 저성장·고실업, 저생산
성·고임금 경제구조였다. 1970년대의 영국은 노조천국이었다. 1960
년대 후반 노동당 윌슨부터 1979년 대처 집권까지 13여 년 동안에,
노조는 노동당 보수당 할 것 없이 정권을 여섯 차례나 바꿔치웠다.
1970년대의 영국은 인플레이션에 시달렸다. 1974년에 재집권한 노
동당 윌슨은 1975년에 인플레이션이 24.2%를 기록하자 총리직에서
물러났다. 설상가상으로 영국은 1976년에 파운드화 가치 하락으로
IMF 관리체제에 들어갔다. 1970년대의 영국은 또한 '영국병(British
diseases; from cradle to tomb)'을 심하게 앓고 있었다. 이 같은 경제 상
황을 감안할 때 1970년대의 영국은 구조개혁 외에 다른 대안이 없
었다.

마거릿 대처, 구조개혁을 추진하다

대처는 1979년 5월 총선에서 보수당이 집권하면 '노조파워를 무력화시키고, 사회주의를 추방하겠다'고 공약했다. 총선에서 승리한 대처는 정권을 잡자마자 구조개혁 추진에 들어갔다. 구조개혁(structural reform)이란 국가가 나서서 정치, 경제, 사회, 문화 등 모든 부문에 걸쳐 국가 구조를 바꾸는 것이고, 구조조정(restructuring)이란 기업이 나서서 기업의 경영전략을 바꾸는 것을 말한다. 대처가 추진한 구조개혁을 정리한다.

법과 원칙을 적용하여 노조파워를 무력화시키다

대처가 겨냥한 구조개혁의 첫 번째 과녁은 노동시장 개혁이었다. 대처는 앞선 보수당 히스 정권과 노동당 윌슨·캘러헌 정권이 노조파워 앞에 힘없이 무너진 것을 보았기 때문에 노조에 대한 적대감을 갖고 있었다. 특히 노조의 연대파업이 가져온 '불만의 겨울' 때문에 국민들이 노조에 가뜩이나 식상해 있던 터라 대처는 노조파워 무력화부터 손보기 시작했다.

대처는 수 십 년 동안 제도화되어 온 '소득정책'이 노조파워를 강화시킨다고 보았다. 소득정책이란 요소공급자에게 주어지는 임금, 이자, 지대, 이윤 등 요소소득 증가를 규제하여 비용 상승을 막아 물가를 안정시키려는 정책이다. 역대 정부가 물가안정을 내세워 임금상승을 규제하려고 하면 노조는 거세게 저항했다. 소득정책과 관련하여 정부와 노조가 대화를 나누는 곳이 '월례 모임'인데, 이것이 바로 '소득정책 관련 기구'다. 이 월례모임에서 노조는 자신들의 주장을 내세웠다.

정권을 잡은 지 한 달쯤 지나 대처는 관례에 따라 수상관저에서 TUC(노동조합본부) 대표들을 만났다. 분위기가 나쁘지 않았는데도 역대 정권 때와는 달리 모임 후 공동성명서 하나 발표되지 않았다. 총리와의 7월 모임은 아예 언급조차 없었다. 대처는 소득정책 관련 기구, 곧 정부와 노조와의 월례 모임을 없앨 계획을 세우고 있었다. 한술 더 떠 대처는 7월에 출간된 워킹페이퍼에서 노조파워 무력화 계획까지 밝혔다.

그 후 대처는 막강한 노조파워를 무력화시키기 위해 1980~1988년간 다섯 차례에 걸쳐 노동관련법 제정과 개정을 통해 노동개혁을 추진했다.

• 1차 개혁: 1980년 고용법(Employment Act) 제정

대처는 집권 다음 해에 고용법을 제정하여 클로즈드샵(closed shop) 제도의 지나친 보호조항 등을 개정했다. 클로즈드샵 제도란 노조에 가입한 근로자만이 회사원이 될 수 있고, 탈퇴하면 회사원 자격을 잃게 되는 제도로, 이는 노조의 결속 강화를 돕는 노조조직의 한 형태다. 또 노사분쟁의 당사자가 아닌 제3자가 참여하는 동정(同情)피켓팅 또는 동정파업인 노조원의 2차 피켓팅(picketing)을 불법화했다. 등등.

• 2차 개혁: 1982년 고용법 개정

대처는 1980년에 도입된 고용법을 1982년에 개정하여 노조의 특권을 한 단계 무력화시켰다. 클로즈드샵 유지 여부를 5년마다 노조원들의 비밀투표를 통해 결정하게 했다. 또 노사분규 대상을 명문화시키고, 노조 간부의 면책특권을 제한했다. 등등.

• 3차 개혁: 1984년 고용법 재개정

대처는 1982년에 개정한 고용법을 1984년에 재개정하여 노동조합의 면책특권을 약화시켰다. 반대로 고용주의 명령권을 강화했다. 등등.

• 4차 개혁: 1984년 노동조합법(Trade Union Act) 개정

대처는 1984년에 노동조합법을 개정했다. 파업 여부를 조합원들의 사전 비밀투표를 통해 결정하게 했다. 노조 간부를 5년마다 비밀투표를 통해 선출하도록 의무화했다. 등등.

• 5차 개혁: 1988년 고용법 재개정

대처는 1988년에 고용법을 다시 개정하여 노조 간부의 면책특권을 완전히 박탈했다. 뿐만 아니라 노조 결속력 강화를 돕는 클로즈드 샵제도의 법적 보호조항을 삭제했다. 이 결과 노조에 반대할 수 있는 사용자와 개별근로자의 권리가 확대되었다.

대처, 노동시장 개혁 놓고 석탄노조와 1년간 싸우다

대처가 노동시장 개혁 과정에서 노조파워를 무력화시키기 위해 스카길 석탄노조 위원장과 싸운 이야기는 매우 흥미롭다.

1983년 6월 선거에서 대폭적인 지지를 얻은 대처는 1기에 마무리 짓지 못한 정책과제들을 정리해 갔다. 이는 노조 대책, 국영기업 민영화, 공영주택 불하(拂下), 조세체계 간소화, 세율 인하, 교육제도 개혁 등이었다.

　　대처가 집권 2기 다음해인 1984년 3월 6일에 석탄노조가 파업에 들어갔다. 같은 날 맥그리거 국영석탄공사 총재가 대처가 추진하는 구조개혁의 일환으로, 1985년 중에 채산이 맞지 않은 탄광 약 20개 소를 폐쇄·통합하고 직원 2만 명을 감원한다는 계획을 노조 측에 제시한 것이 파업의 발단이었다. 당시 영국의 국영석탄공사는 1946년에 국영화된 이후로 노조의 발언권이 강화되었고, 무사안일한 무책임한 경영이 만연해 있었다.

　　석탄노조는 정부의 조치에 반대하여 곧바로 파업에 들어갔다. 대처는 석탄노조 파업이 장기화하리라고 예상하여 석탄을 몰래 수입해 놓는 등 대비책을 철저하게 마련했다. 그런데 이 파업은 구조개혁에 대한 반대를 넘어 대처의 정치철학에 대한 전면적 도전이라는 것을 대처나 노조위원장 스카길 둘 다 잘 알고 있었다. 따라서 한 치의 양보도 있을 수 없었다. 스카길은 2회에 걸쳐 파업권 확립을 요구하는 노조원들의 투표를 실시했으나 실패했다. 그러자 그는 각 지부가 일제히 파업에 돌입하는 전국적인 파업 전술을 채택했다. 그런데 생산성이 높은 주(州)의 탄광 노조원들이 반대하는 바람에 탄광노조 17만 명 가운데 5만여 명은 참여하지 않았다. 이 결과 석탄노조가 363일 동안 끌어오던 파업은 1985년 3월 3일 스카길 위원장의 비통한 선언으로 끝이 나고 말았다. "여러분, 투쟁은 물론 계속합니다. 그러나 파업은 끝입니다."

2일이 부족한 1년간의 긴 싸움이었다. 스카길은 1974년에 전국적인 탄광파업을 통해 당시 보수당 히스 정권을 무너뜨린 '제왕' 같은 노조위원장이었다. 그러한 그도 '철의 여인' 대처 총리 앞에서는 무릎을 꿇고 말았다. 생산성이 낮은 국영탄광에 대한 정부의 합법적 구조조정을 노조가 불법파업으로 맞서다가 결국 법치(法治) 앞에 무릎을 꿇고 만 것이다.

예산 삭감하여 '작은 정부'를 만들다

케인즈주의를 바탕으로 정부지출 증가를 통해 완전고용 달성을 최우선 정책목표로 삼았던 역대 정부는 정부지출 증가와 재정적자 확대는 물론 인플레이션까지도 유발했다. 영국의 정부규모는 1900년에 GDP의 약 14%였으나 그 후 지속적으로 증가하여 대처 집권 전인 1976년에는 49.2%나 되었다.

대처는 정권을 잡자마자 다음 회계연도 예산을 40억 파운드나 삭감했고, 예산 삭감은 모든 회계연도에 적용된다고 발표했다. 영국 사회는 소란에 빠졌다. 그럼에도 불구하고 대처는 해마다 예산을 삭감해 가면서 재정적자와 국가부채를 줄여 갔다. 대처는 이것이 '작은 정부'로 가는 지름길이라고 믿었고, 나아가 '작은 정부'는 기업 활동을 활성화시키고, 개인의 자유를 확대하여 경제를 살린다고 믿었다. 작은 정부는 실현되었다. 대처가 임기 6개월을 남기고 사임한 1991년 말 영국의 정부규모는 43.2%로, 1976년의 49.2%에 비해 크게 감소했다.

정부운용 개혁으로 '작지만 강한 정부'를 실현하다

대처는 예산 삭감으로 '작은 정부'를 만드는 한편 정부운용 방식 개선으로 '작지만 강한 정부'도 만들어 갔다.

• 정부 관리방식을 개선하다

대처는 다음과 같은 방법으로 정부개혁을 추진했다. 첫째, 정부 기능과 운영 수단의 효율성을 조사했다. 둘째, 통제 중심의 예산관리방식에서 각 부처 장관이 소속기관에 상당한 수준의 자율적 예산운영권을 줌으로써 기업운영과 비슷한 관리방식을 도입하여 재정 관리를 개혁했다. 셋째, 중앙정부가 관장하던 단순 서비스와 행정 서비스는 전문기관에 맡겼다. 넷째, 청소나 자동차 면허 발급 같은 특정서비스는 민간에 맡겨 정부예산을 25%나 절감했다.

• 정부의 일하는 틀을 다시 짜다

대처는 다음과 같은 방법으로 정부의 운용방식을 개선했다. 첫째, 정해진 심사항목에 따라 정부의 기능을 정밀하게 진단했다. 이는 정부의 기능이나 업무를 정밀진단한 후 관련기관의 존폐, 민영화, 민간 위탁, 새로운 기관 설립, 경영합리화 등을 판단하는 기법으로 활용되었다. 둘째, 정부운용의 효율성을 높이기 위해 공무원 수를 줄이고,

관료제도 개선에 관심을 쏟았다. 셋째, 민영화를 추진했다. 이 이슈는 곧이어 자세하게 다룬다. 넷째, 탄력적이고 개방적인 공무원제도를 도입했다.

이 같은 방식의 정부 개혁은 '작지만 강한 정부' 실현에 기여했다.

공기업 개혁으로 '영국을 세계 최초의 민영화 수출국가'로 만들다

"대처리즘의 가장 결정적 요소이자 전 세계에 가장 강력한 영향을 미치게 될 조치는 바로 민영화였다."[53] 이는 공기업 민영화의 효과가 얼마나 컸는가를 나타내는 표현이다. 대처는 공기업 민영화에 성공하여 '영국을 세계 최초의 민영화 수출 국가로 만든 통치자'로 역사에 기록되었다.

• '민영화'라는 용어의 등장 배경

'민영화(privatization)'라는 용어의 등장 배경을 언급할 필요가 있다. 대처는 1979년 총선거에서 "영국경제의 두 가지 가장 큰 문제는 바로 국유기업의 독점과 노동조합의 독점입니다"라고 외쳤다. 당시 대처는 '민영화' 대신 '국유기업'이라는 용어를 사용했다. '민영화'라는 용어는 1990년대 후반에 와서야 대처가 처음으로 사용했다.

1979년 선거 때만해도 당시에 사용되던 '국유기업'에 대해서 주장할 수 있는 것은 기껏해야 '고칠 수 없는 금융목표치의 도입, 정부간

---

53) Yergin, D. and Stanislaw, J.(1998), *The Commanding Heights*, Simon & Shuster Inc.. (주명건 역(1999), 『시장 對 국가』, 세종연구원.)

섭의 배제, 효율성 제고, 정부 보조금의 중단' 정도였다. 그 이상 나아
간다는 것은 선거 바로 전날 투표자들을 깜짝 놀라게 위협하는 것과
같았다. 1979년 선거 후에도 상황은 변하지 않았다. '민영화'라는 용
어는 아예 존재하지도 않았다.

대처가 구조개혁을 추진해 가는 과정에서 누군가가 국유기업을
'상업화(commercialization)'해서 개인기업과 비슷하게 움직이도록 해
야 한다고 제안했다. 그러자 대처와 키스 조지프는 '개인기업 모방'보
다는 독창적인 것이 더 낫다고 말했다. 그렇게 하려면 새로운 종류의
사업을 만들어내야 했다. 이 새로운 '사업'에 이름이 필요했다.

"후보작이 하나 나왔다. 알기 쉬운 이름으로 '비국유화(denationalization)'
였다. 과거에 국유화를 통해 국가의 소유가 된 회사들을 개인의 손에
돌려준다는 것이다. 그런데 그 이름에 문제가 하나 있었다. 전화서비
스처럼 애초부터 국유화된 적이 없는 회사도 있었던 것이다. … 비국
유화라는 말은 결정적으로 부정적인 의미가 강했고, 또 호소력이 적
다는 약점이 있었다. 그래서 그들은 다른 용어를 찾았고, 그래서 나온
것이 바로 '민영화(privatization)'였다."[54]

이렇게 해서 이름 붙여진 '민영화'는, 영국이 케인즈주의를 세계로
수출하다가 밀튼 프리드먼의 통화주의에 눌려 있던 시기에 '가장 새
로운 발견'이 되어, 다시 수출주도권을 잡게 된 계기를 마련해 주었다.

• 민영화의 추진 배경

---

54) Yergin, D. and Stanislaw, J.(1998), *The Commanding Heights*, Simon &
Shuster Inc.. (주명건 역(1999), 『시장 對 국가』, 세종연구원.)

영국은 1945~1951년간 집권 노동당 정부가 고용 창출과 사회간접자본 충당을 위해 전기, 통신, 도로, 항만, 조선 등 주요 기간산업과 공익산업을 국유화했다. 국유화된 기업들은 일자리가 없던 근로자들에게 일자리를 마련해 주었고, 국가경제 재건에도 기여했다. 당시에 국유화는 사회주의 열풍에 힘입어 영국뿐만 아니라 프랑스, 독일 등에서도 유행처럼 확산되었다.

그러나 계속된 국유화정책은 공공부문의 지나친 비대와 비효율을 가져왔다. 대처가 집권할 무렵에 영국의 GDP 대비 공공지출 비율은 50%를 넘었고, 전체 고용인구의 약 10%에 이르는 206만여 명이 공기업에서 일했다. 영국정부는 적자에 허덕이는 공기업을 세금으로 보전(補塡)해야 했다. 영국의 재정적자와 국가부채는 계속 증가해갔고, 정부 팽창이 이어졌다. 이를 놓고 대처는 1979년 총선거에서 "영국 경제의 두 가지 큰 문제는 바로 국유기업의 독점과 노동조합의 독점"이라고 외쳤다.

• 민영화 추진의 목적과 성과

대처 정부가 추진한 민영화의 목적은 다음과 같다. 첫째, 고객의 이익을 위해 정부 사업과 서비스를 최대한 경쟁에 노출시켜 효율성을 촉진하게 한다. 둘째, 대중자본주의 실현을 위해 가능한 한 국민의 주식 소유를 확산시킨다. 셋째, 정부가 매각하는 사업에서 최대의 가치를 얻는다. 이 같은 목적을 내세워 대처 정부는 민영화를 세 단계에 걸쳐 추진했고, 뒤이어 보수당 메이저 정부도 이어갔다.

민영화의 성과는 다음과 같이 정리된다.

첫째, 민영화의 가장 큰 성과는 기업들이 정부 간섭에서 벗어나 자율적으로 경영하여 이익을 높일 수 있었고, 노조와의 협상이 비교적 자유로워졌다는 점이다. 한 예로, 영국항만은 민영화된 지 6개월 만에 이익이 150만 파운드에서 680만 파운드로 급증했고, 영국항공은 종업원 1인당 생산성이 50% 이상 향상되었다.

둘째, 민영화는 정부 독점에서 벗어나 민간부문에 새로운 일자리를 제공했고, 신기술 도입과 경쟁 촉진을 통해 기업 경쟁력을 강화했다.

셋째, 민영화된 기업은 이윤극대화를 실현하려고 노력했기 때문에 고객에게 질 좋고 다양한 서비스를 제공했다.

넷째, 정부소유의 임대주택을 세입자들에게 매각하여 중산층을 두텁게 했고, 국영기업 주식 매각을 통한 개인 주식소유자를 확대하여 대중자본주의 기초를 강화했으며, 국민주주화를 통해 민주적 자본주의 기초를 튼튼히 하는 데도 기여했다.

다섯째, 주식 매각을 통해 공기업의 만성적 외부차입을 차단하고, 국고 수입 증대로 재정적자 해소에 기여했다.[55]

여섯째, 민영화가 성공을 거두자 1980년대에 아르헨티나, 이탈리아, 포르투갈, 스웨덴, 핀란드, 인도네시아, 폴란드, 오스트리아, 중국 등이 '민영화 기법'을 배우려고 영국에 요청하자 민영화는 전 세계로 수출되었다. 이 결과 대처는 '영국을 세계 최초의 민영화 수출 국가로 만든 통치자'로 기록되었다.

55) 최양식(1998), 『영국을 바꾼 정부개혁-대처에서 토니 블레어까지』, 매일경제신문사.

• 민영화가 성공한 이유

민영화가 성공할 수 있었던 이유는 다음과 같다.

첫째, 민영화는 단계적으로 추진되었다.

둘째, 민영화는 다양한 전략을 세워 추진되었다. 예를 들면, 종업원의 반대가 심한 공기업은 종업원에게 주식을 무상이나 싼값으로 제공하는 전략으로, 경영층의 저항이 심한 공기업은 기존 공기업의 분리나 완전한 경쟁 도입을 일정 기간 연기해 주는 전략 등으로 대응했다. 민영화가 개별 기업에 경제력 집중과 특혜를 가져온다는 우려에 대해서는 국민주 방식으로 주식을 매각하거나 민영화한 후 독점규제 장치나 별도의 감독기관을 마련하는 등의 정책을 세워 대응했다.

셋째, 민영화는 구조개혁 전략의 일부로 추진되었다. 특히 대처는 문자 그대로 민간에게 매각한다는 의미의 '민영화'를 유일한 전략으로 삼지 않았다.

넷째, 부작용을 최소화하면서 추진했다. 대처는 국가전략산업 보호와 민영화 부작용 최소화에 역점을 두고 민영화를 추진했다. 대처는 민영화 추진과정에서 개인 또는 기관별 소유지분 제한, 무의결권주식 도입, 대상 기업의 사업 분할, 경쟁기업 육성, 정부의 황금주(golden share) 보유 등 다양한 방법을 통해 독점을 방지하고, 가격 인하와 서비스 향상을 도모했다.

이렇게 하여 민영화는 성공할 수 있었다. 대처는 세계 역사상 민영화를 사실상 최초로 추진했고, 민영화 추진에서 가장 성공한 통치자로 인정받는다.

'친시장적' 분배와 복지 개혁

대처는 저서 『국가경영』에서 자신이 추진한 '분배와 복지 정책'을 설명했다. 그 내용은 전문가의 이론 이상으로 탁월하다.

첫째, 국가는 가정의 지불능력을 따지지 않고 누구에게나 훌륭한 기초교육과 적절한 의료 서비스를 제공해야 한다. '훌륭한 기초교육과 건강'은 경쟁의 필수조건이다. 그래서 대처는 이를 국가가 책임져야 한다고 주장했다.

둘째, 국가는 특정 집단에게 자본축적을 통한 재산획득 기회를 마련해 주어야 한다. 대처는 사유재산제도를 지지했기 때문에 여건이 좋지 않은 사람들을 위한 복지정책은 그들에게 재산획득 기회를 주는 것이어야 한다고 주장했다.

셋째, 복지정책 수립에서는 시장을 왜곡하거나 의욕을 꺾지 않도록 해야 한다. 국가가 국민의 생활 구석구석을 돌봐주기 때문에 발병한 '영국병'이 말해주듯이, 복지정책은 '영국병'과는 달리 근로의욕을 높이는 것이어야 한다고 주장했다.

넷째, 국가는 특정 집단을 위한 복지정책 시행에서 개인의 선택권을 최대화해야 한다. 여건이 좋지 않은 사람들은 예를 들면, 집을 사거나 자녀 교육을 돌보거나 등 어떤 이유로 도움을 필요로 하는데, 국가는 그 사람의 필요에 맞춰 도와주어야 한다고 보았다. 이는 보편적 복지 아닌 선별적 복지를 뜻한다.

이처럼 대처는 복지정책에서 사회주의가 지향하는 '결과의 평등'

아닌 자본주의가 지향하는 '기회의 평등'을 강조했다. 그래서 대처는 "평등을 실현하려는 정부는 자유를 위협한다"고 경고했다. 이는 밀튼 프리드먼의 유명한 말—"평등을 자유보다 앞세우는 사회는 결국 평등도 자유도 달성하지 못하게 될 것이고, 자유를 첫째로 내세우는 사회는 더 많은 자유와 더 많은 평등을 달성할 것이다"[56]와 다르지 않다.

• 대처의 주택정책은 대표적 친시장적 복지정책

대처가 추진한 주택정책은 친시장적 복지정책의 대표라고 평가된다. 대처가 추진한 주택정책을 소개한다.

대처가 정권을 잡기 전 영국에서는 공공주택의 사적 소유는 전혀 허용되지 않았다. 돈 있는 사람들은 자기 집에서 살았지만 서민들은 공공임대주택에서 싼 임대료를 주고 살았다. 대처는 1979년 선거 공약에서 '대중자본주의 실현'을 목표로 '공공주택 세입자들에게 공공주택 소유를 허용하겠다'고 약속했다.

대처는 1980년에 주택법을 제정한 후 1990년까지 해마다 주택법을 제정 또는 개정해가면서 공공주택을 세입자들에게 싼 가격으로 팔았다. 이를 위해 대처는 '구매권(right to buy)' 제도를 도입했다. '구매권'이란 공공주택에 세든 사람이 2년에서 30년 동안 거주하면 주택가격의 32%~72% 수준의 싼 가격으로 공공주택을 매입할 수 있는 자격을 주는 제도다. '구매권'으로 공공주택을 구매하기 위해 세입자는 반드시 '근로해서 저축한다'는 것을 보여주는 저축통장을 갖춰야

---

56) Friedman, M & R.(1979), *Free to Choose*, Harcourt Brace Jovanovich, p.148.

했다.

그 결과는 어떻게 나타났을까? 대처가 집권한 1979년 이후 1988년까지 100만 채 이상의 공공주택이 판매되었는데, 이 가운데 3분의 2가 '구매권'이 바탕이 된 판매였다. 이들 공공주택은 사적 소유가 허용됨으로써 수많은 서민들이 '내 집'을 갖게 되었고, 공공임대주택은 '슬럼'에서 벗어날 수 있었다. 뿐만 아니라 공공주택 민영화는 사유재산제도 확산에도 기여했다.

교육개혁으로 교육평등주의를 추방하다

대처는 교육개혁에서도 경쟁원리를 과감하게 도입했다. 대처가 추진한 교육개혁의 핵심은 노동당 정부가 도입한 '교육 평등주의'를 무너뜨리는 것이었다.

1940년대에 영국은 과거 노동당이 도입했던 '1944년 교육법'에 따라 공립학교 학생들은 중등교육을 받은 후 세 가지 진로 가운데 하나를 선택하게 되어 있었다. 그것은 대학진학이 목표인 그래머 스쿨(Grammar School), 기술을 가르치는 테크니컬 스쿨(Technical School), 일반학생들을 대상으로 하는 모던 스쿨(Secondary Modern School)이었다. 교육법에 따라 초등교육(Primary School)을 마친 11세 정도의 학생들은 진로를 결정하기 위해 '일레븐 플러스(Eleven Plus)'라는 '진로선택시험'을 치러야 했고, 성적 결과에 따라 앞의 세 가지 스쿨 중 하나를 선택하게 되어 있었다.

부유한 계층의 자녀들은 일찌감치 사립학교에 가 고등교육을 받을 수 있었지만 부유하지 못한 계층의 자녀들은 능력이나 의욕이 있을 경우에만 고등교육을 받을 수 있는 길이 공교육에 열려 있었다. 그것이 바로 그래머 스쿨이었다.

그런데 1940년대 말경 노동당 정부는 11세 정도에서 인생의 방향을 결정짓는 '일레븐 플러스' 시험을 놓고 찬반 격론을 벌였다. 결론은 '11세 어린 나이에 장래를 선택하게 한다는 것은 바람직하지 않으므로 모든 학생들에게 평준화된 교육을 실시해야 한다'는 것이었다. 당시 집권당인 노동당 정부는 '평준화 교육 실시'를 전제로, 위에서 언급한 세 가지 타입의 교육을 하나로 통합한 '컴프리헨시브 스쿨(Comprehensive School)'을 도입했다.

이 결과, 부유하지 못한 계층 학생들의 능력을 더 키워줄 수 있는 길이 막히고 말았다. 이러한 교육제도가 부른 결과는 '소수 엘리트'와 '대다수의 버려진 그룹' 간의 심한 불균형이었다. 진학의 길이 막힌 '낙오자' 무리들은 실업보험 창구로 직행했고, 대낮부터 술집에 모여들었다. 이는 바로 '영국병'의 한 면이었다.

대처 정부는 노동당 정부가 도입한 교육 평등주의가 공교육에 미친 잘못을 어떻게 바로 잡을 수 있을 것인가를 최대 과제로 삼았다. 대처는 종전의 엘리트 교육에서 탈피해 '온 국민을 위한 교육'을 실현하려는 의욕에 불탔다. 대처의 교육개혁 내용은 '혁명적 변화'를 가져온 '1988년 교육개혁법'에 잘 나타나 있다. 이는 교육을 전문가와 관료의 독점에서 해방시켜 소비자인 부모와 아이들의 수요에 맞춰 질을 높인다는 것이었다. 그 내용은 부모의 권리 강화, 교육에서 소비자 우선, 경쟁원리 도입 등이었다.

대처는 특히 대학교육 개혁에서 경쟁원리를 도입했다. 당시 대학 진학률은 10명에 1명꼴인 10%로, 22%나 된 미국의 흑인보다 낮았다. 당시 대학생들은 지방자치단체와 정부에서 학비와 생활비를 보조받았다. 이를 놓고 대처는 '특권적 대우에 안주해 다른 9명의 납세자(주: 대학 진학률은 10%였음)의 노고를 잊어서는 안 된다'고 말하고, 정부의 대학생 학비 보조를 거세게 비판했다. 이어 대처 정부는 대학수업료의 일부 또는 전부를 학생들이 직접 부담하게 해 대학의 재정기반을 튼튼하게 했고, 대학이 입학자 수를 자율적으로 결정하게 해 대학의 자율권을 강화했다. 이 결과 대학은 경쟁체제를 갖추게 되었다.

'빅뱅'을 각오하고 금융개혁 추진하여 성공하다

대처가 겨냥한 구조개혁의 마지막 과녁은 금융개혁이었다. 금융개혁을 추진하면 영국 금융시장이 '빅뱅(Big Bang)이 되고 말 것'이라는 주변의 우려 어린 권고 때문에 대처도 금융개혁은 쉽사리 손댈 수 없었다.

금융개혁은 개방과 규제 철폐

영국 금융시장은 1802년 런던증권거래소 설립 이후 국제금융의 중심 역할을 해왔으나 1970년대 이후로는 각종 규제와 폐쇄적 운영으로 금융환경 변화에 적응하지 못해 그 위상이 크게 약화되어 있었다. 당시 영국의 증권회사는 업무영역 한정과 경쟁 제한이라는 금융시장 규제로 인해 미국의 투자은행이나 독일의 대형 은행 등 외국 금융기관에 비해 경쟁력이 형편없이 뒤떨어져 있었다. 게다가 대처가 집권 직후 1979년에 추진한 외환규제 철폐로 해외증권투자가 활발해지자 많은 영국주식이 수수료가 훨씬 낮은 미국시장으로 빠져나가 영국은 금융공동화 현상까지 발생했다.

이런 상황에서 대처는 1986년 10월 27일에 금융개혁을 발표했다. 대처는 국제 자본시장에서 런던 금융시장의 역할을 강화하고, 금융산업의 경쟁력을 높이려고 했다. 금융개혁에서는 개방과 규제 철폐가 핵심이었다. 대처는 증권업 참여자격을 확대하고, 겸업주의(兼業主義)를 도입하고, 결제시스템과 거래공시시스템 등을 개선하고, 수수료를 자율화하고, 투자가 보호 관련법을 정비하는 등 금융시장을 개방하고 규제를 철폐했다.

금융개혁은 곧바로 성과를 나타냈다. 금융개혁으로 거래비용이 크게 줄고, 중개효율이 크게 높아짐에 따라 외국 금융기관의 런던시장 진출이 확대되면서 영국은 국제 금융시장의 위상을 회복하기 시작했다. 유럽의 대형 은행들이 국제투자은행 업무의 거점을 런던에 구축했고, 미국, 일본 등 외국 대형 증권사들이 자회사를 설립해 런던증권거래소에 가입했다. 은행업과 증권업의 겸업이 허용됨에 따라 은행들이 보험, 연기금, 투자신탁 등 다양한 업종의 자회사를 소유하는 금융

그룹을 형성했고, 외국계 자본과 은행자본의 증권업 참여로 증권회사의 자본력도 크게 강화되었다.

이 결과 런던증시는 경쟁력을 갖추게 되어, 런던은 현재 세계 2위 금융시장 자리를 차지하게 되었다.

4

마거릿 대처의 업적(1): 세계를 시장경제로 바꾸다

마거릿 대처는 영국뿐만 아니라 세계도 바꾼 정치가다. 대처는 구조개혁을
추진하여 영국을 시장경제로 바꿨고, 신자유주의를 도입하여 세계가
잘살게 이끌었다. 이 점에서 대처의 업적은 두 가지로 나누어 다룬다.

◆
◆

대처의 구조개혁, OECD가 권고한 '구조개혁 교과서' 되다

대처가 추진한 구조개혁은 OECD가 회원국들에게 권고한 '구조개
혁 교과서'가 되었다. 대처의 구조개혁은 1984년에 집권한 뉴질랜드
의 데이빗 롱이 총리에게, 이어 1987년에 집권한 아일랜드의 찰스 호
이 총리에게 영향을 미쳤다. 이를 지켜본 OECD는 1990년에 『구조
개혁의 진전(Progress of Structural Reform)』이라는 보고서를 출간하여
회원국들에게 영국, 뉴질랜드, 아일랜드처럼 구조개혁을 추진할 것을
권고했다. 다음은 OECD가 밝힌 보고서 발간 이유다.

"첫째, 회원국들이 추진한 구조개혁의 내용을 보고하고 둘째, 다음
단계에서 추진되어야 할 구조개혁의 방향을 제시하며 셋째, 구조개혁
에 관한 다각적인 감시가 구조개혁 추진에 기여할 수 있다고 보기 때
문이다."

OECD가 권고한 구조개혁의 내용과 방향은 다음과 같다.

① 금융시장: 개방
② 해외직접투자: 장애요인 감축
③ 요소시장과 상품시장: 경쟁 강화
④ 경쟁정책: 규제완화 및 철폐
⑤ 국제무역: 자유화
⑥ 농업: 보조금지급 폐지
⑦ 산업정책: 경쟁력 강화
⑧ 노동시장: 유연성 제고
⑨ 공공부문: 민영화

OECD가 권고한 구조개혁의 내용은 9개 항목인데, 이들 항목은 '구조개혁이란 경제에 경쟁원리를 도입하여 시장경제를 활성화시키는 것'임을 보여준다. 이는 대처가 추진하여 성공한 구조개혁의 내용과 전혀 다르지 않다. 대처가 추진한 구조개혁은 OECD가 회원국들에게 권고한 '구조개혁 교과서'가 된 것이다. 관련된 성공 사례를, 뉴질랜드와 아일랜드에서 찾는다.

뉴질랜드, 대처리즘에 힘입어 구조개혁에 성공하다

영국인들은 '신이 내린 천국'을 건설하겠다며 1800년대 중반부터 뉴질랜드에 본격적으로 정착하기 시작했다. 영국인들은 출발부터 뉴질랜드를 '노동자 천국'으로 건설해 갔다. 뉴질랜드는 1894년에 세계 최초로 최저임금제를 도입했다. 같은 해 뉴질랜드는 '산업 평화와 중재에 관한 법(Industrial Conciliation and Arbitration Act of 1894)'도 도입했는데, 이 법에 힘입어 뉴질랜드는 100여 년 동안 중앙집권적 노사관계를 유지하여 강성노조가 탄생했다. 강성노조는 1916년에 노동당을 창당했고, 1935년에 집권에도 성공했다. 노동당은 정권을 잡자마자 모든 노동자를 의무적으로 노조에 가입케 했고, 각종 사회입법과 사회보장제도를 무차별적으로 도입했다. 모든 노동자는 고용계약 체결 후 14일 이내에 노조에 가입해야 했고, 설립신고를 마친 노조는 해당 직종의 모든 노동자에 대해 독점권을 가졌다. 노조 권한은 날로 막강해 갔다.

그 과정에서 뉴질랜드는 1950년대만 해도 1인당 국민소득 세계 5위의 선진복지국가였으나 1960년대에 들어와 영국경제가 몰락하자 뉴질랜드경제도 기울기 시작했고, 1970년대에 두 차례의 유가파동을 겪고 나서는 그만 활력을 잃고 말았다.

이런 여건에서 노동당 롱이 총리는 1984년에 정권을 잡고 영국의 마거릿 대처처럼 구조개혁을 추진하기 시작했다. 구조개혁은 어렵지 않게 추진되어 성공을 거두었다. 그러나 노동시장 개혁은 노조의 파워에 밀려 성역(聖域)으로 남아 있었다. 1980년대 중반 뉴질랜드는 노동시장이 가장 경직된 나라였다.

1980년대 초반에 국민당 정부가 1차 노동시장 개혁을 추진했으나 노조의 막강한 파워에 막혀 실패했다. 1984년에 노동당 정부가 2차 노동시장 개혁을 추진했지만 역시 노조의 막강한 파워에 막혀 실패했다. 1990년 11월에 정권을 잡은 국민당 정부가 3차 노동시장 개혁을 추진했다. 3차 노동시장 개혁에서는 우군(友軍)의 지원, '기업원탁회의'의 참여 등으로 노동시장 개혁이 힘겹게 성공했다. 성공의 결정적 요인은 1991년 5월 15일에 이뤄진 '고용계약법(Employment Contract Act of 1991)' 도입이었다. 이 법 도입만으로 100여 년 동안 유지되어 오던 '중앙집권적 노사관계'가 하루아침에 '분권적 노사관계'로 '혁명적으로' 바뀌어 노동시장 개혁이 성공한 것이다. 이 이야기는 〈07 앙겔라 메르켈 편〉맨 끝에 〈부록〉으로 첨부했다.

노동시장 개혁에 성공한 뉴질랜드는 롱이 총리를 뒤이은 여러 총리들도 지속적으로 구조개혁을 추진했다. 이 결과 뉴질랜드는 경제자유지수로 나타낸 시장경제활성화 수준이 2016년 세계 162개국 가운데 1위 홍콩, 2위 싱가포르에 이어 3위인데, 홍콩을 제외하면 세계 2위다. 한편 노동시장 개혁에 성공한 뉴질랜드는 1990년 이후 노동시장 유연화가 지속적으로 이루어져 2016년에 노동시장 규제가 약하기로 5위인데, 1위 홍콩, 2위 피지, 4위 나이지리아를 제외하면 162개국 가운데 사실상 미국에 이어 2위다.

아일랜드, 18년 만에 1인당 국민소득 1만→5만대 진입하다

아일랜드는 한 때 '유럽의 병자'로 불렸을 정도로 가난한 나라였다. 아일랜드는 1937년에 독립할 때까지 400여 년 동안 영국의 지배를 받았다. 1845~51년간에는 감자 흉작으로 100만여 명이 굶어 죽고, 100만여 명이 일자리를 찾아 해외로 떠났다. 1973년 1차 유가파동 이후 아일랜드는 저성장, 고실업, 소득 감소, 높은 인플레이션, 재정적자 증가, 막강한 노조파워 등으로 OECD 국가 가운데 경제 사정이 가장 좋지 않았다.

아일랜드는 구조개혁 외에 다른 대안이 없었다. 1987년 정권을 잡은 호이 총리는 영국의 대처처럼, 뉴질랜드의 롱이처럼 구조개혁에 착수했다. 아일랜드경제가 살아났다.

아일랜드는 경제자유지수로 나타낸 시장경제활성화 수준이 2016년 세계 162개국 가운데 1위 홍콩을 제외하면, 싱가포르, 뉴질랜드, 스위스에 이어 4위다. 아일랜드는 규제가 약하기로 OECD 국가 가운데 영국 다음이고, 노동시장이 유연하고 법인세율이 선진국 가운데 가장 낮은 12.5%여서 외국기업들이 경쟁적으로 투자한다. 2017년까지 아일랜드에 유입되어 쌓인 해외직접투자 액수는 8,802억 달러나 된다. 아일랜드에는 IBM, Intel, Microsoft, Oracle, Pfizer 등 세계적인 기업들이 진출해 아일랜드를 유럽시장 진출을 위한 전진기지로 삼고 있다. 아일랜드에 진출한 외국기업들은 수많은 일자리를 창출했고, 아일랜드 수출의 5분의 4, GDP의 4분의 1을 기여했다. 현재 세계 10대 소프트웨어기업 가운데 5개사가 아일랜드에 진출해 있고, 아일랜드에서 생산되는 소프트웨어의 유럽시장 점유율은 60%나 된다.

아일랜드는 1990~2016년간 연평균 성장률이 5.4%로, 선진국 가운데 가장 높다. 이 결과 아일랜드는 1인당 국민소득이 세계 최초로 18년 만에(1989~2007) 1만 달러대에서 5만 달러대로 진입한 나라다. 지금까지 1인당 국민소득이 5만 달러대에 진입한 나라는 아일랜드를 포함하여 모두 12개국이다. 한 때 '유럽의 병자'로 일컬은 아일랜드는 지금 '켈틱 타이거(Celtic Tiger)'로 불린다.

마거릿 대처의 업적(2): 레이건과 함께 '신자유주의'를 탄생시키다

대처가 추진한 구조개혁은 '신자유주의(neo-liberalism)'를 탄생시켰다.
언제부터서인지는 확실하지 않으나 '신자유주의'란 '시장경제'에 새롭게 붙여진
이름이다. 레이건은 '작은 정부' 실현을 통해 신자유주의 탄생에 기여했다.
레이건의 기여는 〈레이건 편〉에서 이야기한다.

신자유주의란 마거릿 대처가 '큰 정부와 사회주의 정책으로 만연된 영국경제를 시장경제로 바꾼 구조개혁 정책'이다. 달리 말하면, 신자유주의란 '작고도 강한 정부를 추구하면서 개인과 기업의 경제적 자유를 강화하는 정책'이다. 여기서 분명히 해두어야 할 것은, 신자유주의란 '이념이나 사상이 아니라 정책'인데, 대부분의 사람들, 특히 좌파들은 이를 이념이나 사상으로 오해하고 있다는 점이다. 신자유주의는 앞에서 언급한 OECD 보고서 내용대로, 경제 개방, 무역자유화, 경쟁 강화, 규제 완화 및 철폐, 노동시장 유연화, 공기업 민영화 등 같은 정책을 통해 경제체제를 시장경제로 강화하는 정책이다.

신자유주의가 시장경제 활성화에 기여했다

신자유주의가 세계를 바꿔놓았다. 그 대표적 증거로, 여기서는 '정

부지출 감소, 개인소득세 최고세율 감소, 법인세 최고세율 감소' 세 가지 이슈를 이야기하고, 이 글 끝에서 신자유주의가 주는 교훈을 자세하게 논의한다.

• 세계는 정부지출 감소하여 '작은 정부'로 돌아섰다.

세계는 1980년대부터 '작은 정부'로 돌아섰다. OECD 국가들의 GDP 대비 정부지출 비율이 이를 말해준다. 세계경제가 호황기에 들어선 1992년부터 글로벌 금융위기 발생 전 2007년까지 OECD 30여 개국 가운데 한국, 일본, 아이슬란드, 프랑스 네 나라만 정부지출 비율이 증가했을 뿐 나머지 국가들은 모두 감소했다(이와 관련하여 304쪽 〈표 6〉 참조). 놀랍게도, 스웨덴은 정부지출 비율이 1970년 43.0%에서 1993년 70.5%로 증가했다가(주: 이는 세계 역사상 가장 높음) 그 후 지속적으로 작은 정부로 이어져 2007년에는 51.0%로 감소했다. 1993~2007년간 15년 동안에 감소폭이 무려 19.5%포인트나 된다. 이처럼 감소폭이 큰 경우는 세계 역사상 처음이다. 정부지출 감소는 개인과 기업의 자유를 높여 시장경제 활성화에 기여한다.

• 세계는 개인소득세 최고세율을 감소해 오고 있다.

G7 국가들과 한국의 개인소득세 최고세율 감소 추세를 보자. 다음은 1985→2018년간 개인소득세 최고세율 감소 추세.

미국: 50%→37%   일본: 70%→55.95%

독일: 65%→45%   영국: 60%→45%

프랑스: 65%→49%   이탈리아: 81%→43%

캐나다: 50%→33%   한국: 65%→42%

G7 국가와 한국에서 개인소득세 최고세율은 한결같이 감소했다. 개인소득세 최고세율 감소폭은 최소 미국의 13%포인트에서 최대 이탈리아의 38%포인트에 이른다. 개인소득세 최고세율 감소는 시장경제의 핵심 내용 가운데 하나인 '개인의 경제적 자유' 강화, 곧 시장경제 활성화에 기여한다.

• 세계는 법인세 최고세율을 감소해 오고 있다.

G7 국가들과 한국의 법인세 최고세율 감소 추세를 보자. 여기서 언급하는 법인세율은 중앙·지방정부를 포함한다. 자료가 충분치 않아 2000→2018년간의 변화만 언급한다.

미국: 39.34%→25.84%   일본: 40.87%→29.74%

독일: 51.61%→29.83%   영국: 30%→19%

프랑스: 37.76%→34.43% 이탈리아: 41.25%→27.81%

캐나다: 42.43%→26.8%   한국: 30.8%→27.5%

G7 국가와 한국의 법인세 최고세율 감소폭은 최소 한국의 3.3%포인트에서 최대 독일의 21.78%포인트에 이른다. 법인세 최고세율 감소는 시장경제의 핵심 내용 가운데 하나인 '개인과 기업의 경제적 자유' 강화, 곧 시장경제 활성화에 기여한다.

위에서 이야기한 '정부지출 감소, 개인소득세 최고세율 감소, 법인세 최고세율 감소'는 1980년대 이후 신자유주의 기간에 집중적으로 이뤄졌다는 점을 간과해서는 안 된다.

6
영국경제의 현주소

대처는 사회주의에 만연된 영국경제를 시장경제로 바꿔놓은 결과 오늘날 영국은
대표적인 시장경제국가가 되어 있다. 몇 가지 지표를 사용하여 영국경제의
현주소를 간략히 언급한다.

◆
◆

• 영국은 대표적인 시장경제국가

영국은 1975년에 시장경제 활성화 수준이 한국보다 약간 높았는
데(한국: 38위/109개국, 영국: 22위/109개국), 1980년대부터 향상되기 시
작하여 2016년에는 162개국 중 9위다. (한국은 35위.) 홍콩과 모리셔
스를 제외하면 영국은 7위.

• 성장률이 선진국 중 미국 다음으로 좋은 나라

영국은 2013~2017년간 연평균 성장률이 2.1%로, 미국 2.2%보
다 약간 낮지만 독일 1.8%, 유로지역 1.5%보다는 훨씬 높다.

• 실업률이 낮은 나라

영국은 2018년 전반기 실업률이 4.2%로, 미국 4.0%보다 약간 높
고 독일 3.5%보다 훨씬 높지만 유로지역 8.5%보다는 훨씬 낮다.

• 1인당 국민소득 5만 달러대에 진입한 G7 중 3대 국가

영국의 1인당 국민소득은 글로벌 금융위기 직전인 2007년에 5만

달러대에 진입하여, 5만 달러대에 진입한 세계 12개국 가운데 하나다. G7 국가로서 5만 달러대에 진입한 경우는 미국, 캐나다, 영국뿐이다.

• 노동시장 규제가 약하기로 3위인 나라

영국은 2016년 노동시장 규제가 약하기로 세계 162개국 가운데 사실상 미국, 뉴질랜드에 이어 3위다. 프레이저 인스티튜트에 따르면, 영국은 2016년 노동시장 규제가 약하기로 162개국 가운데 10위인데 홍콩, 피지, 나이지리아, 브루나이 D., 부탄, 우간다, 르완다를 제외하면 3위다. 이 경우 미국이 1위, 뉴질랜드가 2위다. 영국은 OECD 국가 가운데 정규직 고용보호가 약하기로 미국 다음이다.

7

마거릿 대처가 주는 교훈

대처는 구조개혁에 성공하여 세계를 시장경제로 바꿨고, 또 레이건과 함께
'신자유주의' 탄생에도 영향을 미쳤다. 여기서는 대처가 주는 교훈으로,
그가 강조한 '법치(法治)'에 이어 신자유주의를 이야기한다.

◆
◆

자유는 법에 의해서 만들어진다

기독교가 세계종교가 될 수 있었던 가장 중요한 요인의 하나는 기
독교가 출발부터 법치를 중요하게 여겼기 때문이다.[57] 하나님은 이
집트를 탈출한 이스라엘 백성에게 "너희가 내가 세워준 언약을 지키
면 너희는 내가 선택한 백성이 된다"며 맨 먼저 '십계명(十誡命, Ten
Commandments)'을 주셨다. '십계명'은 기독교에서 최상위법이다. 법
치는 어느 시대, 어느 장소를 가릴 것 없이 중요하다. 법치 없는 세상
은 무법천지(無法天地)가 되고 말 것이기 때문이다. 로마가 천년 동안
세계를 지배할 수 있었던 이유는 로마가 법치국가였기 때문이다.

마거릿 대처는 1992년 9월 고려대 〈인촌기념강의〉에 초청 받아
〈대처주의에 관하여: 이념과 실제〉라는 강연을 했다. 이 강연에서 대

---

57) 박동운(2018), 『성경, 예수, 그리고 기업가정신』, 이담북스, PP.11~12.

처는 '대처리즘의 원리'를 손수 일곱 가지로 나눠 설명했는데, 그 중 하나로 '법치'의 중요성을 강조했다.

"다섯째, 나는 자유로 인해서 무정부상태가 되어서는 안 된다는 신념을 갖고 있습니다. 자유는 법에 의해서 만들어집니다(freedom is the creature of law.). 그렇지 않다면 인간은 야수(野獸)가 될 것입니다."

대처는 또 『국가경영(Statecraft)』에서 자본주의의 작동 조건으로 '법치'를 강조했는데, 그 내용을 요약하면 다음과 같다.[58]

'나는 자유로운 기업 활동이 보장되는 자본주의가 효과적으로 작동하기 위해서는 다섯 가지 조건이 갖춰져야 한다고 생각한다. 그것은 첫째, 사유재산이 반드시 존재해야 하고 둘째, 사회가 법의 지배를 받아야 하고 셋째, 기업친화적인 문화가 있어야 하고 넷째, 경쟁관계에 있는 다양한 국가들이 있어야 하고 다섯째, 사람들의 의욕을 부추기는 조세제도와 최소한의 규제가 있어야 한다는 것이다. 이러한 다섯 가지 조건들이 갖춰질 때 개인들은 부를 창출한다.'

대처는 자본주의(또는 시장경제) 작동의 둘째 조건으로 '법치'를 내세웠다. 이는 그가 〈인촌기념강의〉에서 말했던 것과 다르지 않다. 앞에서 언급한 대로, 대처는 1980~1988년간 다섯 차례에 걸친 노동시장 개혁에서 철저하게 '법치'를 적용하여 노조파워를 무력화시켰다. 뿐만 아니라 국영탄광 구조조정을 놓고 벌인 스카길 노조위원장과의 363일간 싸움에서도 '법치'를 적용하여 승리할 수 있었다. '법치'에 의존

---

58) 인용은 대처의 저서 『국가경영(Statecraft)』 번역판, pp.540~552의 내용을 필자가 요약한 것이다.

하여 영국을 다스린 대처는 그야말로 '철의 여인'임에 틀림이 없다.

문재인 정부에서 한국은 노조천국이 되어 가고 있다

문재인 정부에서 한국은 민노총 주도로 '노조천국'이 되어 가고 있다. 이는 문재인 대통령이 야당 시절 광화문 길거리에 앉아 민노총 파업에 박수를 쳤고, 민노총이 이에 대한 보답으로 대선에서 문재인 후보를 지원함으로써 민노총이 먹이사슬 최상층에 앉게 되어 나타난 결과다. 문재인 정부에서 노조는 '불법'으로 한국을 노조천국으로 만들어 가고 있다. 세계 추세와는 정반대다. 그래도 문재인 대통령은 침묵으로 일관하고 있다. 노조의 불법을 막지 않으면 한국은 미래가 없다. 노조는 대처처럼 법치로 다스려야 한다.

신자유주의, '소득과 일자리 호황'을 가져오다

신자유주의에 힘입어 1980년대부터 2008년 글로벌 금융위기 직전까지 세계는 소득과 일자리에서 호황을 누렸다. 세계의 1인당 소득은 1990년에 4,292달러였는데 2007년에 8,658달러로, 17년 만에 2배 이상 증가했다. 세계의 연평균 성장률은 1991~2007년간 3.0%로, 높은 편이다. 여기에다 실업률은 1970년대 유가파동 이전의 인력 부족 상태 수준으로 낮아졌다.

미국의 실업률 감소가 이를 대변한다. 미국의 실업률은 1992년에

7.5%였는데 2000년에 4.0%로 감소했다. 미국은 2차 대전 이후부터 4.0% 실업률을 '완전고용' 목표로 삼았는데 유가파동으로 4.0% 실업률 달성이 어렵게 되자 1970년대 초에 이를 파기했었다. 2000년에 미국이 실업률 4.0%를 기록하자 정책입안자들은 흥분했다. 그만큼 미국경제는 호황이었다. 비슷한 시기에 실업률은 아일랜드가 3.9%, 뉴질랜드가 3.7%를 기록했다. 이는 전적으로 신자유주의의 기여다.

금융위기를 계기로 좌파들은 신자유주의를 비판했다

잘 나가던 세계경제가 2008년 미국발 글로벌 금융위기를 맞았다. 2008년 글로벌 금융위기는 돈 가지고 돈 벌려는 은행들의 탐욕, 곧 자본주의의 탐욕이 개입하기는 했지만 근본적으로 미국 정부가 잘못된 금융제도에다 금융관리마저 잘못해서 일어난 정부실패의 결과다. 금융위기를 계기로 신자유주의는 좌파들로부터 호된 비판을 받았다.

금융위기와 관련하여 좌파들이나 일부 언론인들이나 일부 종교인들은 신자유주의를 탄생시킨 대처와 레이건을 혹독하게 비판했다. 좌파들은 신자유주의가 세계를 소득불평등과 소득양극화 악화로 이끌었다고 비판했다. 그래서 좌파들은 신자유주의를 버리고 '큰 정부'로 회귀해야 한다고 주장했다.

신자유주의 때문에 소득불평등이 악화된 것이 아니다

소득불평등은 여러 가지 요인에 의해서 결정되기 때문에 좌파들이 신자유주의를 주범으로 내세우는 것은 잘못이다. 1980년대 이후의 소득불평등 악화를 놓고, OECD는 그 이유를 다음과 같이 설명한다.[59]

첫째, 경제구조 변화로, 선진국에서는 저임금 업종인 제조업이 쇠퇴하고 고임금 업종인 기술·정보·통신 분야가 빠르게 성장하여 임금격차 심화로 근로소득 불평등이 악화되었다.

둘째, 글로벌화로, 국제간의 자유무역이 확대되어 선진국에서는 노동집약적·저임금 산업이 쇠퇴함으로써 임금격차 심화로 근로소득 불평등이 악화되었다.

셋째, 기술발전으로, 선진국에서는 상대적으로 저임금·저숙련 노동에 대한 수요가 빠르게 감소하고 지식·기술·정보 관련 산업의 고임금 노동에 대한 수요가 빠르게 증가함으로써 근로소득 불평등이 악화되었다.

장하준 교수, 신자유주의에 대한 좌파 주장을 대변하다

장하준 영국 케임브리지대 교수는 글로벌 금융위기 직후인 2010년에 『그들이 말하지 않는 23가지』라는 저서를 펴냈다.[60] 이 책은 본

59) OECD(1995), *Income Distribution in OECD Countries Evidence from the Luxemburg Income Study*, p.83.

60) 장하준(2010), 『그들이 잘못 말한 23가지 더 나은 자본주의를 말하다』, 부키.

래 *23 things they don't tell you about Capitalism*이라는 제목으로 영어로 출간되었다. 제목에서 '그들(they)'은 신자유주의자들을 말한다. 나는 장하준이 '신자유주의'를 비판하는 대표적인 학자이고, 국내 아닌 '캠브리지대 외국 학자'로 간주한다는 것을 밝혀둔다. 나는 390쪽에 이르는 『장하준 식 경제학 비판』이라는 저서에서, 신자유주의에 대한 장하준의 23가지 비판이 모두 잘못된 것임을 낱낱이 지적한 바 있다.[61] 실제로 장하준의 저서를 놓고, 영국의 더타임스는 "그가 말하는 진실은 그가 자유시장주의자를 비판하는 것처럼 객관적이지 않다"라며 "조심해서 읽으라"고 경고했고, BBC 방송은 그를 '좌파'라고 표현했다.[62]

여기서는 "자유무역, 자유시장 정책을 사용해서 부자가 된 나라는 과거에도 거의 없었고 앞으로도 거의 없을 것이다"[63]는 장하준의 주장이 궤변임을 이야기한다. 장하준의 주장인즉, "정부는 언제나 시장에 개입하고 있기 때문에 … 자유시장이라는 것은 환상이고, … 그래서 자유시장이라는 것은 없다"는 것이다. 그래서 그는 "자유시장이 존재한다는 신화에서 벗어나는 것이야말로 자본주의를 이해하는 첫걸음이다"고 주장한다. '자유무역, 자유시장 정책으로 부자 나라가 된다'는 것은 시장주의자들의 핵심 주장이다.

---

61) 박동운(2011), 『장하준 식 경제학 비판』, nos vos.

62) 김순덕(2010.12.13.) 〈장하준이 말하지 않은 것들〉(동아일보 칼럼).

63) 장하준, 상게서, p.234.

싱가포르, 장하준의 주장이 궤변임을 입증하다

정부 규제가 지배적인 현대에서 장하준이 언급한 수준의 '자유시장'을 찾는다는 것은 현실에서 유토피아를 찾는 것만큼이나 어려운 일이다. 그런데도 자유주의자들은 '어떤 기준'을 설정하여 그 기준에 부합하면 '자유시장'이라고 받아들인다. 그 대표적인 기준이 프레이저 인스티튜트의 '경제자유지수(EFI, Economic Freedom Index)'다. 이 지수를 적용할 때 싱가포르는 세계 제1의 '자유시장·자유무역 국가'인데, 싱가포르는 '자유시장·자유무역 정책'으로 세계 초일류국가가 되어 있다.

프레이저 인스티튜트는 2018년 10월에 '2016년 162개국의 경제자유' 순위를 발표했다. 이에 따르면, '자유시장' 순위 1위는 홍콩, 2위는 싱가포르다. '자유무역' 순위 역시 1위는 홍콩, 2위는 싱가포르다. 2017년에 싱가포르는 GDP 대비 수출·입 비중이 178%로 세계 1위의 개방국가다. 독립국가 아닌 홍콩을 제외하면 2016년에 '싱가포르는 자유시장·자유무역국가 세계 1위'다. 대표적 '자유시장·자유무역국가' 싱가포르는 2016년에 1인당 국민소득이 51,126달러로, 높기로 세계 200여 개국 가운데 8위다.[64] 1959년 건국 이후로 수출주도형 개방정책을 추진하여 자유시장·자유무역을 추구해 온 싱가포르는 현재 세계 초일류국가다. 이는 〈01 리콴유 편〉에서 자세히 이야기

---

64) 2016년 1인당 국민소득 순위: 1위 스위스, 2위 노르웨이, 3위 룩셈부르크, 4위 미국, 5위 덴마크, 6위 아일랜드, 7위 스웨덴.

했다.

싱가포르뿐인가. 2016년 1인당 국민소득을 보면, 시장경제국가 남한은 27,813달러, 지구상에서 유일한 사회주의국가 북한은 667달러로, 남한이 북한보다 40배 이상 더 잘산다. 이는 남한이 자유시장·자유무역정책을 추진해온 결과다.

칼레츠키, '사회주의 큰 정부는 신자유주의 대안이 아니다'

2008년 글로벌 금융위기를 계기로 좌파들은 '신자유주의는 죽었다'며 대처와 레이건을 혹독하게 비판했다. 이 무렵 아나톨 칼레츠키가 『자본주의 4.0』[65]을 썼다. 그는 한국 연설에서 신자유주의에 대한 좌파들의 비판을 놓고 이렇게 말했다.

"좌파들은 시계추를 무려 50년 뒤로 돌려 정부 만능, 노조 만능의 시대로 돌아가려 한다. …. 정부만능의 자본주의 2.0(주: 1930년대의 대공황으로부터 1980년대 신자유주의 등장까지의 '큰 정부' 자본주의 기간)은 현재 시스템(주: 1980년대부터 2008년 글로벌 금융위기까지, 곧 '작은 정부' 신자유주의 기간)만큼이나 현란하게 부서졌다."[66]

칼레츠키는 신자유주의도 문제가 있지만 사회주의는 결코 신자유

---

65) Kaletsky, A.(2010), *Capitalism 4.0: The Birth of a New Economy*, Bloombury Publishing. (위선주 역(2011), 『자본주의 4.0: 신자유주의를 대체할 새로운 경제 패러다임』, 컬처앤스토리)

66) 이 강연은 2011년 11월 19일에 한 것으로, 그 내용이 〈Weekly BIZ〉(2011.11. 20)에 실렸음.

마거릿 대처   **243**

주의의 대안이 될 수 없다며 신자유주의를 비판하는 좌파들의 주장을 일축해버렸다.

세계는 신자유주의로 회귀하고 있다

2008년 글로벌 금융위기 이후 꼭 10년이 지났지만 세계의 경제 체제나 경제 질서는 변한 것이 없다. UN 자료가 됐건, OECD 자료가 됐건 세계는 금융위기에서 벗어나 다시 '작은 정부'를 지향하는 시장 경제 쪽으로 향하고 있다.

현 시점에서 좌파들은 왜 침묵하고 있는가? 좌파들은 왜 시장경제를 대체할 수 있는 경제 체제를 내놓지 못하고 있는가? 대답은 간단하다. 시장경제만한 경제 체제가 없기 때문이다. 한 때 시장경제 대안으로 '제3의 길'이 빛을 본 적이 있으나 지금은 구름처럼 사라지고 없다. 최근에 좌파들은 신좌파로 옷을 갈아입고 '공동체'라는 말을 자주 사용한다. 이들이 내세우는 정책은 문재인 대통령처럼 소득불평등이나 소득양극화 개선이다. 이와 관련된 정책은 뻔하다. 그것은 '큰 정부 복지정책'이다. 복지도 좋지만 어느 나라에서나 문제는 그 많은 돈이 어디서 나오느냐이다. 이런 문제에는 아랑곳 하지 않은 채 "좌파 정치가들은 처음부터 '왜 국가가 국민들의 주머니에서 추가로 돈을 더 가져와야 하는가?'라고 묻는 대신 '그게 왜 안 돼?'라고 말한다."[67]

시장경제에 대한 좌파 주장의 오류는 '시장경제를 무정부 상태'로

---

67) Thatcher, M.(2002), *Statecraft.* (번역판 『국가경영』, p.553.)

본다는 데 있다. 시장경제가 제대로 작동하기 위해서는 반드시 법치가 바탕이 되어야 한다. 대표적인 시장경제 국가 미국은 세계 제일의 법치국가가 아닌가. 마거릿 대처는 시장경제가 금과옥조로 받드는 '개인과 기업의 자유'는 법이 만든다(freedom is the creature of law)고 강조하지 않았는가.

또 시장경제의 단점은 '소득불평등'이라고 알려져 있다. 공산주의가 당시 공업인구가 4%에 불과한 마르크스의 나라 독일이 아닌 농노(農奴)의 나라 러시아에서 출발한 것은 소득분배 개선 구호가 먹혀들었기 때문이다. 그 후 사회주의 국가 소련은 한 때 지니계수가 0.22로 세계 역사상 가장 낮아 소득불평이 가장 심하지 않은 나라로 평가되었다.[68] 그런데도 소련은 진즉 역사 속으로 사라져 버렸다. 이는 '개인과 기업의 자유'를 허용하지 않고는 역사 발전이란 기대할 수 없다는 증거다.

시장경제도 '소득불평등' 해소를 주요 정책 과제로 삼는다. 역사상 대표적 자유주의자 프리드리히 하이에크는 이미 1940년대에 소득불평등 해소방안을 제시했다.[69] 그는 "누구에게나 건강과 근로능력을 유지하는 데 충분한 어떤 최저한도의 음식, 주거, 의류 보장"을 복지정책으로 제안했다. 그러면서 하이에크는 국가가 취약계층을 돕는

（68）Bergson, A.(1989) *Planning and Performance in Social Economies-The USSR and Eastern Europe*, Unwin Hyman, p.73.

69) Hayek, Friedrich(1944), *Road to Serfdom*, University of Chicago.(1994년 판), 9장.

'기준' 설정에는 어려움이 있다고 지적하고, 잘못하면 사회주의 국가처럼 '큰 정부'가 되어 개인의 자유를 억압하게 된다고 경고했다. 유엔은 '누구에게나 기본 욕구(basic Needs)를 충족시킬 수 있는 복지정책'을 회원국들에 권장하고 있는데, 이는 하이에크의 제안에 바탕을 둔 것이다. 하이에크의 복지정책은 '보편적 아닌 선별적 복지'다.

대처는 선별적 복지정책을 실시한 정치가다.[70] 그가 실시한 복지정책은 다음과 같다. 첫째, 국가는 가정의 지불능력을 따지지 않고 누구에게나 훌륭한 기초교육과 적절한 의료서비스를 제공해야 한다. 둘째, 국가는 특정집단에게 자본축적을 통한 재산획득 기회를 마련해주어야 한다. 셋째, 복지정책 수립에서는 시장을 왜곡하거나 의욕을 꺾지 않도록 해야 한다. 넷째, 국가는 특정집단을 위한 복지정책 시행에서 개인의 선택권을 최대화해야 한다. '눈칫밥 없애기 위해 선별적 아닌 보편적 복지를 실행해야 한다'[71]는 장하준의 궤변 같은 복지론과 비교할 때 대처가 실행한 복지정책은 얼마나 훌륭한가.

좌파들이 실현 가능한 시장경제 대안을 제시하지 못하는 한 자유주의가 됐건, 신자유주의가 됐건 세계는 시장경제와 보조를 맞춰 나아갈 것이다.

---

70) Thatcher, M.(2002), *Statecraft*. (번역판 『국가경영』, p.563~4.)

71) 장하준(2010), 전게서, 299.

05
로널드 레이건

작은 정부 실현하여 자유로운 미국을
만들고, 냉전 종식시켜 평화로운 세계를 만들다

Ronald Reagan

로널드 레이건
작은 정부 실현하여 자유로운 미국을
만들고, 냉전 종식시켜 평화로운 세계를 만들다

미국의 40대 대통령 로널드 레이건(1911~2004)은 국무회의 도중에 코를 쿨쿨 곤 대통령으로도 유명하다. 그런데도 그는 최근에 들어와 인기 면에서 부동(不動)의 1위인 16대 대통령 에이브러햄 링컨을 앞서고 있다. 미국 대통령으로서 확고한 비전을 가지고 미국과 세계를 잘 다스려 얻은 영광이다.

영화배우 출신 레이건은 정치가로서 일찌감치 두 가지 비전을 제시했다. 하나는 '미국인들 모두가 자유롭고 풍요롭게 살아가는 나라 미국'을 만들고, 또 하나는 '세계인들 모두가 자유롭고 평화롭게 살아가는 세상 세계'를 만드는 것이었다. 레이건은 이 두 가지 비전을 이루기 위해 두 가지 목표를 세웠다. 하나는 자유와 번영의 길을 가로막는 거대한 미국정부와 맞서 싸우는 것이고, 또 하나는 자유와 평화의 길을 가로막는 위협적인 소련과 맞서 싸우는 것이었다. 레이건은 자신의 비전을 이루었다. 이 결과, 미국은 작은 정부를 실현하여 '미국 국민들이 자유롭고 풍요롭게 살아가는 나라'가 되었고, 세계는 냉전 종식으로 핵전쟁의 위협에서 벗어나 '세상 사람들이 자유롭고 평화롭게 살아가는 세상'이 되었다.

레이건의 삶, 레이건이 추진한 경제개혁 등을 이야기한다. 레이건이 추구한 보수주의 이념도 다룬다.

주요 참고문헌
김윤중(2016), 『위대한 대통령 로널드 레이건』, 더로드.
김형곤(2007), 『로널드 레이건 가장 미국적인 대통령』, 살림.

태어나서 정치가가 되기까지

태어나서 정치가가 되기까지 레이건의 삶을 정리한다.

신앙심 깊은 어머니의 영향을 받다

레이건은 1911년 2월 6일에 일리노이주의 작은 농촌 마을 탬피코에서 태어났다. 그의 아버지는 19세기 초 아일랜드에서 이민 온 가톨릭 신자였다. 그의 아버지는 일정한 직업을 갖지 못했고, 알콜 중독자였다. 그의 어머니는 영국계 혈통을 지닌, 신앙심 깊은 기독교 신자였다.

레이건은 어릴 때부터 어머니로부터 신앙심을 배웠고, 꿈을 가지고 노력하면 그 꿈을 이룰 수 있다는 낙관적인 믿음을 배웠다. 그의 어머니는 아들을 자상하고 도덕적이며 낙관적인 성격을 가진 사람으로 키웠다. 또한 독실한 기독교 신자로 키웠다. 어머니는 레이건에게 근면하고 검소하고 자조적이고 도덕적인 생활을 하면 언젠가는 사회와 국가와 인류를 위해 꼭 필요한 사람이 될 것이라고 가르쳤다. 어머니는 아들에게 가난은 투쟁이나 도움으로 해결할 것이 아니라 스스로 노력해서 해결해야 한다는 것을 몸소 보여줬다. 어머니는 미국의 전통적 가치관을 중요하게 여겼고, 아들이 그러한 가치관을 갖고 살아가기를 바랐다.

레이건은 두 살 때 그의 아버지가 한 백화점 구두 코너에서 일하게 되어 시카고로 이사했다. 신발가게 사장이 그의 아버지에게 매장 하나를 맡기게 되어 레이건은 9살 때 딕슨이라는 작은 도시로 이사했다. 이곳에서 레이건은 고등학교까지 마쳤다. 레이건 가족은 주로 호밀음식을 먹으며 매우 가난하게 살았다. 레이건은 딕슨 시절 많은 소설을 읽었다. 그는 신앙소설 『유델의 인쇄기』를 읽고 감명을 받아 12살 때 스스로 선택하여 기독교 세례를 받았다. 어린 시절 레이건은 어머니의 영향을 많이 받고 자랐다.

아르바이트 하며 힘들게 대학을 졸업하다

레이건은 고등학교 시절에 야외수영장에서 인명구조대원으로 일하면서 하루 15달러씩 받았다. 레이건은 고등학교 졸업 후에 대학에 진학하고 싶었으나 그의 부모는 아들을 도울 처지가 되지 못했다. 당시 대학 진학률은 7% 정도였다. 여자 친구가 유레카대학에 진학할 예정이었고, 우상인 미식축구 선수 갈랜드 웨고너가 유레카 대학에 재학 중이어서 레이건은 자신도 유레카대학에 진학하고 싶었다. 유레카대학은 딕슨에서 100마일 정도 떨어진, 학생 수 250여 명의 작은 기독교 대학이었다.

　레이건은 아르바이트로 번 돈 가운데 교회에 십일조를 바치고 남은 돈이 400달러였다. 이 돈으로 학비와 기숙사비를 대기에는 턱없이 부족했다. 레이건은 총장을 찾아갔다. 자신의 어려운 처지를 자세히 설명하고 장학금을 부탁했다. 총장은 빈곤학생 장학금으로 등록금의 절반을 주기로 약속했다. 이렇게 해서 레이건은 유레카대학에 들어갔다. 기숙사비는 기숙사 식당 접시 닦는 일로 해결하기로 했다.

　대학에 들어간 지 두 달쯤 지나 학내분규가 발생했다. 당시는 1930년대 대공황이 발생하기 직전이어서 대학 기부금이 줄어들고 있었다. 1928년에 유레카 대학도 재정적으로 어려움에 처했다. 유레카대학은 일방적으로 교수 감원과 교과과정 축소를 결정했다. 교수와 학생들은 분노했다. 학생들은 데모에 나섰고, 1학년생 레이건을 대표로 뽑았다. 엉겁결에 대표로 뽑힌 레이건은 학교의 결정에 반대하는 연설을 했다. 첫 대중연설이었는데도 호응이 좋았다. 총장이 사임했고, 대학 구조조정이 백지로 돌아갔다. 이를 계기로 레이건은 대학 내에서 정치적 잠재력이 있는 유명인사로 알려지게 되었다.

　1929년에 2학년이 되자 레이건은 재정 형편상 더 이상 대학을 다닐 수 없게 되었다. 휴학을 결심하고 인사하러 대학에 들렀다. 친구들이 레이건을 말리고, 대학에 빈곤학생 장학금을 신청해 주었다. 대학은 장학금을 1년 더 주겠다고 약속했고, 여학생 기숙사 접시 닦는 일도 알선해 주었다. 레이건은 사회학과 경제학을 복수전공으로 택했다. 1930년대의 대공황이라는 어려운 시기에 레이건은 힘들게 대학을 다녔다. 1932년 21살 때 레이건은 유레카대학을 졸업했다.

바라던 스포츠 아나운서가 되다

대학 졸업자가 많지 않은 시절이었지만 대공황으로 구직난이 매우 심각했다. 레이건은 취직하려고 길가에서 차를 얻어 타고 시카고로 갔다. 그는 라디오 방송국 스포츠 아나운서가 되고 싶었다. 스포츠를 좋아한 레이건이 인명구조대원으로 일할 때 수영장에 온 한 사업가가 있었다. 레이건의 꿈을 안 그는 레이건에게 방송국을 직접 찾아다녀 보라고 권했었다. 레이건은 시카고의 여러 라디오 방송국을 찾아다녔으나 문전박대를 당하기 일쑤였다.

WOC라는 방송국을 찾아가 PD를 만났다. 그는 레이건에게 미식 축구 경기를 상상을 통해 중계해 보라고 주문했다. 레이건은 대학 졸업 전에 선수로 참가했던 미식축구 경기를 떠올리며 실제 상황처럼 멋지게 중계했다. PD는 만족한 표정을 짓고, 주급 5달러와 버스요금 추가지원 조건으로 취업을 약속했다. 드디어 레이건은 첫 출근을 했고, 첫 방송을 무사히 마쳤다. PD는 만족한 나머지 급료를 두 배로 올려주었다. 레이건은 대학 미식축구의 빅텐(big ten) 경기도 중계했다. 그러나 미식축구 시즌이 끝나자 레이건은 일자리를 잃고 말았다.

1932년에 그는 고향 딕슨으로 돌아왔다. 21세의 꿈 많은 청년 레이건은 좌절과 고통의 나날을 보냈다. 11월 대통령 선거에서 그는 처음으로 투표했다. 그의 아버지는 민주당 대통령 후보 프랭클린 루스벨트를 열렬히 지지했고, 레이건도 그랬다. 레이건은 봄이 되면 인명구조대원으로 일할 생각이었다.

1933년 2월에 고향집으로 전화 한 통이 걸려 왔다. 전에 임시직으로 일했던 WOC 방송국 PD였다. 1932년 2월에 레이건은 WOC 방송국 정규직 아나운서로 일을 시작했다. 22살의 나이에 레이건은 방송국 스포츠 아나운서 꿈을 이루었다. 그는 26살이 되는 1937년까지 5년 동안 스포츠 아나운서로 전성기를 누렸다. 레이건은 아나운서로 일하는 동안 1935년부터는 캘리포니아 남부에서 실시하는 겨울 전지훈련 야구팀을 따라가 취재도 했다. 그 기회에 그는 영화감독과 영화배우도 만날 수 있었다.

바라던 영화배우가 되다

레이건은 어렸을 때 교회에서 연극을 한 적이 있었다. 고등학교와 대학 시절에는 연극반에도 참여한 적이 있었다. 캘리포니아 전진훈련 야구팀을 취재하던 어느 날 그는 우연히 무명의 여배우 조지 하지스를 만났다. 그 여배우는 전에 같은 직장에서 일한 적이 있었다. 레이건은 하지스에게 매달려 영화배우가 되는 길을 알려달라고 졸랐다. 하지스는 레이건에게 영화배우 에이전트를 소개해 주었고, 그 에이전트는 레이건을 워너브라더스사 캐스팅 감독에게 소개해 주었다. 레이건은 오디션을 받았다. 어느 날 그는 영화사로부터 출연 계약 제의를 받았다. 그는 하늘을 날듯이 기뻤다. 그는 방송국을 떠나 영화사로 옮겼다. 그는 '로널드'라는 이름으로 촬영을 시작했다. 드디어 그는 1937년 26세로 영화배우가 되었다. 그는 워너브라더스사와 7년 전속 계약을 맺고, 본격적인 영화배우의 길로 들어섰다.

영화배우의 꿈을 이룬 레이건은 승승장구하며 돈과 명예를 얻기 시작했다. 비록 그는 일류배우는 되지 못했지만 영화배우로서 비교적 인기가 높았고, 특히 배우들 사이에서 신망 있는 사람으로 대접받았다. 그는 영화배우로서 53편의 영화에 출연했는데, 최고의 인기를 얻은 영화는 1942년에 제작된 '킹즈 로우(Kinge Row)'였다. 레이건은 출연 영화에서 대부분 선한 역을 맡았는데, 한 번은 헤밍웨이의 원작 단편소설 '살인자'라는 영화에서 잔혹한 악당 역을 맡아 훗날 몹시 후회하기도 했다.

일류배우 제이먼과 결혼하고, 이혼하다

레이건이 대학 다닐 때 사귀다가 결혼까지 약속한 클리버는 교사 자리를 얻기 위해 일리노이주 어느 시골마을로 떠났었다. 그런데 클리버가 우연히 유럽여행을 갔다가 외국에서 근무하는 핸섬한 군인을 만나 그만 사랑에 빠지고 말았다. 그녀는 레이건에게 장문의 결별 편지를 보내왔다. 충격을 받은 레이건은 더 이상 살고 싶지 않았다.

시간이 좀 흘렀다. 아름답고 매혹적인 한 여인이 그에게 적극적으로 다가왔다. 제인 와이먼이라는 여배우였다. 1938년에 레이건과 제이먼은 우연히 '브라도 랫'이라는 영화에 출연하여 첫 만남을 가졌었다. 매혹적이고 강렬한 미모로 극적인 연기를 펼치는 제인 와이먼은 이미 일류배우로 등극해 있었다. 두 번의 이혼을 경험한 와이먼은 헌신적이고 다정다감한 레이건에게 의지하고 싶어 적극적으로 접근했다. 둘은 곧 사랑에 빠져 결혼식을 올렸다. 레이건은 29세로 첫 번째 결혼, 와이먼은 23세로 세 번째 결혼이었다. 둘은 딸과 아들을 낳았다.

시간이 지날수록 둘은 다툼이 잦았다. 일류배우 와이먼은 이류배우 남편이 일류배우가 되기를 간절히 원했다. 그 무렵 레이건은 영화배우조합 일에 적극 참여했다. 당시 배우들 사이에서 신망이 높았던 레이건은 영화배우조합 이사로 선출되었고, 이를 계기로 그는 노조활동에 더욱 열성을 쏟았다. 그러는 동안 1941년 12월 일본의 진주만 공격으로 미국이 제2차 세계대전에 참전하게 되자 레이건은 1942년에 공군에 입대했다. 군대에서 레이건은 400여 편의 훈련용 영화를 찍었다.

제대 후에도 레이건은 영화보다 노조활동에 더욱 몰두했다. 1947년에 그는 영화배우조합장으로 선출되었다. 와이먼은 레이건이 노조활동에 몰두하는 것이 몹시 싫었다. 와이먼은 영화배우로서 승승장구했다. 그러던 중 와이먼이 1948년에 함께 출연했던 배우와 불륜을 저질렀다는 스캔들이 터졌다. TV를 통해 이를 알게 된 레이건은 충격을 받아 미친 사람이 되다시피 했다. 와이먼은 간단한 메모 쪽지 하나로 레이건에게 이혼을 통보했다. 그들은 이혼했고, 그 후 레이건은 죽을 때까지 와이먼을 한 번도 입에 올리지 않았다고 한다.

낸시와 재혼하다

와이먼과 이혼한 후 레이건은 노조활동에 더욱 열심이었다. 당시 미국사회는 미·소 냉전의 영향으로 이념논쟁이 가열되고 있었다. 1950년 2월 매카시 공화당 상원의원이 미국무부에 205명의 공산주의자가 침투해 있다고 주장하고, 이들을 색출해야 한다고 외쳤다. 이렇게 해서 매카시 선풍이 미국 전역을 휩쓸었다. 많은 사람들이 정계·학계·언론계·문화계·영화계 등에서 쫓겨났다. 영화인들도 조사를 받았다. 그 때 레이건은 반공주의 입장이었고, 확고한 반공투사로 변해갔다. 레이건은 정치에 대한 관심도 커져갔다. 레이건은 학창시절부터 그의 아버지와 함께 민주당 루스벨트 대통령을 열성적으로 지지했고, 루스벨트 선거운동을 통해 정치에 대한 야망도 키웠었다.

레이건은 영화배우 조합장을 맡았다. 그는 영화배우 조합장으로 일하면서 일류 배우들이 힘들여 벌어들인 수입의 80% 정도를 세금으로 빼앗기는 것을 보고 분통을 터뜨렸다. 1960년대에 미국의 소득세 최고세율은 80%를 넘었다.

매카시 선풍이 미국 전역을 휩쓸고 있을 때 용공분자로 몰려 할리우드에서 쫓겨날 위기에 처한 삼류 영화배우 낸시 데이비스가 급히 레이건을 찾아왔다. 절망에 사로잡힌 낸시는 조합장 레이건에게 도움을 요청했다. 사정을 알고 난 레이건은 낸시의 신분을 보증해 주었다. 그녀는 뉴욕 태생으로 어린 시절 생모의 이혼으로 사랑을 받지 못하고 친척들 사이에서 자랐다. 낸시는 스미스대 연극학과를 졸업하고 연극과 영화에 출연하다가 할리우드에 진출하여 삼류 배우로서 고군분투하고 있었다. 그러던 중에 매카시 선풍에 휘말려 할리우드에서 퇴출될 절박한 상황에 처하게 된 것이다.

그러한 낸시는 자신을 도와준 레이건의 관대하고 자상한 성품에 매료되어 그만 사랑에 빠지고 말았다. 와이먼에게 버림받고 몹시 우울한 시간을 보내고 있던 레이건에게 낸시는 새로운 활력이 되었다. 낸시는 2년여 동안 곁에서 레이건에게 희망과 자신감을 심어주었다. 마침내 1952년에 둘은 결혼식을 올렸다. 낸시는 첫 번째 결혼으로 29세, 레이건은 두 번째 결혼으로 41세였다.

레이건과 낸시의 결혼은 미국 정계에 새로운 풍속도를 마련한 것으로 알려져 있다. 레이건과 낸시의 결혼 이전에 미국에서 정치가들의 이혼이나 재혼 경력은 투표자들에게 용납될 수 없는 금기(禁忌) 사항이었다. 이혼이나 재혼 경력을 가진 정치가는 사실상 정계에 발을 붙일 수 없었다. 그런데 자상하고 성실하고 훌륭한 남편 레이건이 세 번째 결혼 중에 불륜을 저지른 와이먼 같이 못된 아내에게 일방적으로 버림받은 것을 보고 투표자들의 마음이 바뀐 것이다. 그래서 레이건과 낸시 결혼 이후 미국 정치가들의 이혼이나 재혼 경력은 정치활동에서 더 이상 금기 사항이 되지 않은 것으로 알려져 있다.

8년 동안 GE영화를 찍다

일류 배우가 되지 못한 레이건은 낸시와 결혼한 후 부부 함께 영화계를 떠났다. 생계가 막막했다. 다행히도 레이건은 1954년에 기업 GE(General Electric)의 홍보 일을 맡게 되었다. GE는 회사 홍보를 위해 TV 단막극 시리즈 제작을 계획했는데, 레이건이 해설가로 고정 출연하기로 했다. 이 TV 단막극 시리즈는 GE영화라는 이름으로 매주 일요일 저녁 9시에 CBS를 통해 방영되었다. 이 GE영화는 예상보다 인기가 높아 1954년부터 1962년까지 8년 동안 209회에 걸쳐 전국적으로 방영되었다. 이 홍보영화 덕분에 레이건은 전국적인 인물로 부상했다. 레이건은 대기업이라는 회사 속으로 들어가 강의와 홍보를 통해 야망을 다시 불태우기 시작했다. 레이건의 강의 내용과 연설 스타일도 점점 세련되어 갔다. 이를 놓고 김윤중은 다음과 같이 썼다.

"레이건은 기업가를 위해서는 정부규제 반대를 주장했고, 회사 근로자를 위해서는 근로 소득자를 위한 중과세 반대를 외쳤다. 특히 레이건은 '자유'라는 미국의 전통적 가치를 강연의 핵심 내용으로 내세웠다. 이를 테면, 미국식 자유를 강조한 '침해되는 우리의 자유' 혹은 '늘어나는 정부통제' 같은 연설은 레이건을 인기 있는 연사로 만들었다. 이처럼 정부규제보다는 자유 확대를 강조하는 레이건의 주장은 보수수의를 지향하는 공화당의 정치사상과 다르지 않았다. 레이건의 정치사상은 서서히 진보주의 민주당 성향에서 보수주의 공화당 성향으로 변해가고 있었다. 당시 레이건의 정부규제 반대와 근로자 중과세 반대 연설은 미국 굴지의 대기업인 GE의 경영진이나 그 대기업에서 일하는 수많은 근로자들에게 관심이 큰 내용이었다."

그러한 레이건에게 위기가 닥쳤다. 레이건은 민주당의 정책인 방만한 복지정책과 정부의 대규모 공공투자 정책에 반대하고 나섰지만 GE는 전기 생산과 관련하여 민주당 정부로부터 막대한 공공사업을 수주하여 큰 이익을 얻고 있었다. 때맞춰 GE영화도 인기가 하락하고 있었다. 마침내 GE는 1962년에 GE영화 시리즈를 종결했다. 그동안 레이건은 GE 경영자와 근로자 25만여 명을 상대로 자신의 정치철학을 전파하면서 그들의 진정한 정치적 요구가 무엇인가를 파악할 수 있었다. 또 기업 현장의 목소리도 들을 수 있었다. 이는 레이건에게 소중한 정치적 자산이 되었다. 뿐만 아니라 GE영화를 통해 레이건은 미국 전역에 걸쳐 대중적 인물로 알려지게 되었다.

진보주의 민주당에서 보수주의 공화당으로 옮기다

GE영화 종결로 레이건은 실직자가 되었다. 그의 나이 53세. 그는 새로운 도전을 꿈꿨다. 젊은 시절 민주당을 지지했던 레이건은 1952년과 1956년 대통령 선거에서 공화당 후보 아이젠하워를 지지했다. 1960년 대통령 선거 때는 민주당 존 F. 케네디의 아버지가 직접 레이건을 찾아와 케네디 후보를 지지해 줄 것을 요청했으나 레이건은 그의 정치사상이 다르다는 이유로 거절하고, 대신 공화당 후보 닉슨을 지지했다. 그 후 1962년 캘리포니아 주지사 선거에서는 지지 정당을 아예 민주당에서 공화당으로 바꿔버렸다.

정치가가 되기 전 레이건이 보여준 용기의 하나는 그가 잘못된 시대의 흐름에 맞섰다는 점이다. 레이건은 민주당 프랭클린 루스벨트의 목소리를 들으며 성장했다. 그의 아버지는 루스벨트의 공공정책 덕분에 일자리를 얻었고, 그의 형도 그랬다. 레이건은 대학을 졸업하고 20년 가까이 루스벨트를 선전하고 다녔고, 루스벨트가 4선을 하는 데도 일조했다. 그러나 레이건은 GE 홍보를 맡으면서 진보성향의 민주당이 미국의 전통적 가치관을 수호하는 보수성향의 공화당과 다르다는 것을 깨닫고, 민주당을 버리고 공화당으로 돌아선 것이다.

미국에서는 전통적으로 공화당은 보수주의를, 민주당은 진보주의를 대변한다. 따라서 공화당은 친시장·친기업·반규제·경쟁·작은 정부를, 민주당은 반시장·친규제·복지·평등·큰 정부를 지향한다. 레이건은 젊은 시절 민주당 루스벨트를 열렬히 지지한 진보주의자였지만 8년 동안 GE 홍보대변인으로 일하면서 보수주의자로 바뀌었다. 레이건은 진정한 보수주의가 사라져가는 미국의 전통적 가치를 부활시킬 수 있다고 믿었다. 이를 위해 그는 정치를 시작했다.

레이건은 1965년에 자신이 걸어온 삶을 정리한 『나의 나머지는 어디에 있나?』라는 자서전을 출간했다. 이 자서전에는 그의 정치철학, 곧 미국의 전통적 가치가 나타나 있다. 그것은 레이건이 공화당 대통령 후보 골드워터지지 연설 속에 포함된 것들이었다.

미국의 전통적 가치란 어떤 것인가?

레이건 이야기에서는 미국의 전통적 가치, 곧 보수주의란 어떤 것인가를 미리 언급할 필요가 있다.

미국사회는 전통적으로 보수적이다. 미국사회가 보수주의를 존중하고 고수하는 이유는 미국이 기독교정신을 바탕으로 세워진 나라이기 때문이다. 미국은 1620년 종교 박해를 피해 영국에서 메이플라워호를 타고 건너간 102명의 청교도들이 세운 나라다. 미국은 이민 초기에는 공동체인 타운제도(town system)를 실시했으나 인구와 토지가 급증하자 토지의 사적소유제가 도입되었고, 이를 계기로 시장경제가 도입되었다.

미국은 1776년에 13개 주가 연합하여 독립한 나라다. 건국 초기에 미국을 지배한 사상은 '하나님 앞에서의 평등' 사상이었다. 미국은 청교도들이 세운 나라여서 '하나님 앞에서의 평등' 사상이 쉽게 뿌리내릴 수 있었다. 이 사상은 토머스 제퍼슨이 작성한 미국 독립선언문의 첫 문장에 잘 나타나 있다: "사람은 평등하게 태어났다(man is born equal.)." 시간이 지남에 따라 '하나님 앞에서의 평등' 사상은 '기회의 평등' 사상으로 발전해 갔다. 이를 계기로 미국은 '자유, 자유기업, 경쟁, 자유방임, 시장경제' 등을 강조하는 나라로 발전해 갔다.[72] 미국은 현재 세계에서 대표적인 자유민주주의·자유시장국가다.

미국의 35대 대통령 존 에프 케네디의 취임사는 명문으로도 유명하지만 "우리가 다 함께 인간의 자유를 위해 무엇을 할 수 있는가를 물어보십시오"라는 대목을 보면, 미국이 얼마나 '자유'를 중요시하는 나라인가를 알게 된다. 자유를 강조하는 나라 미국은 대통령 취임식 때 대통령이 성경 위에 손을 얹고 취임 선서를 한다. 미국의 16대 대통령 에

---

72) Friedman, M & R.(1979), *Free to Choose*, Chapter 5.

이브러햄 링컨은 1863년에 흑인 노예를 해방시켰고, 마틴 루터 킹 목사는 흑인 인권을 주장하다가 1964년에 흉탄에 쓰러졌고, 드디어 버락 오바마는 2009년에 미국 최초의 흑인 대통령으로 취임했다.

만일 '하나님 앞에서의 평등' 사상에다 '자유'를 존중하는 미국이라는 나라가 없었다면 세계는 과연 오늘날처럼 자유, 구체적으로 개인의 자유를 누릴 수 있고, 개인의 자유가 핵심 원리인 시장경제로 발전할 수 있었을까?

미국, 개인주의와 프로테스탄티즘으로 출발한 나라

이주영은 미국이 어떻게 자유인들로 구성된 자유사회에서 출발하게 되었는가를 체계적으로 설명한다.[73] 그는 미국이 자유사회에서 출발이 가능했던 이유는 대부분의 미국인들이 몇 가지 기본 가치에 대해 동의했기 때문이라고 설명한다.

"첫 번째의 기본 가치는 개인주의에 대한 신념이었다. 그것은 개인의 자유와 개인의 자기실현을 최고의 목표로 삼는 가치관으로서, 근대 유럽의 '부르주아' 계급에 의해 처음으로 당당하게 천명된 것이었다. 이러한 개인주의 정신을 토대로 하여 미국인들은 평등권, 공화제, 법의 지배, 대의제, 사유재산, 인권, 언론자유를 구현할 제도를 확립해 왔다.

두 번째의 기본 가치는 프로테스탄티즘의 윤리였다. 그것은 유럽

---

73) 이주영(2003), 『미국의 좌파와 우파』, 살림, pp.3~7.

의 종교개혁 시대에 부르주아 계급의 관심을 끌었던 칼뱅주의 교리였다. 칼뱅주의는 개인의 영적 구원과 개인의 직업적 성공을 결부시켜 생각했기 때문에 경제적으로 성공한 중산계급 사이에서 인기가 높았다. 따라서 그것은 세속적 성공을 위한 근면, 자조, 절약, 도덕생활을 강조하게 되었다. 이와 같은 청교도적 생활방식에 대해 많은 미국인들이 동의했고, 그에 따라 프로테스탄트적 윤리는 국민 윤리로 자리를 잡았던 것이다."

위의 두 가지 가치는 시간이 흐르면서 '미국적 가치'로 자리 잡았고, 이를 토대로 '미국적 체제'가 세워졌다. 미국적 체제는 곧 자유방임주의를 말한다. 즉, 정부는 개인의 자유를 간섭해서는 안 된다는 것이었고, 이 같은 생활방식에 대해 국민적 합의가 이뤄졌기 때문에 미국에서는 공산주의나 파시즘 같은 전체주의 사상이 뿌리내리지 못했다.

대공황 후유증으로 미국에서 진보주의 이념이 형성되다

그런데 미국에서 이 두 가지 가치관을 무너뜨린 사건이 발생했다. 1929년 10월 24일 마(魔)의 목요일에 뉴욕증시가 갑자기 붕괴하자 애덤 스미스의 '보이지 않은 손', 곧 자유방임주의에 따라 잘나가던 시장경제가 황금기를 마감한 것이다. 미국경제와 세계경제가 하루아침에 패닉 상태에 빠졌다. 실업자가 급증하고, 소득이 반감하고, 물건 사기가 어려워졌다. 역사는 이를 1930년대의 '대공황(The Great Depression)'이라고 부른다. 대공황은 1929~1939년간 북아메리카와 유럽 등 전 세계 산업지역으로 광범위하게 번져나갔다. 대공황 발생 이후 경기는 계속 침체를 거듭하여 1932년까지 미국 노동자의 4분의 1이 일자리를 잃었다. 불황의 영향은 즉시 유럽경제에 파급되어 독일과 영국을 비롯한 여러 산업국가에서 수백만 명의 노동자들이 일자리를 잃었다.

대공황 극복을 위해 다양한 이론들이 등장했다. 그 중 하나가 케인즈이론이었다. 케인즈이론에 따르면, 경제가 불황에 처하게 되는 이유는 소비와 투자 등 유효수요가 부족하기 때문인데, 이를 보완하려면 정부가 나서서 유효수요를 창출해야 한다는 것이다. 유효수요 창출을 위해 정부는 적자재정을 감수하더라도 공공사업을 벌여 일자리를 만들고, 농업을 지원하고, 기업 대출을 늘리고, 실업수당을 주는 등의 사회복지정책을 실시하여 더 많은 수요를 창출해야 한다는 것이다. 적자재정은 국채 발행과 확장통화정책을 통해 보전될 수 있다고 보았다.

미국이 대공황의 한 복판에서 헤매고 있던 1933년에 제32대 대통령에 취임한 프랭클린 루스벨트는 대공황 극복을 위해 케인즈를 미국으로 초청하여 자문을 받고, 대공황 극복 수단으로서 뉴딜정책을 추진했다. 루스벨트는 1933년 3월부터 경제에 적극 개입하여 경기 부양에 나섰다. 가장 먼저 같은 해 5월에 농산물 수급을 조절해 가격 폭락을 막아 농가 수익을 높이기 위한 농산물 과잉생산을 규제하는 농업조정법을 시행했다. 농사일을 하지 않는 농민에게는 정부가 보조금을 줬다. 6월에는 제조업의 과잉생산을 막기 위해 산업별 최대 생산량을 정한 산업부흥법을 제정했다. 이 법에 따라 테네시강 유역 개발 공사 등 대규모 토목공사도 추진했다. 정부가 나서서 일자리를 만들고, 노동자들의 구매력을 늘려 멈춘 공장을 돌리려는 목적이었다. 또 노동자의 단결권과 임금교섭권을 보장하고, 최저임금[74]과 최고 노동 시간을 명시했다. 미국 역사상 노동자의 권익을 보호하는 최초의 조치였다. 1935년에는 사회보장법을 제정해 사회적 약자를 위한 안전판을 마련했다.

이러한 일련의 정부개입 정책은 자유방임에 바탕을 둔 미국 자본주의를 파괴하는 것이었다. 어떻든 뉴딜 정책으로 미국경제가 살아나고, 일자리가 생겨났다. 뉴딜 정책은 한 마디로, 정부가 사회적 약자 편에 서서 경제와 사회 문제에 적극적으로 개입하여 '평등주의 이념'을 실현하는 정책이었다. 이 과정에서 자연스럽게 뉴딜 진보주의(New Deal Liberalism)로 불리는 이념이 새롭게 형성되었다.

진보주의가 '큰 정부'를 탄생시키다

대공황 극복을 위한 케인즈이론의 적용은 시간이 지남에 따라 문제가 드러났다. 경제 활성화를 위해 정부개입이 확대되어 개인의 자유가 침해되고, 규제가 증가하여 기업 활동이 위축되고, 정부 운영이 방만해져 효율성이 떨어지고, 조세 증가로 조세부담이 증가하고, 부

---

74) 미국은 여성과 미성년자 보호를 위해 1912년에 9개 주가 최저임금법을 채택했고, '공정근로 기준법'을 제정하여 1938년 10월 24일에 연방최저임금법이 도입되었다.

정과 부패가 만연되어 정부실패가 일어났다. 이뿐만이 아니었다. 적자재정을 확장통화정책으로 메꾸다보니 인플레이션이 발생했다. 이결과 미국정부는 큰 정부로 팽창해 갔다. 큰 정부가 '표를 얻는 데 도움이 된다'고 생각한 정치가들의 '선호와 남용'으로 정부 팽창은 멈출줄 몰랐다. 큰 정부의 대표적 폐해는 역사 속으로 사라져간 사회주의국가에서 찾을 수 있다.

본격적으로 정치가의 길로 들어서다

'자유, 자조, 작은 정부'로 표현될 수 있는 미국의 전통적 가치를 고수하기 위해
공화당으로 당적을 바꾼 레이건은 1964년 대통령 선거에 적극적으로 뛰어들면서
본격적인 정치가의 길로 들어섰다.

골드워터 지원 연설로 전국적인 인물로 부상하다

1964년 10월 27일은 레이건의 인생에서 하나의 분수령이 되었다.
이날 레이건은 공화당 대통령 후보 배리 골드워터를 위한 선거운동을
하면서 선거자금 모금 연설을 유창하게 해냈다. 그 내용은 그가 GE에
서 일할 때 많은 사람들에게 호소한 것이었다. 그는 그동안 미국이 큰
정부를 이룩하여 개인의 자유를 억압했고, 세계 공산주의가 부상하
도록 아무 일도 하지 않았다고 경고했다. 그래서 그는 미국정부의 규
모를 줄이고, 미국인과 미국기업에 대한 과중한 세금을 줄이고, 미국
기업을 옥죄는 온갖 규제를 완화하겠다고 강조했다. 그는 경제개혁을
통해 미국경제를 부흥시키겠다고 약속했다. 나아가 제국주의적 공산
주의를 해체시키겠다고 단언했다.

선거전에서 민주당 후보 존슨은 민권법(주: 인간에 대한 모든 차별을 폐

지하는 법)을 도입하고 복지정책을 확대하여 '풍요로운 사회(Affluent Society)'를 건설하겠다고 공약하여 압도적인 지지를 받았다. 민주당은 공화당 후보 골드워터가 극단적인 보수주의자요 반공주의자로서, 대통령이 되면 베트남 전쟁을 확대하고 소련과의 핵전쟁을 일으키게 될 것이라고 공격했다. 대선에서 공화당 후보 골드워터는 참패했다.

비록 골드워터는 선거에서 참패했지만 레이건은 골드워터 지원 연설로 전국적인 인물로 부상했다. 골드워터 참패 후 레이건은 공화당의 새 인물로 부상했다. 레이건의 연설이 방송된 다음날 공화당에는 후원금이 물밀듯이 들어왔다. 특히 캘리포니아 공화당 보수주의자들은 정치스타 레이건을 키워야 한다며 후원자들을 모으기 시작했다. 그들은 세 번째 주지사에 도전하는 민주당 브라운을 상대로 레이건이 맞서줄 것을 제안했다. 마침내 레이건은 1966년 1월 4일 캘리포니아 주지사 선거전에 공화당 후보로 뛰어들었다. 정치 초년생인 그의 나이 55세. 다른 정치가들은 은퇴할 나이였다.

캘리포니아 지사에 당선되다

상대는 1962년에 전 부통령 닉슨을 크게 패배시키고 3선을 노리는 막강한 후보 브라운이었다. 브라운은 영화배우 출신으로 정치 초년생인 레이건을 아주 만만하게 생각하고 있었다. 그 무렵 로스앤젤레스에서 발생한 와츠폭동과 캘리포니아대에서 발생한 반전 데모가 브라운의 인기를 하락시켰다. 이를 계기로 브라운은 3선 출마를 하지 않겠다고 공약했다가 번복했다. 이를 놓고 민주당 내에서도 거부감이 심했다.

브라운은 오만에 사로잡혀 레이건을 과소평가했다. 브라운은 선거운동보다는 주지사 업무에 충실하겠다며 레이건의 선거유세에 반응을 보이지 않았다. 그것은 곧 배우 출신 레이건을 무시한다는 뜻이었다. 그러나 정치스타 레이건의 인기는 시간이 갈수록 가파르게 상승하고 있었다. 당황한 브라운은 레이건이 하찮은 배우였다는 등 인신공격에 치우쳤다. 심지어 그는 선거광고에 출연하여 "나는 배우에 대항해 선거운동을 하고 있습니다. … 여러분도 아시지요, 누가 링컨을 암살했는지?"라며 레이건을 향해 비아냥거렸다. 그것은 레이건이 '배우'이고, 링컨을 죽인 존 부스도 '배우'였다는 것을 강조하기 위한 것이었다. 그것은 레이건에 대한 인격 모독이었다.

레이건은 골드워터 지원 연설에서 미국의 전통적 가치를 중심으로 정립한 자신의 정치철학인 '자유, 자조, 감세, 작은 정부, 시장경제, 강경한 대소정책' 등을 내세워 브라운과 맞섰다. 레이건이 압승했다. 레이건은 1967년 1월 56세의 나이로 캘리포니아 주지사에 취임했다.

주지사로서 자신의 정치철학을 실천하다

레이건은 주지사에 취임하여 미국의 전통적 가치관, 곧 보수주의를 정책에 실현하려고 했다. 그는 먼저 정부규모를 축소하고, 세금을 줄이고, 규제를 완화하는 것에 집중했다. 레이건은 정부사업을 효율적으로 집행하기 위해 적합한 규모로 행정부처를 축소하겠다고 선언했다. 또한 주정부 부처 간의 효율적인 통합과 협력을 통해 효율적인 주정부 정책을 집행할 것도 선언했다. 세금 인하 정책도 실시하겠다고 선언했다. 그러나 민주당이 우위를 점하고 있는 주의회는 브라운 전 지사가 벌려놓은 방만한 각종 프로그램이 사라지게 될 것을 우려하여 레이건의 정책에 반대했다.

이런 상황에서도 레이건은 취임 첫 해에 주 정부예산을 10% 줄였고, 해마다 10%씩 줄여가겠다고 했다. 그러나 인플레이션 때문에 예산은 삭감 대신 팽창해 갔다. 따라서 세금은 오히려 인상되었고, 고용인원은 4천 명이나 늘어났다. 한 마디로, 레이건의 경제정책은 실패로 끝났다.

캘리포니아주 복지개혁에 성공하다

그러나 사회정책은 눈부신 성과를 거두었다. 그는 취임과 더불어 복지개혁을 내세웠는데, 그것은 사회적 약자에 대한 지원은 필요하지만 일을 하지 않는 사람들에 대한 지원은 개선되어야 한다는 것이었다. 레이건은 주 슬로건으로 '창조적 사회(Creative Society)'를 내걸고 주민들에게 자아존중, 자립 그리고 품위를 강조했다. 그리고 흑인 폭동, 버클리대학생들의 정치활동 자유화를 위한 시위, 베트남전 반대 시위, 증가 추세의 마약문제 등에 대해서는 엄격하게 법치를 적용했다.

레이건은 1970년 59세의 나이에 캘리포니아 주지사 재도전에 나섰다. 그는 선거 기간 중에 일관성 있게 보수주의가 바탕이 되는 작은 정부와 복지 개혁을 다시 주장했다. 1966년 선거 때보다는 낮았지만 53%의 지지율로 재선에 성공했다.

1971년 1월 4일, 레이건은 2차 주지사 취임사에서 복지정책 개혁을 핵심정책으로 내세웠다. 1960년대 존슨 행정부가 '빈곤에 대한 전쟁' 정책을 실시하면서 복지비가 급속히 확대되어 주정부는 거대한 괴물로 성장해 있었다. 복지비에 의존하는 사람들이 대폭 늘고 있었다. 복지비는 증세를 불러왔다. 그러나 세금으로 모두를 감당할 수 없었다. 당연히 재정적자를 낳았다. 1971년 캘리포니아주에서 복지비를 신청하는 사람들이 매달 4만 명씩 늘어났다. 레이건은 세금으로 복지문제를 해결할 수 없다고 판단하여 복지개혁 법안을 만들어 복지 혜택을 받을 수 있는 사람들의 자격조건을 엄격히 강화했다. 그것은 재정지출을 줄여 작은 정부를 만들기 위한 수단이었다.

레이건은 사회복지분야 경험이 전혀 없는 로버트 칼슨을 사회복지국장으로 임명했다. 그 분야에서 일해 본 사람이라면 자기 집단의 이익을 보호하기 위해 개혁을 성공시키기가 어렵기 때문이었다. 칼슨은 복지개혁을 단행하기 위해 두 가지 실천 지침을 제시했다. 첫째, 일할 능력이 있는데도 복지비만 받는 사람에게 주는 복지비는 삭감하라. 둘째, 근로 자격이 있는 사람에게 주는 복지비는 없애되, 근로 능력이 없는 사람에 대한 복지비는 손대지 말라.

복지개혁은 엄청난 효과를 가져왔다. 복지 개혁 3년 후에 캘리포니아에서 복지비 수혜자의 숫자가 무려 85만 명이나 줄어든 것이다. 미국 역사상 캘리포니아에서 처음으로 복지비 지출이 감소한 것이다. 복지개혁을 성공시킨 칼슨은 레이건의 신임을 얻어 후에 백악관에 입성하여 레이건의 핵심 참모가 되었다. 레이건의 복지정책은 마거릿 대처의 복지정책과도 다르지 않다. 레이건의 복지정책은, '열심히 일하고 노력하는 사람은 언젠가 반드시 성공할 것'이라는 어머니의 가르침을 교훈으로 삼고 살아온 레이건의 철학이 바탕이 되었다.

이 같은 정책 등으로 레이건은 캘리포니아 주 지사로서 용기, 결단력, 추진력 등을 발휘하여 훌륭한 업적을 이뤄낸 정치가로 평가되었다.

대통령에 당선되다

레이건은 주지사 임기 중인 1968년과 1972년에 대통령 출마를 고려했으나 닉슨으로 인해 기회가 오지 않았다. 레이건과 그의 지지자들은 1976년을 기다려야 했다. 1974년 63세에 레이건이 두 번째 주지사 임기를 마쳤을 때 사람들은 그가 이제는 은퇴할 것으로 생각했다. 그러나 그는 은퇴를 고려하지 않았다. 그의 눈은 대통령에 맞춰져 있었다.

레이건은 1975년 11월 20일에 현직 대통령 포드를 상대로 공화당 후보에 나서겠다고 선언했다. 하지만 현직 대통령의 벽은 높았다. 그는 47.4%의 지지를 받고도 후보 경선에서 탈락했다. 그러나 그는 실망하지 않았다.

레이건은 낙관주의적 확신으로 1980년 대통령 선거를 대비했다. 마침내 레이건은 1980년 7월 16일에 공화당 전당대회에서 대통령 후보로 확정되었다. 레이건은 곧바로 온건주의자 H. W. 부시를 부통령 후보로 지명하여 자신의 지나친 보수주의적 성향을 완화시켰다. 레이건은 후보 수락 연설에서 국민들에게 다시 한 번 약속했다. 정부 규모를 줄이고, 세금을 인하하고, 온갖 규제를 완화하고, 경제를 안정시켜 경제부흥을 이끌고, 공산주의를 물리치겠다고 약속했다.

레이건의 상대는 민주당 카터였다. 카터는 조지아주 지사로 일하면서 '영기준 예산(zero-based budget)'[75]제도를 도입하여 유망한 정치가로 알려졌고, 그 기세를 몰아 1976년에 대통령에 당선되었다. 1976년에 카터가 내세운 대선공약은 실업률을 줄이고, 한국에서 미군을 철수시키겠다는 것이었다. 그러나 카터는 4년 집권 동안에 실업률을 낮추지 못했고, 연방정부 지출은 오히려 증가했으며, 무엇보다도 인플레이션이 집권 직전 연도인 1976년에 4.8%였는데 1980년에는 12.0%로 상승했다. 카터의 경제 실적은 초라했다.

레이건은 국내문제와 대외문제를 내세워 카터를 공격했다. 레이건은 카터의 초라한 경제 실적을 놓고 이렇게 비판했다.

"카터 정부는 우리 미국인이 더 이상 꿈을 꾸지 못하도록 미국경제를 피폐화시켰습니다. 그가 우리에게 한 약속은 깨졌고 신뢰 또한 무너져 우리 모두 절망 속에 빠져 있습니다. 카터 정부에서 800만 명의 실업자가 늘었고, 흑인 실업률은 증가해 무려 14%에 이르고 있습니다. 1980년 1분기에만 18%에 달하는 인플레이션이 발생했습니다. 또한 카터 정부는 4년 연속 적자 예산을 기록하고 있습니다. 게다가 대출 이자는 남북전쟁 이후 가장 높은 20%까지 올랐습니다."[76]

카터를 공격하면서 레이건이 남긴 유명한 말이 있다: '경제가 불황이면 카터도 실직자가 될 것이다.'

이처럼 국내문제를 놓고 레이건은 자신의 본래 목소리를 냈다. 그

---

75) '영기준 예산'이란 예산 편성 때 기존의 계속 사업을 백지화하고 영에서 새롭게 출발하는 예산편성 방법을 말한다.

76) 김윤중 p.138~9에서 재인용.

는 세금을 인하하고, 정부 지출을 줄이고, 개인과 기업에 대한 규제를 줄이겠다고 약속했다. 대외문제를 놓고 레이건은 국방력을 더욱 강화하여 평화를 위협하는 공산주의 세력에 단호하게 대처하고 궁극적으로는 이들을 제거하겠다고 강조했다.

레이건에 맞서 카터는 레이건을 호전주의자로 비난했지만 유권자들의 관심은 경제문제에 있었다. 카터와 레이건의 TV토론은 '역사적인 TV토론'으로 알려져 있다. 카터는 처음부터 레이건과의 TV토론에 응하지 않았다. 그도 그럴 것이 카터는 역대 대통령 중에서 말을 가장 재미없고 지루하게 한다는 평을 듣고 있었다. 레이건은 스포츠 아나운서와 영화배우 그리고 GE 홍보대변인 경력도 가졌지 않은가! 어렵사리 TV 토론이 성사되었다. TV토론에서 카터는 자신의 계획과 정책을 내세우기보다 레이건의 위험한 정책을 부각시켜 맹공을 퍼부었다. 핵심내용 중의 하나로, 카터는 "이번 선거는 전쟁이냐 평화냐를 선택하는 것"이라는 선거구호를 전면에 내세웠다. 반면에 레이건은 "카터가 대통령이 된 이후로 여러분은 전보다 더 행복해졌다고 느끼십니까?"라는 부드러운 선거구호를 반복적으로 주장하면서 과연 카터를 재신임해도 좋은가를 국민들에게 물었다.

선거 결과 레이건이 일반투표에서 51%를 얻어 대통령에 당선되었다.

레이건의 업적(1): 미국경제를 부흥시키다

레이건은 미국뿐만 아니라 세계도 바꾼 정치가다. 레이건은 '미국인들이 자유롭고
풍요롭게 살아가는 나라 미국'을 만들고, '세계인들이 자유롭고 평화롭게 살아가는
세상 세계'를 만들었다. 이 점에서 레이건의 업적은 두 가지로 나누어 다룬다.

레이건, 대통령 취임사에서 비전을 제시하다

1981년 1월 20일에 로널드 레이건은 70세 나이로 미국의 제40대
대통령에 취임했다. 레이건의 등장은 루스벨트의 뉴딜정책 이후 거의
사라져간 미국의 전통적 가치 곧, 보수주의의 부활을 의미했다. 레이
건은 대통령 취임사에서 미국경제가 처한 어려움의 근본 원인이 미국
의 '큰 정부'에 있다고 강조했다. 그는 대통령 취임사에서 이렇게 말
했다.

"정부가 바로 문제입니다. 때때로 우리는 사회가 너무 복잡하기 때
문에 자치적으로 운영될 수 없으며 엘리트 그룹에 의한 정부는 국민
을 위한, 국민에 의한, 국민의 정부보다 더욱 우월하다고 믿어왔습니
다. 누구도 거대정부를 스스로 관리할 수 없다면 우리 가운데 누군가
가 나서서 그 정부를 관리해야 합니까? 연방정부 안에 있는 사람이

나 지방정부에 있는 사람이나 우리 모두 함께 짐을 나누어 져야 합니다."[77]

루스벨트의 뉴딜정책 이후 팽창할 대로 팽창한 미국정부가 국민들로 하여금 국가에 더욱 의존하게 만들었다는 것이 레이건의 생각이었다. 의존하는 국민들의 수가 많으면 많을수록 국가는 더 많은 예산을 쓰게 되고, 늘어난 예산을 맞추기 위해 더 많은 세금을 거두게 된다는 것이 레이건의 생각이었다. 정부가 크면 클수록 그만큼 개인과 기업의 자유로운 경제활동을 방해한다는 것이 레이건의 생각이었다. 정부가 크면 클수록 써야할 돈이 많아져 재정적자가 발생한다는 것이 레이건의 생각이었다. 또 재정적자를 돈을 찍어 메꾸다보면 인플레이션이 발생한다는 것이 레이건의 생각이었다. 결국 미국경제가 당면한 어려움의 근본 원인이 '큰 정부'에 있다는 것이 레이건의 생각이었다.

그래서 레이건은 미국의 '큰 정부'를 '작은 정부'로 바꿔야 한다고 생각했다. 뿐만 아니라 경제정책을 간섭보다는 자유에, 분배보다는 성장에, 집단보다는 개인에, 의존보다는 자조(自助)에 초점을 맞춰야 한다고 생각했다. 이런 것들은 따지고 보면 어머니로부터 배운 가치였고, 미국의 전통적 가치, 곧 보수주의 가치였다. 레이건은 이런 것들이 미국과 미국인들이 지녀야 할 생활방식이라고 믿었다. 이를 통해 미국을 '자유롭고 풍요로운 나라'로 다시 일으켜 세우겠다는 것이 레이건의 비전이었다.

한편 레이건은 그동안 미국이 냉전과 데탕트(주: 화해) 시대를 거치

77) 김윤중 pp.162~3. 재인용.

면서 소련을 비롯한 공산주의자들에게 지나치게 유약(柔弱)하게 대처했다고 생각했다. 레이건은 이것이 베트남전 패배와 굴욕적인 이란 인질사태를 초래하게 한 원인이라고 생각했다. 그래서 레이건은 정부의 모든 예산을 줄이더라도 국방예산만은 증액하여 국방력을 더욱 강화해 '큰 정부' 아닌 '강한 정부'를 만들겠다고 밝혔다.[78]

취임 직후 경제개혁을 발표하다[79]

레이건은 대통령에 취임한 지 채 한 달도 되지 않은 1981년 2월 18일 상하원 합동회의에서 네 가지 내용의 경제개혁을 발표했다. 그 내용은 정부지출 삭감, 감세, 규제 완화, 긴축통화실시였다.

첫째, 레이건은 1982년에 연방정부 지출 414억 달러 삭감을 요구했다. 삭감의 주 대상은 민주당 루스벨트 정부가 추진한 뉴딜정책과 존슨 정부가 추진한 '위대한 사회' 건설로 인해 확대된 사회복지 프로그램이었다. 빈민을 위한 도심지역 지원, 노인의료지원(medicare), 빈민의료지원(medicaid), 무료식품교환권, 아동무료급식 등에 대한 예산이 대폭 삭감되었고, 혜택을 받을 수 있는 자격조건이 강화되었다. 이에 따라 지역개발청 같은 사회복지 기구들이 폐지되었다. 그러나 국방예산만은 예외였고 오히려 증가했다. 소련 중심의 공산주의 체제

---

78) 김형곤, pp51~53.

79) 김형곤은 레이건의 경제개혁을 잘 정리해 주고 있어, 그의 저서를 기본 텍스트로 삼았다. 김형곤(2007), 『로널드 레이건 가장 미국적인 대통령』, 살림.

를 붕괴시키기 위해 국방예산 증가는 필수적이었기 때문이다.

둘째, 레이건은 소득세를 3년 동안 해마다 10%씩 삭감하여 총 30% 삭감을 요구했다. 또 레이건은 투자·감가상각 공제로 기업에 더 많은 자유를 주어 투자를 활성화시키겠다고 밝혔다. 이에 대한 구체적인 계획이 취임 반년 후쯤 의회에 제출되었고, 의회는 별다른 의견 없이 미국 역사상 최대의 조세 삭감을 승인했다. 구체적인 내용은 3년간 소득세 25% 인하, 기업에 대한 투자 공제와 감가상각비 공제였다. 이는 처음에는 부자들에게만 혜택을 줄 것이라는 비판도 없지 않았지만 대부분 국민들의 실질 소득세 부담은 몇 년 지나 감소했다.

셋째, 효과가 없고 부담스러운 정부규제를 철폐하거나 개혁할 것을 요구했다. 레이건은 각종 정부규제가 기업 이윤을 축소시켜 경제성장을 둔화시킨다고 보고, 규제완화 정책을 실시하여 기업 활동에 자유를 주려고 했다. 레이건 정부는 특히 환경, 보건, 안전에 대한 연방규제를 완화했다. 레이건 정부는 석유, 천연가스, 케이블 TV, 장거리 전화, 주간 버스서비스, 해양선적 등에 대한 가격통제를 완화 내지 철폐했다. 또 은행의 투자 범위를 크게 확대했고, 공정거래법 범위도 축소했다.

넷째, 인플레이션을 억제하고 금리를 안정시키기 위해 긴축통화정책 실시를 요구했다. 레이건은 긴축통화정책과 금리안정조치를 적극적으로 실시하여 성공을 거두었다. 레이건이 대통령에 취임한 1981년 초에 인플레이션은 12.4%였는데 1년 후에는 무려 7.4%로 낮아졌다. 또한 21.5%에 이르렀던 금리는 1981년에 10.5%로 떨어져 경제

안정을 위한 발판이 마련되었다. 때맞춰 OPEC의 석유가격도 안정되었다.

공급측면의 경제이론을 정책에 도입하다

레이건은 경제정책에 '공급측면의 경제이론'을 도입했다. 기존 경제이론이 스태그플레이션 현상을 설명하지 못하고 있는 동안 시카고대 경제학자 아서 래퍼가 소위 공급측면의 경제학(supply-side economics)을 내 놓았다. 이 이론은 세율이 어느 수준보다 높아지면 정부의 조세수입이 오히려 줄어든다는 기현상(奇現象)을 그래프로 간단하게 나타낼 수 있는 '래퍼곡선(Laffer Curve)'을 장착했다. 래퍼곡선에 따르면, 세율이 0%로 낮아지거나 100%로 오르면 조세수입이 0으로 감소하므로(주: 세율이 0%이면 내는 세금이 없고, 100%이면 소득을 모두 세금으로 내게 되므로 아무도 일하려 하지 않아 낼 세금이 없게 됨) 래퍼곡선은 원점에서 시작하여(주: 횡축은 세율, 종축은 조세수입을 나타냄) 포물선 형태를 형성한다. 래퍼곡선에 따르면, 세율 0%와 100% 양극 사이 '어떤 세율'에서 최대 조세수입이 결정된다. 따라서 세율이 최대 조세수입을 결정하는 '어떤 세율'보다 더 높아지게 되면 조세수입이 감소한다는 것이다. 그런데 이 이론은 이론적으로는 타당하지만 실증이 어렵다는 단점이 있다.

어떻든 공급측면의 경제학자들은 당시 미국의 세율이 앞에서 언급한 '어떤 세율'보다 더 높다고 보았다. 따라서 세율을 낮추면 조세수입이 증가하면서 근로의욕을 높일 수 있다고 보았다. 이 간단한 이론은 레이건의 흥미를 끌었다. 레이건은 유레카대학에서 사회학과 경제학을 복수전공으로 공부했다. 레이건은 1960년대에 소득세 최고 세율이 80%를 웃돌던 시절에 일류 배우들이 힘들게 벌어들인 소득의 대부분을 세금으로 빼앗기는 것을 보고 분개했었다. 따라서 레이건은, 이미 지나치게 올라 있는 세율이 적정 수준으로 내려간다면 정부의 조세수입은 오히려 증가하게 된다는 이론에 관심을 갖지 않을 수 없었다. 이는 곧, 정부가 세율을 낮추면 국민들은 더 많이 일하고, 더 많이 생산하게 되어 정부의 조세수입이 증가하게 된다는 논리다.

그래서 공급측면의 경제학자들은 일하고, 저축하고, 생산하고, 소비하는 등의 일을 개인 스스로가 선택할 때 경제활동이 가장 잘 이뤄진다고 주장했다. 그들은 경제적 번영을 모든 개인과 기업의 선택의 결과로 보았다. 그래서 그들은 세율을 낮춰야 한다고 주장했다. 그렇게 해야만 사람들은 일을 더 하고, 더 저축하여 경제가 성장하리라고 본 것이다. 레이건은 이 이론을 경제정책에 도입했다.

레이거노믹스가 등장하다

레이건은 자신의 경제개혁 프로그램을 "미국을 위한 새로운 시작: 경기회복을 위한 프로그램(America's New Beginning: A Program for Economic Recovery)"이라고 불렀는데, 이는 곧 "레이거노믹스

(Reaganomics)"라는 이름으로 바뀌었다.

레이거노믹스란 경제정책에 반영된 레이건의 경제철학을 뜻한다. 이는 곧 '정부지출 삭감, 감세, 규제 완화 및 철폐, 통화 긴축'을 통한 경제개혁을 뜻한다. 레이거노믹스는 대처와 레이건의 기여로 탄생한 신자유주의(Neo-liberalism)를 뜻한다고 볼 수도 있다. 신자유주의는 본래 사회주의에 만연된 영국경제를 자유시장경제로 바꿔놓은 대처의 구조개혁의 성공에 붙여진 이름이다. 신자유주의는, 대처의 구조개혁과 레이건의 경제개혁이 추진되기 시작한 1980년경부터 2008년 글로벌 금융위기 직전까지의 기간과 관련된다. 신자유주의란 영국처럼 사회주의에 만연된 경제, 미국처럼 큰 정부에 억압된 경제를 대처의 구조개혁이나 레이건의 경제개혁을 통해 시장경제로 전환시키는 정책을 말한다. 일부 좌파들은 신자유주의를 이념으로 보지만 신자유주의는 이념이 아니라 정책이다. (신자유주의에 관해서는 대처 편에서 충분히 언급했다.)

그런데 한국의 대통령들은 김대중 대통령부터 문재인 대통령에 이르기까지 (김영삼 대통령은 해당되지 않을 것 같다.) 'Reaganomics'에서 'nomics'를 따다가 DJnomics, MHnomics, MBnomics, KHnomics, Jnomics라는 신조어를 무절제하게 만들어 썼다. 이들 대통령들이 과연 레이건처럼 내세울 만한 경제철학을 지녔는지 의심스럽다.

'작은 정부' 실현을 비전으로 내놓다

앞에서 언급한 대로, 프랭클린 루스벨트는 대공황 극복을 위해 케인즈의 자문을 받고, 대공황 극복 수단으로 뉴딜정책을 추진했다. 그런데 대공황 극복을 위한 케인즈이론의 적용은 시간이 지남에 따라 문제가 들어났다. 경제 활성화를 위한 정부개입 확대로 개인의 자유가 침해되고, 규제가 증가하여 기업 활동이 위축되고, 정부 운영이 방만해져 효율성이 떨어지고, 조세부담이 증가하고, 부정과 부패가 만연되어 정부실패가 일어났다. 적자재정을 확장통화정책으로 메꾸다보니 인플레이션이 발생했다. 이 결과 미국정부는 '큰 정부'로 팽창했다.

레이건이 대통령 취임사에서 "정부가 바로 문제입니다"라고 말한 것은 그동안 미국정부가 케인즈이론의 부추김을 받아 큰 정부가 되었다는 것을 지적한 것이다. 여기에다 레이건이 대통령에 취임할 당시 미국경제는 세계경제와 마찬가지로 1970년대 오일쇼크로 '실업률 증가와 인플레이션이 동시에 발생하는 소위 스태그플레이션'으로 진통을 겪고 있었다. 이런 여건에서 레이건은 '작은 정부' 실현을 비전으로 내세운 것이다.

왜 '작은 정부'인가?

레이건의 정치적 목표 가운데 가장 큰 비중을 차지하는 것은 '큰 정부'를 '작은 정부'로 바꾸는 것이었다. 그러면 왜 '작은 정부'인가? 먼저 정부의 역할은 아담 스미스의 『국부론』에 등장한다. 시장주의자들은 지금도 이를 금과옥조(金科玉條)로 받아들인다. 다음은 아담 스미스가 밝힌 '정부의 역할'이다.

"첫째, 다른 독립된 사회의 침입이나 전쟁으로부터 사회를 지키는 임무다. 둘째, 가능한 한 사회구성원 간의 억압이나 불법을 막는 일로서 법질서의 확립이다. 셋째, 공공사업과 공공기관을 설립하고 운영하는 일이다. 공공사업과 공공기관은 실제로는 사회 전체에 미치는 효과가 큼에도 불구하고 개인이나 몇몇 그룹의 사람들이 설립하고 운영하는 경우에는 비용을 충당할 만한 수입을 얻을 수 없기 때문이다."

스미스가 내세운 '정부의 역할'은 '작은 정부론'으로 통한다. 그러면 스미스의 '작은 정부' 원리가 지켜지지 않는다면 어떤 결과가 나타날까? 다음과 같은 문제가 발생할 것이다. '정부개입 확대로 개인의 자유가 침해되고, 규제가 많아져 기업 활동이 위축되고, 방만한 운영으로 정부의 효율성이 떨어지고, 조세 증가로 조세부담이 증가하고, 부정과 부패가 만연되어 정부실패가 일어날 것이다.' 그 대표적인 경우를, 우리는 역사 속으로 사라져버린 사회주의 국가에서 수없이 보았다.

그래서 우리는 정부가 어떤 일을 해야 하고, 정부야말로 시장이 치유(治癒)할 수 없는 문제를 해결할 수 있는 문제해결사로 생각하는 고정관념에서 벗어나야 한다. 우리는 정치가들이 밥 먹듯이 내뱉는 말, 곧 정부란 공익을 위해 일하는 '자비로운 군주(Benevolent Despot)'라는 막연한 믿음도 버려야 한다. 오죽했으면 밀튼 프리드먼은 정부를 '현상유지의 폭군(Tyranny of the Status Quo)'으로까지 표현했을까![80]

그러면 왜 '작은 정부'는 실현하기 어려운가? 그 이유를 프리드먼

---

80) Friedman, Milton & Rose(1983), *Tyranny of the Status Quo*, Harcourt Brace Jovanovich.

은, '철의 삼각형(iron of triangle)'이라고 불리는 벽이 그 주위를 둘러싸고 있기 때문이라고 설명한다.[81] 즉, 이 삼각형의 첫 모서리에는 정부지출로부터 혜택을 노리는 수익자(투표자)가 자리 잡고 있고, 제2의 모서리에는 당선 또는 재선을 노리는 정치가가 자리 잡고 있으며, 제3의 모서리에는 권력 장악이나 승진을 노리는 관료가 자리 잡고 있기 때문이라는 것이다. 간단히 말해서, 득표가 최고의 목표인 정치가들의 정치논리 때문에 '작은 정부' 실현이 어렵다는 것이다.

좌파들은 '큰 정부'를 선호한다

레이건을 비롯한 자유시장주의자들은 '작은 정부'를 선호하지만 좌파들은 '큰 정부'를 선호한다. 대표적인 좌파 장하준 교수[82]는 '신자유주의자들은 이런 말은 하지 않는다'며 '큰 정부' 국가들이 오히려 성장률이 더 높다고 '큰 정부' 선호를 대변한다.

"잘 설계된 복지 정책이 있는 나라 국민들은 일자리와 관련된 위험을 감수하기를 두려워하지 않고 변화에 오히려 개방적인 태도를 취한다. …. 그에 반해 미국 사람들은 한 번 일자리를 잃으면 생활이 심하게 어려워질 뿐 아니라 다시 일할 수 없을지도 모른다는 생각을 한다. 바로 이런 이유에서 스웨덴, 노르웨이, 핀란드 등 복지 정책이 가장 잘 갖춰진 나라들이 이른바 '미국의 르네상스'라 부르는 1990년 이후

---

81) 상게서, 9장.

82) 앞에서 언급했듯이 나는 장하준 교수를 영국 교수로 간주한다.

에도 미국과 비슷한 성장을 하거나 심지어 더 빠른 성장을 할 수 있었다."[83]

장하준의 주장은 한낱 궤변에 지나지 않는다. 1990년부터 글로벌 금융위기 직전인 2007년까지(주: 장하준의 저서는 2010년에 출간) 스칸디나비아 복지 3국과 대표적인 시장경제국가 미국, 아일랜드, 뉴질랜드의 연평균 성장률을 비교한다.

　　스웨덴: 2.4%　　노르웨이: 3.1%　　핀란드: 2.6%

　　미국: 2.8%　　뉴질랜드: 3.2%　　아일랜드: 6.0%

무슨 설명이 필요 있겠는가! 장하준이 그토록 예찬하는 복지국가 스웨덴의 성장률이 가장 낮지 않은가! 그런데도 장하준은 이런 궤변까지 내세운다.

"스칸디나비아 국가들의 경우 거대한 복지 국가와 높은 경제 성장률이 공존하고 있는데, 이는 작은 정부가 항상 성장에 이롭다는 믿음에 문제가 있음을 잘 드러내 주는 예들이다."[84]

여기에 더해 장하준은 "더 크고 더 적극적인 정부가 필요하다"고 주장한다.[85] 이처럼 장하준은 궤변을 통해 '큰 정부'를 선호하는 전형적인 좌파 주장을 대변한다. 장하준은 심지어 '눈칫밥 없애기 위해 보편적 복지를 실시해야 한다'고까지 주장한다.'[86]

---

83) 장하준(번역서), p.290.

84) 장하준(번역서), p.338.

85) 장하준(번역서), p.337.

86) 장하준(번역서), p.299.

5

레이건의 업적(2): 냉전 종식으로
평화로운 세계를 만들다

레이건은 경제개혁에 성공하여 '미국 국민들이 자유롭고 풍요롭게 살아가는
나라 미국'을 만들었다. 이어 레이건은 자신의 두 번째 비전인 '세계 사람들이
자유롭고 평화롭게 살아가는 세상 세계'도 만들었다.

◆◆

대처, 냉전을 종식시킨 레이건에게 헌사(獻辭)를 보내다

대처가 2002년에 펴낸 자서전 『국가경영(*Statecraft*)』 (번역판) 표지
를 막 넘기면 작은 글씨체의 다음과 같은 문장이 시선을 끈다.

"이 책을 로널드 레이건에게 바친다.
세계는 그에게 너무나 많은 빚을 지고 있다."

무슨 뜻일까? 색인을 찾아가며 본문을 한참 뒤진 다음에야 그 뜻을
알 수 있었다. 그것은 레이건이 '세상 사람들이 자유롭고 평화롭게 살
아가는 세상 세계'를 만들어 준 데 대한 대처의 헌사다.

대처도 냉전을 종식시켜 핵전쟁 없는 세상을 만들기 위해 레이건
과 손을 맞잡고 노력했다. 대처는 1992년 9월 고려대에서 가진 연설

에서 이를 손수 밝혔다.[87]

"… 만약 냉전에서 자유세계가 승리한 것에 대한 공로를 주장할 만한 사람이 있다면 그는 바로 레이건 대통령일 것입니다. … 자유와 민주주의 방어는 사상의 영역에서 전투와 승리를 필요로 했습니다. … 레이건 대통령과 나는 공산주의자들에게 그들이 군사력으로 결코 승리할 수 없다는 것을 보여주기로 결심했습니다. 그래서 미국과 영국은 방위비를 증액했습니다. … 공산주의자들이 가장 두려워하는 것은 진리입니다."

대처는 고려대 강연에서 대처리즘이 무엇인가를 밝히면서 이렇게도 말했다.

"나는 평화는 결코 완전하게 보장되지 않으며, 새로운 독재자가 등장할 수 있고, 새로운 독재자는 유화정책을 쓰지 말고 패배시켜야 한다는 신념을 갖고 있습니다."

그래서 대처는 공산주의 독재자들을 패배시키기 위해 레이건과 손을 맞잡고 군사력을 최신화했고, 북대서양조약기구(NATO)를 확고하게 지지했고, 미국의 전력방위계획(SDI)을 지지했다. 레이건의 방위전략계획은 '악의 제국(Evil Empire)'을 무너뜨리는 데 결정적 역할을 했다.

앞에서 언급했듯이, 레이건은 정치 세계에 뛰어들면서부터 공산주

---

87) Thatcher, M.(1992), "On Thatcherism: Its Ideology and Practicies," *The Future of Industrial Democracy*, The Inchon Memorial Lecture, Korea University, Sept. 3~4.

의는 없어져야 할 세력이라고 믿었다. 대통령에 취임하자마자 레이건은 1979년 12월에 벌어진 소련의 아프가니스탄 침공을 강하게 비판한 후 아프가니스탄을 원조하기 시작했다. 그는 소련이 '악의 제국'을 유지하는 대가'를 톡톡히 치르게 하려는 정책을 면밀히 검토했다. 그는 공산주의 세력을 꺾기 위해 유럽에 중성자 핵무기를 설치했다. 레이건이 취한 핵심조치는 막대한 돈이 들어가는 전략방어계획(SDI: Strategic Defence Initiative; 날아오는 적의 미사일을 우주공간에서 낚아채는 방어시스템 구축)으로 알려진 미사일 방어 프로그램이었다. 이 프로그램의 명칭은 공상과학영화 가운데 하나인 스타워즈(Star Wars)에서 따온 것이었다. 이 프로그램은 소련의 장군들과 지도자들로 하여금 더이상 미국과 경쟁할 수 없다는 것을 깨닫게 하는 데 결정적으로 기여했다. 최근 미국 국방부는 중국과 러시아의 첨단 미사일 개발에 대응하기 위해 1983년에 발표된 '스타워즈' 구상을 다시 추진하고 있다고 한다. SDI와 관련하여 대처는 이렇게 썼다.

"고르바초프는 전에 레이건 대통령과 나눈 얘기를 통해 레이건 대통령이 SDI에 얼마나 열정적으로 심혈을 기울이고 있는지 이미 알고 있었다. 레이건 대통령은 SDI를 단순히 실질적으로 필요한 조치가 아니라 도덕적으로도 옳은 일로 생각하고 있었다. SDI는 핵이라는 공포의 균형에 의존하지 않고 생명을 지키는 것이 목적인 프로그램이었던 것이다. 그러나 소련 지도자 고르바초프는 자신이 구할 수 있는 모든 정보를 통해 경제가 침체에 빠지고 기술적으로 낙후된 소련이 SDI와 경쟁할 수 없다는 것 또한 알고 있었다. 그는 어떤 대가를 치르더라도 그 프로그램을 저지해야 했다. 그러나 그는 핵무기 대량 감축이라는 미끼로 레이건 대통령을 유혹한 다음 SDI가 반드시 '실험실 안'에만 머물러야 한다는 조건을 갑자기 꺼내놓았다.

그 결과로 회담이 결렬되면서 고르바초프는 대중 홍보전의 승리를 거뒀고 레이건은 패배했다. 그러나 이것은 미국 대통령이 총 한 방 쏘지 않고 냉전에서 사실상 승리를 거둔 사건이었다."[88]

그 결과는 실로 대단한 것이었다. 처음에는 소련 지도자들의 분노와 불안이 폭발했지만 소련 지도부는 분명히 변하기 시작했다. 소련 지도자들은 레이건이 계획한 SDI에 겁을 먹고 미국과의 경쟁을 포기한 것이다. 레이건은 처음에는 소련과의 정상회담을 거절하다가 곧 능숙한 외교관으로 변신하여 소련의 지도자 미하일 고르바초프와 만났다. 이 회담은 공산주의 붕괴의 서막으로 입증되었다. 레이건이 1987년에 베를린에서 고르바초프에게 "이 장벽을 허물어 버리시오 (Tear down this wall.)"라고 놀랄만한 요구를 했을 때 사람들은 이를 공허한 희망으로 생각했지만 결과는 그렇지 않았다.

목표를 향한 레이건의 전략은 적중했다. 동서냉전의 상징인 베를린 장벽이 드디어 1989년 11월 9일에 무너진 후 자유세계의 적인 소련도 무너지고 말았다. 이 결과 마거릿 대처가 쓴 대로, 세계는 자유롭고 평화롭게 되어 레이건에게 "너무나 많은 빚을 지게 된 것"이다.

냉전 종식은 레이건 다음 41대 H. W. 부시 대통령이 1991년 7월

---

88) Thatcher, M.(2002), *Statecraft*. (김승욱 역(2003), 『국가경영』, 작가정신, pp.36~37.)

31일에 고르바초프 전 소련 대통령과 체결한 역사적 전략무기감축협정(START)을 통해 이뤄졌다. 2년 후에 옐친 전 러시아 대통령과 미·러 양국의 전략 핵무기를 기존 3분의 2까지 감축하는 START2에 서명하면서 세계는 조지 H. W. 부시 전 대통령이 만든 핵 억제 체제에 따라 평화를 누릴 수 있게 되었다.

6

미국경제의 현주소

레이거노믹스의 핵심 목표는 경제부흥이었다. 그래서 레이건은 정부지출을
삭감하고, 조세를 인하하고, 규제를 완화하고, 긴축통화정책을 실시했다.
레이건의 경제개혁 효과는 시간이 약간 지난 다음에 나타나기 시작했다.
미국경제는 레이건 집권을 계기로 2008년 글로벌 금융위기
직후 몇 년을 제외하고, 장하준이 비꼰 표현대로 '르네상스 시대'를
경험해 오고 있다. 미국경제는 잘 알려져 있어 몇 가지 위상만 언급한다.

◆
◆

• 미국은 세계 제1의 경제대국

2016년 미국의 GDP는 18조6천억 달러로, 세계경제에서 차지
하는 비중이 24.6%다. 2위는 중국으로(11조2천 억 달러) 그 비중은
14.5%다. 덩샤오핑이 중국을 개방한 1978년에 미국의 세계경제 비
중은 24.6%, 중국은 2.3%.

• 미국은 2016년에 1인당 국민소득 58,876달러로 세계 4위

참고로 2016년에 1인당 국민소득 5만 달러대를 넘은 8개국을 크
기순으로 쓰면 다음과 같다: 1위 스위스(80,350달러), 2위 노르웨이
(74,380달러), 3위 룩셈부르크(69,259달러), 4위 미국(58,876달러), 5위 덴
마크(55,115달러), 6위 아일랜드(53,304달러), 7위 스웨덴(52,849달러), 8
위 싱가포르(51,126달러).

• 스위스 IMD가 발표하는 '국가경쟁력 순위'에 따르면, 미국은 해

마다 1, 2위를 놓고 싱가포르와 경쟁해 왔다.

• 미국의 정부규모(GDP 대비 정부총지출 비율)는 30%대로, 선진국 가운데 가장 '작은 정부'이고, 이 면에서 1, 2위를 놓고 아일랜드와 경쟁해 왔다. (관련된 내용은 뒤에서 언급함).

• 미국은 세율(GDP 대비)도 25%대 전후로 선진국 가운데 가장 낮은 편이다.

• 미국은 실업률이 레이건이 취임한 1981년에 7.6%였는데, 2000년에 4.0%로 낮아졌다가 외환위기 직후 몇 년 동안 다소 상승한 것을 제외하고 지속적으로 감소하여 2018년 10월에 3.7%를 기록했다.

• 미국은 시장경제 활성화 수준이 1위

시장경제 활성화 수준을 나타내는 경제자유지수에서 미국은 1, 2위를 놓고 싱가포르와 경쟁해 왔다.

• 미국은 선진국 가운데 노동시장이 가장 유연한 나라

여러 가지 지표로 볼 때 미국은 노동시장이 선진국 가운데 가장 유연하다. 그 이유 가운데 하나는 해고와 관련된 고용보호 조항이 하나밖에 없기 때문이다. 이는 1992년에 도입된 것으로, 종업원 100인 이상 기업이 해고하려면 60일 전에 해당 근로자에게 통보만 하면 된다. 뿐만 아니라 미국은 세계에서 유일하게 '일시해고제도(temporary lay-off system)'[89]라는 것이 있어서 기업은 해고를 아무 때나 할 수 있

---

89) 일시해고제도란 기업이 경영 사정이 좋지 않을 때 구조조정 차원에서 최근에 입사한 종업원부터 해고하고, 사정이 호전되면 반드시 해고된 종업원을 재고용하는 제도다. 이 제도 때문에 미국은 해고가 아무 때나 이뤄질 수 있어 노동시장이 세계에서 가장 유연하다.

고, 해고된 근로자는 실업보험제도가 보호해 준다. 그래서 미국은 장기실업률이 세계에서 가장 낮다.

7

레이건이 주는 교훈

레이건은 어떤 교훈을 주는가? 여기서는 레이건이 정치적 이념으로 고수한
보수주의, 정치적 비전을 실현한 작은 정부, 보편적 복지에서 선별적 복지로
전환한 복지개혁을 이야기한다.

보수주의 이념을 정책에 반영하다

앞에서 언급한 대로, 레이건은 미국의 전통적 가치 곧, 보수주의
이념을 정책에 반영했다. 그래서 미국은 '작은 정부'를 유지하여 개인
과 기업의 자유를 보장하는 시장경제국가로서 세계를 이끌어 오고 있
다. 이 점을 감안하여 진보와 보수의 성격부터 비교할 필요를 느낀다.

진보와 보수의 성격을 비교한다

최근에 들어와 한국 정계에서도 '진보 대 보수' 논쟁이 활발하게
전개되고 있다. 바람직한 현상이라고 생각되어 나는 20개 항목에 걸
쳐 '진보와 보수의 성격'을 비교한다(〈표 5〉 참조). 내용 자체가 어렵지
않은 데다 지면의 한정 때문에 구체적인 설명은 생략한다.

<表 5> 진보와 보수의 성격 비교

진보(Progressive) = 좌파(Left)	항목	보수(Conservative) = 우파(Right)
* 프랑스혁명(1789~1794)때 프랑스를 변화시키려고 한 공화파를 가리켜 붙여진 말로, 공화파가 왕의 좌측에 앉았음	1. 등장배경	* 프랑스혁명(1789~1794) 때 왕정체제 유지하려 한 왕당파를 가리켜 붙여진 말로, 왕당파가 왕 우측에 앉았음
* 미래에서 새로운 가치를 찾고자 변화를 추구하는 사상	2. 정의	* 과거에서 훌륭한 가치를 찾아내 이를 고수하려는 사상
* 진보주의(Progressivism)	3. 이념	* 보수주의(Conservatism)
* 미국 민주당, 영국 노동당	4. 정당	* 미국 공화당, 영국 보수당
* 주로 정부개입에 의존하되 시장 허용	5. 경제운용	* 주로 시장에 의존하되 정부 개입 허용
* 큰 정부	6. 정부규모	* 작은 정부
* 증세	7. 조세	* 감세
* 친규제	8. 금융정책	* 자유화
* 친확장정책	9. 통화정책	* 친긴축정책
* 개인의 자유 별로 중시 안함	10. 자유	* 개인의 자유 중시함
* 축소	11. 사유권	* 확대
* 결과의 평등 강조	12. 평등	* 기회의 평등 강조
* 보편적 복지	13. 복지	* 선별적 복지
* 2차 분배(정부개입) 중시함	14. 분배	* 1차 분배(시장 결정) 중시함
* 친규제	15. 규제	* 반규제
* 보호무역	16. 무역	* 자유무역
* 별로 중시하지 않음	17. 경쟁	* 중시함
* 공공성 많음	18. 교육	* 공공성 적음
* 공공성 많음	19. 의료	* 공공성 적음
* 공공성 많음	20. 주택	* 공공성 적음

주: 내용은 필자가 정리한 것임.

'진보=좌파'와 '보수=우파'는 프랑스혁명(1789~1794) 때 등장한 말이다. 왕정체제를 무너뜨려 새로운 변화를 추구하려 한 공화파가 '진보', 왕정체제를 고수하여 기존체제를 유지하려 한 왕당파가 '보수'로 불렸다. 일반적으로 진보는 미래와 기존 체제 내에서 새로운 가치를 찾고자 변화를 추구하고, 보수는 기존 체제 내에서 전통적 가치를 찾아내 이를 옹호하고 유지하려는 정치이념이다. 따라서 진보정당은 반시장·친규제·복지·평등·큰 정부 등을, 보수정당은 친시장·친기업·반규제·경쟁·작은 정부 등을 지향한다.

이런 시각에서 볼 때, 전통적으로 미국의 공화당이나 영국의 보수당은 보수주의를, 미국의 민주당이나 영국의 노동당은 진보주의를 고수한다. 그런데 기행(奇行)과 기언(奇言)으로 미국과 세계를 어리둥절하게 만든 미국의 공화당 소속 제45대 도널드 트럼프 대통령은 'America, first'라는 구호를 내세워 그동안 공화당이 고수해 온 '자유무역'을 하루아침에 '보호무역'으로 바꾸는 등 이념의 정체성을 흐리게 만들었다.

에피소드 하나. 2018년 미국 중간 선거에서 한인 교포 2세 앤디 김이 연방 하원의원에 당선되었다. 65만 유권자 중 백인이 85%, 한인이 300여 명에 불과한 뉴저지 3선거구에서 공화당 거물 현역의원을 물리치고 당선된 것이다. 당선 소감으로 앤디 김은 이렇게 말했다.

"평범한 한국인 이민자 아들도 연방의원이 될 수 있다는 것, 그게 내가 지키려는 미국의 가치다."

앤디 김이 언급한 "미국의 가치"란 바로 레이건이 고수하려 한 미국 보수주의다. 앤디 김의 아버지 김정한 씨는 고아 출신으로 MIT 공대와 하버드대를 거쳐 유전공학 박사가 된 입지전적 인물이다. 그는 미국 보수주의를 대변하는 것 같다.

어떻든 미국과 영국이 그래 왔듯이, 우리도 진보와 보수 간에 건전한 이념 논쟁이 활발하게 전개되어 국민이 선택할 수 있는 '올바른 정책 메뉴'가 마련될 수 있기를 기대해본다.

레이건, '작은 정부' 실현으로 신자유주의 탄생에 기여하다

레이건은 '작은 정부' 실현으로 대처와 함께 신자유주의 탄생에
도 기여했다. 그러면 세계는 신자유주의를 어떻게 받아들였을까? 이
에 대한 답을 OECD 국가들의 정부규모 변화에서 찾아본다. 〈표 6〉
는 신자유주의의 영향으로 세계가 호황을 누렸던 1992~2007년간
OECD 국가들의 정부규모(GDP 대비 정부총지출 비율) 변화 추이를 나
타낸 것이다.

〈표 6〉 OECD 국가들의 정부규모 변화 추이, 1992~2007

(단위: %; 표에서 '변화폭'은 %포인트를 뜻함)

국가	1992	2007	변화폭 '92~'07	비고
호주	37.5	33.3	-4.2	확실 ↓
오스트리아	53.5	48.5	-5.0	확실 ↓
벨지움	53.8	48.5	-5.3	확실 ↓
캐나다	53.3	39.4	-13.9	확실 ↓
덴마크	57.1	50.9	-6.2	확실 ↓
핀란드	62.0	47.3	-14.7	확실 ↓
프랑스	52.0	53.3	1.3	약간 ↑
독일	47.3	43.5	-3.8	확실 ↓
아이슬란드	40.5	42.3	1.8	약간 ↑
아일랜드	44.8	36.8	-8.0	확실 ↓
이탈리아	55.4	47.9	-7.5	확실 ↓
일본	32.7	35.9	3.2	상당 ↑
한국	21.7	28.7	7.0	크게 ↑
룩셈부르크	40.0	36.2	-3.8	확실 ↓
네덜란드	55.7	45.3	-10.4	확실 ↓
뉴질랜드	48.8	40.1	-8.7	확실 ↓
노르웨이	56.1	41.2	-14.9	확실 ↓
스페인	45.4	39.2	-6.2	확실 ↓

스웨덴	69.4	51.0	-18.4	확실 ↓
스위스	34.2	32.3	-1.9	약간 ↓
영국	45.2	44.1	-1.1	약간 ↓
미국	38.6	36.8	-1.8	약간 ↓
OECD 평균	42.4	39.9	-2.5	확실 ↓

주: '정부규모'는 GDP 대비 일반정부총지출 비율임. 자료: OECD, OECD Economic Outlook.

〈표 6〉의 22개국 가운데 정부규모가 증가한 나라는 한국(7.0%포인트), 일본(3.2%포인트), 아이슬란드(1.8%포인트), 프랑스(1.3%포인트) 네 나라뿐이다. 그것도 한국만 제외하고 증가분은 크지 않다.

스칸디나비아 복지3국을 보자. 대표적인 복지국가 스웨덴은 1992~2007년간 불과 16년 동안에 정부규모가 69.4%에서 51.0%로 무려 18.4%포인트나 감소했다. 노르웨이는 14.9%포인트 감소, 핀란드는 14.7%포인트 감소했다. OECD 평균은 2.0%포인트 감소했다. 이는 신자유주의가 가져온 결과다.

대표적인 시장국가 미국의 정부규모는 40%를 밑돈다. 미국과 아일랜드는 해마다 정부규모가 작기로 앞서거니 뒤서거니 경쟁해 왔다. 한국은 OECD 통계에서 재정규모가 해마다 사실상 '가장 작은' 나라로 나타나 있다. 이는 한국이 재정통계 작성에서 IMF 규정을 따르지 않기 때문에 나타난 결과다.[90] 그러나 한국은 OECD 국가 가운데 정부팽창이 가장 빠르게 이뤄지고 있는 나라다. 한국 정치가들은 이를 알고 있어야 한다.

---

90) 박동운(2006), 「잘못된 재정통계: 한국을 '가징 작은 정부'로 만들다」, 한국하이에 크소사이어티 엮음(2006), 『자유주의만이 살길이다』, 평민사, pp.196~211.

레이건, 그 어렵다는 복지개혁에도 성공하다

레이건은 1962년에 캘리포니아 주지사에 당선되자 취임과 더불어 복지개혁을 내세웠다. 그것은 '사회적 약자에 대한 지원은 필요하지만 일을 하지 않는 사람들에 대한 지원은 개선되어야 한다는 것'이었다. 그러나 민주당이 지배적인 캘리포니아 주의회는 민주당 브라운 전 지사가 벌려놓은 복지프로그램이 사라질까 봐 공화당 레이건의 반대 입장에 섰다. 레이건은 1970년 캘리포니아 지사에 재선되자 취임사에서 '작은 정부와 복지 개혁'을 다시 내세웠다. 1960년대 존슨 행정부가 '빈곤에 대한 전쟁' 정책을 실시하면서 복지비가 급속히 확대되어 캘리포니아 주정부는 거대한 괴물로 팽창해 있었다.

레이건은 세금으로 복지문제를 해결할 수 없다고 판단하여 복지개혁 법안을 만들어 복지 혜택을 받을 수 있는 사람들의 자격조건을 엄격히 강화했다. 첫째, 일할 능력이 있는데도 복지비만 받는 사람에게 주는 복지비는 삭감하라. 둘째, 근로 자격이 있는 사람에게 주는 복지비는 없애되, 근로 능력이 없는 사람에 대한 복지비는 손대지 말라. 한 마디로, 기존의 '보편적 복지'에서 '선별적 복지'로의 과감한 전환이었다. 복지 개혁 3년 후 캘리포니아에서 복지비 수혜자의 숫자가 무려 85만 명이나 줄어들었다. 미국 역사상 캘리포니아에서 처음으로 복지비 지출이 감소했다.

문재인 대통령, 레이건의 복지개혁을 벤치마킹해야!

마거릿 대처의 『국가경영(Statecraft)』에 이런 내용이 있다.

"좌파 정치가들은 처음부터 '왜 국가가 국민들의 주머니에서 추가로 돈을 더 가져와야 하는가?'라고 묻는 대신 '그게 왜 안 돼?'라고 말한다. 도처에 존재하는 그런 정치가들의 눈에 부는 개인의 것이 아니라 집단의 것이며, 우리의 것이 아니라 자기들의 것이다."[91]

대처는 문재인 대통령과 그의 추종자들을 염두에 두고 이 책을 쓴 것 같다.

지면이 한정되어 문재인 정부의 복지정책을 시시콜콜 열거할 수는 없다. 문재인 정부의 '현금복지'만 언급한다.

2013년(박근혜 정부 첫째 해): 11.6조 원

2017년(문재인 정부 첫째 해): 22.9조 원

2018년(문재인 정부 둘째 해): 26.1조 원

2019년(문재인 정부 셋째 해): 33.3조 원

문재인 정부 첫 해의 현금복지는 4년 전 박근혜 정부에 비해 2배 증가했다. 문재인 정부에서 현금복지는 첫 해에 22.9조 원이었는데 1년 후에는 26.1조 원, 2년 후에는 33.3조 원으로 가파르게 증가하고 있다. 이런 추세라면 문재인 대통령이 퇴임하는 2022년경에는 현금복지는 45조 원을 훌쩍 넘을 것 같다. 복지도 좋지만 문제는 이 많은 돈을 누가 내느냐이다.

91) Thatcher, M.(2002), *Statecraft*. (번역판 『국가경영』, p.553.)

문재인 대통령의 현금복지는 한국을, 전 세계 석유매장량 1위 국가이면서도(24.1%) '퍼주는 복지 정책' 여파로 먹을 것이 없어 국민체중이 평균 7㎏나 빠졌다는 베네수엘라로 끌고 가는 것 같다. 한국을 베네수엘라 꼴이 되지 않게 하려면 문재인 대통령은 레이건의 복지개혁을 벤치마킹해야 한다. 복지개혁은 부자에게도 퍼주는 '보편적 복지' 대신 레이건처럼 도움이 필요한 사람에게만 주는 '선별적 복지'로 바꾸면 된다.

레이건은 사후에도 존경 받는 대통령!

미국에서는 1948년부터 역대 대통령 평가 작업이 시작되었다. 미국 하버드대 교수였던 아서 슐레진저 1세가 55명의 역사학자들에게 '대통령직에 있을 때 수행한 일에 대해서만'이라는 조건을 붙여 여론조사를 실시한 것이 효시다. 1948년부터 2005년까지 실시된 12번의 전문가 여론조사에서 나온 평가 순위를 바탕으로 미국의 역대 대통령의 평균 순위가 계산된다. 이렇게 결정된 순위를 1위부터 5위까지 차례대로 쓰면, 에이브러햄 링컨, 프랭클린 루스벨트, 조지 워싱턴, 토머스 제퍼슨, 시어도어 루스벨트다. 이 조사에서 로널드 레이건은 15위로 12위인 존 F. 케네디보다 약간 떨어진다.

그런데 월스트리트의 2004년 조사에서는 로널드 레이건이 위대한 미국 대통령 4명 가운데 하나로 뽑혔고, 2005년 조사에서는 6위로 뛰어 올라 15위 존 F. 케네디보다 훨씬 앞섰다. 2007년 2월 미국의 갤럽 조사에서는 로널드 레이건이 인기도에서 에이브러햄 링컨에 이어 2위를 차지했다. 2011년 갤럽 여론조사에서는 레이건이 19%를 득표하여 미국인이 생각하는 가장 위대한 대통령으로 선정되었고, 2위는 14%를 기록한 링컨이었다.

지금 레이건은 죽고(2004. 6. 5) 없지만 그의 영향력은 미국과 미국인의 마음에 뚜렷이 남아 있다. 레이건이 아직 살아 있을 때인 1998년 미국 사람들은 워싱턴국립공항을 레이건 워싱턴국립공항으로 이름을 바꿨다. 2001년에 미 해군은 새로 진수한 항공모함의 이름을 'USS 로널드 레이건호'로 명명했다. 아직 살아 있는 사람의 이름에 이와 같은 영광을 준 것은 해군 역사상 처음이라고 한다. '로널드 레이건호'는 2018년 8월 남·북 데탕트 분위기가 익어가는 무렵에 한반도를 항해했다.

뿐만 아니라 레이건의 업적은 외국도 기리고 있다. 헝가리 수도 한복판에 레이건의 동상이 세워져 있다. 이 동상은 냉전 종식으로 헝가리가 소련의 영향권에서 벗어날 수 있도록 도와준 레이건에 감사를 표시하기 위해 헝가리 국민들이 레이건 탄생 100주년 기념으로 2011년에 세운 것이다.

조지 H. W. 부시 대통령의 장례식이 열린 2018년 12월 5일에 도널드 트럼프 미국 대통령은 이 날을 '국가 애도의 날'로 지정했다. 이에 따라 연방정부는 모든 업무를 일시 정지했고, 연방대법원도 이날 하루 심리를 하지 않았고, 연방 상·하원도 모든 의사일정을 중단했고, 일부 학교는 휴교했다.

우리는 이승만 초대 대통령부터 문재인 제19대 대통령까지 12명의 대통령을 맞았다. 이 글을 쓰는 시점에서 이유야 어떻든 이명박·박근혜 두 전직 대통령은 감옥에 갇혀 있고, 역대 대통령들은 그다지 존경받지 못한다. 우리는 왜 대통령들에게 존경심 갖기를 꺼리는가?

06
넬슨 만델라

'화해와 용서'로 인종차별 없는
나라를 만들다

Nelson Mandela

넬슨 만델라

'화해와 용서'로 인종차별 없는 나라를 만들다

넬슨 만델라(Nelson Mandela, 1918~2013)는 남아프리카공화국 백인 정권의 인종차별정책에 폭력으로 맞서 투쟁하다가 27년 6개월 동안 감옥살이를 했다. 출옥 후 그는 투쟁방법을 폭력에서 '화해와 용서'로 바꿔 인종차별정책 폐지를 이끌어냈다. 이 공로로 만델라는 1992년 74세 때 당시 백인 대통령 프레데릭 데 클레르크(Frederik Willem de Klerk)와 함께 노벨평화상을 받았고, 이듬해 남아공 대통령에도 당선되었다.

넬슨 만델라는 자서전 A Long Walk to Freedom을 남겼다. 만델라는 이 자서전을 감옥살이를 하던 1974년부터 비밀리에 집필하기 시작하여 노벨평화상 수상 2년 후인 1994년에 출간했다. 만델라는 출옥 후 바쁨에 쫓길 때 리차드 스텐겔이 쓴 후반부를 제외하고 이 자서전을 손수 썼다고 밝혔다. 이 자서전은 웬만한 소설만큼이나 재미있고, 이야기 자체가 모두 팩트로 느껴진다. 나는 이 책에서 주로 시장경제와 관련하여 정치가 이야기를 하고 있는데, 만델라의 삶은 자유주의의 핵심 요소인 자유와 관련된 것이어서 전체적인 흐름에서 벗어나지 않는다.

주요 참고문헌

Nelson R. Mandela(1994), *A Long Walk to Freedom*, Little, Brown and Company. (김대중 역(1995), 『자유를 향한 머나먼 여정』 상 하, 아태평화출판사.)
Lang, Jack(2004), *Nelson Mandela*, Editions Perrin. (윤은주 역(2007), 『넬슨 만델라 평전』, 실천문학.)
박동운(2015), 「넬슨 만델라: '인종분리정책' 폐지 이끌어 인종차별 없는 나라 만들다」, 『대한민국 가꾸기』, 선, pp.138~146.

성장 과정

태어나서 투사가 되기까지 만델라의 삶을 이야기한다.

추장의 아들로 태어나다

만델라는 1918년 7월 18일에 남아공 트란스케이의 수도 움타타 지방의 음베조라는 조그만 마을에서 태어났다. 그의 아버지는 혈통과 관습에 따라 추장이 되었는데, 영국 통치하에서는 정부의 임명을 받아 약간의 보수도 받았다. 영국 통치하에서 추장의 지위는 별것 아니었다.

그의 아버지는 만델라에게 '롤리흘라흘라(Rolihlahla)'라는 이름을 지어주었다. 이는 '말썽꾸러기'라는 뜻을 지녔다고 한다. 그의 아버지는 4명의 아내를 두었는데, 만델라는 셋째 아내의 장남으로 태어났다. 그의 아버지는 학교는 문턱도 밟아보지 않았지만 아들의 교육에는 관심이 많았다. 만델라의 아버지는 부유한 추장이었는데, 만델라가 태어난 지 얼마 지나지 않아 어떤 분쟁에 휘말려 음베조의 추장 지위를 박탈당했고 재산마저 잃고 말았다.

생활이 어렵게 되자 만델라의 어머니는 친구와 가족들의 도움을 받을 수 있는 친정 마을 쿠누로 이사했다. 쿠누라고 하는 좁은 세계에서 부족 간의 경쟁은 만델라가 속한 코사족과 그 마을 소수의 아마음펭구족 간의 경쟁이 전부였다. 아마음펭구족은 마을에서 가장 진보된 부류여서 종교지도자, 경찰, 교사, 사무원, 통역사 등을 배출했다. 만델라는 쿠누에서 조지 음베켈라, 벤 음베켈라 형제와 친구가 되었다. 이들 형제의 신앙은 만델라의 아버지에게는 영향을 미치지 못했지만 어머니에게는 영향을 미쳐 어머니는 감리교 신자가 되었다. 이들 형제의 영향으로 만델라는 감리교 세례를 받았고, 일곱 살 때 학교에 들어갔다. 학교 첫 날, 선생님은 만델라에게 이름을 '넬슨'이라 지어주고, 학교에서는 이 이름을 사용해야 한다고 말했다. 이는 당시 아프리카에서 하나의 관습이었다.

9살 때 아버지가 돌아가시자 만델라는 망망대해에서 표류하는 듯한 충격을 받았다. 어머니는 만델라를 데리고 새로운 살 곳 음퀘케즈웨니로 떠났다. 만델라는 고향을 떠나는 것이 아버지의 죽음보다 더 슬펐다고 썼다. 그는 어머니와 함께 온종일 돌부리에 채이고, 숱한 언덕을 넘고, 여러 개의 마을을 지나 오후 늦게야 처음 보는 '궁전' 같은 커다란 집 앞에 도착했다. 만델라의의 아버지가 죽자 욘긴타바가 만델라의 보호자가 된 것이다. 욘긴타바는 만델라의 아버지의 도움으로 우두머리 추장이 될 수 있었는데, 그는 그 은혜를 잊지 않았다. 욘긴타바는 만델라를 친아들처럼 돌보아 줄 것이었다. 어머니는 그곳에서 이틀 동안 머문 후에 "내 아들아, 힘을 내라" 말하고 고향으로 돌아 갔다. 만델라는 새로운 환경에 잘 적응해 갔다. 그는 '궁전' 옆에 있는 학교에 다녔다.

만델라는 16살에 전통과 관습에 따라 성인이 되는 절차인 할례를 받았다. 함께 할례를 받았던 대부분의 아이들과는 달리 그는 금광에 서 일할 운명은 아니었다. 욘긴타바는 만델라에게 "너는 자신의 이름 도 쓸 줄 모르는 채 백인들의 광산에서 평생을 보낼 사람은 아니야"라 고 자주 말하곤 했었다. 욘긴타바는 만델라가 계속 교육을 받을 수 있 도록 도왔다. 만델라는 기초시험에 통과하여 클라크베리 학교에 입학 했다. 만델라는 다시 한 번 집을 떠나게 되었다.

만델라는 클라크베리 학교에서 처음으로 자격을 갖춘 선생님들로 부터 수업을 받았다. 그 중 몇몇 선생님들은 대학졸업생들이었는데, 그것은 당시 매우 드문 일이었다. 교장인 해리스 목사는 클라크베리 학교를 공평무사하게 운영했다. 해리스 목사는 옳은 일을 위해 자기 를 희생하는 사람의 전형으로서, 만델라에게 중요한 모델이 되었다. 클라크베리에서 만델라는 시야를 넓히는 교육을 받았고, 여러 곳에서 유학 온 학생들을 만났다.

1937년 19살 때, 만델라는 움타타에서 약 175마일 떨어진 힐트타 운 학교로 옮겼다. 힐트타운 학교에는 남아프리카뿐만 아니라 바수토 랜드, 스와질랜드, 베츄아나랜드 출신 유학생들도 있었다. 거기에서 만델라의 지역주의와 종족주의가 녹아내리기 시작했다. 만델라는 아 프리카인으로서 처음으로 자신을 깨닫기 시작한 것이다.

대학에서 퇴학당하다

힐트타운에서 3년간의 공부를 마치고 만델라는 동쪽으로 20마일 정도 떨어진 포트헤르(Fort Hare)대학에 들어갔다. 이 대학은 19세기에 스코틀랜드 선교사들이 세운 학교로, 남아프리카에서 흑인들을 위한 유일한 최고 교육기관이었다. 만델라 같은 젊은 남아프리카 흑인들에게 그곳은 옥스퍼드나 케임브리지, 하버드나 예일과 같은 곳이었다. 욘긴타바는 만델라가 포트헤르대학에 입학하자 흥분할 정도로 좋아했고, 만델라 역시 한없이 기뻤다. 만델라는 자신이 성공할 운명을 갖고 있다고 생각했다. 포트헤르대학에는 150여 명의 학생들이 있었는데, 만델라가 처음 만난 학생 중 하나가 K.D. 마탄지마였다. 마탄지마는 족보상으로는 만델라의 조카였지만 만델라보다 나이가 많은 데다 3학년이었다. 마탄지마는 만델라를 부하처럼 대했다. 마탄지마가 용돈도 주어 만델라는 빈털터리가 되지 않았다. 마탄지마는 만델라에게 장래를 생각해서 법을 공부하라고 조언했다.

포트헤르대학 시절 만델라는 교실 안팎에서 많은 것을 배웠다. 그는 기독학생회 회원이 되어 일요일에는 이웃 마을을 방문하여 성경을 가르쳤다. 2학년 때는 포트헤르대학 학생회 간부 후보로 지명되었다. 그는 학생회 선거와 관련된 사건이 자기 인생의 방향을 바꾸게 되리라고는 상상도 하지 못했다고 썼다. 포트헤르대학 교칙에 따르면, 전체 학생이 6명의 대표를 선출하게 되어 있었다. 선거를 앞두고 전체 학생들이 한 데 모여 학생들의 문제와 불만을 털어놓을 기회가 마련되었다. 학생들은 한 목소리로 식당의 음식 개선과 학생회의 권한 강화를 요구했다. 학생들은 학교당국이 학생들의 요구를 받아들이지 않는 한 선거를 거부해야 한다고 의견을 모았다. 투표가 실시되었다. 전체 학생의 6분의 1 정도인 25명이 투표에 참여하여 6명의 대표를 선출했는데, 만델라는 그 중 한 명이었다. 그런데 6명의 대표들은 다수 학생의 지지를 받지 못했다는 이유를 내세워 선거 거부를 지지하며 사퇴하기로 결정했다.

총장은 그들의 사퇴를 받아들이고, 다음날 선거를 다시 치르도록 지시했다. 모든 학생들이 다시 모여 재선거를 치렀는데, 전날처럼 25명의 학생들만이 투표에 참여하여 똑같은 6명을 다시 대표로 선출했다. 그런데 5명의 대표들은 모든 학생들이 참석한 가운데 선출되었으니 기술적으로 문제가 없다고 주장했으나 만델라는 도덕적으로 옳지 않다고 맞섰다. 만델라는 사퇴를 결심했다.

만델라는 총장한테 불려갔다. 총장은 만델라가 사퇴를 계속 고집한다면 퇴학시킬 수밖에 없다고 경고했다. 그날 밤 만델라는 밤새 잠을 이루지 못했다. 다음날 총장실에 불려갔을 때도 그는 마음을 정하지 못한 상태였다. 총장이 결심을 했느냐고 물었을 때에야 비로소 그는 마음을 정했다. 그는 양심상 도저히 학생회 일을 할 수 없다고 대답했다. 총장이 말했다. "알았어. 물론 그것은 자네의 결정이야. 그러나 나 역시 그 일에 관해 생각해 보았고, 다음과 같이 제안하고자 하네. 자네는 내년에 학생회 일을 한다는 조건으로 포트 헤르에 복학할 수 있네. 만델라 군, 그대는 여름 내내 그 일을 숙고해 볼 수 있어."

만델라는 포트헤르대학을 그만둔다는 것이 바보짓임을 잘 알고 있었다. 그래서 그는 타협할 필요를 느꼈지만 그럴 수는 없었다. 그는 총장의 권고에 고마움을 느꼈으나 자신의 운명을 놓고 총장이 절대적 권한을 휘두르는 것에 분노했다. 그는 연말에 포트헤르대학을 떠나고 말았다.

만델라는 시험에 통과한 후 집으로 돌아왔다. 그는 욘긴타바에게 포트헤르 대학에서 일어난 일들을 자초지종 이야기했다. 욘긴타바는 화를 냈다. 그는 만델라의 얘기를 다 듣기도 전에 총장의 권고대로 포트헤르대학으로 돌아갈 것을 명령했다.

결혼이 싫어 가출하다

때맞춰 욘긴타바의 친아들로, 친형제처럼 다정하게 지냈던 만델라보다 세 살 위인 저스티스가 객지생활을 하다가 음퀘케즈웨니로 돌아왔다. 그들은 옛날처럼 가축을 돌보고, 욘긴타바의 자질구레한 일들을 손보았다. 얼마 후 욘긴타바는 저스티스와 만델라를 불러놓고 말했다. "아이들아, 나는 그렇게 오래 살 것 같지 않아. 내가 조상들의 나라로 떠나기 전에 나는 나의 두 아들이 결혼하는 것을 보고 싶다. 그래서 나는 너희들의 배우자들을 마련해 두었다." 그들은 깜짝 놀랐다. 신부는 결정되었고, 신부 측에 줄 예물도 이미 보내졌기 때문에 이 결혼은 즉각 치러질 것이었다.

만델라와 결혼하게 될 여인은 매력적이었고, 집안은 유명했다. 만델라는 그 여인의 가족을 존경했다. 그런데 그 여인은 저스티스와 오랫동안 사랑을 주고받은 사이였다. 만델라는 욘긴타바 부인에게 다른 여자를 내세우며 도와달라고 호소했다. 그는 공부를 마치자마자 결혼하겠다고 간청했다. 그 부인은 만델라 편이었지만 욘긴타바가 고집을 굽히지 않았다. 저스티스와 만델라는 요하네스버그로 도망쳤다.

요하네스버그에서 저스티스는 광부로, 만델라는 야간 경비원으로 일하기 시작했으나 곧 들통이 나고 말았다. 그들은 일자리를 잃고 다음 계획을 꾸몄다. 그들은 욘긴타바의 오랜 친구인 '아프리카 민족회의(ANC; African National Congress)'[92] 의장 수마 박사를 찾아갔다. 그는 타란스케이 출신으로 매우 존경받는 내과의사였다. 그들은 요하네스버그에 머무는 이유를 거짓으로 꾸며대고, 광산에서 일하고 싶다고 말했다. 수마 박사는 즉각 그들에게 광부 일자리를 소개해 주었다. 그러나 욘긴타바를 잘 아는 사람에게 또 들통이 나고 말았다. 만델라는 "이제 우리의 행운은 끝났다"고 썼다. 그들은 일자리가 없었고, 기대고 지낼 곳도 없었다. 만델라는 친척 아저씨 젤리크 음베케니 집에서 머물렀다.

법률회사의 견습서기로 일하다

며칠 후 아저씨는 '요하네스버그에서 가장 훌륭한 사람 중 한 분'

---

92) ANC는 아프리카인의 권리를 주창하며 민족운동을 전개한 남아프리카공화국의 저항조직으로, 아프리카 민족회의로 불린다.

을 만나러 가자고 말했다. 만델라는 아프리카인들의 재산을 전문적으로 취급하는 월터 시술루를 만났다. 만델라는 포트헤르대학에서 겪은 어려움, 변호사가 되려는 열망, 통신강좌로 학위를 받기 위해 남아프리카 대학에 등록하려는 계획 등을 시술루에게 말했다. 시술루는 만델라를 라자 시델스키 변호사에게 소개했다. 시델스키는 만델라가 학사학위를 받을 때까지 견습서기로 고용하겠다고 제안했다. '비트킨, 시델스키와 에이들맨'이라는 회사는 요하네스버그에서 가장 큰 법률회사 중 하나였는데, 이 회사는 백인들의 사업뿐만 아니라 흑인들의 사업도 취급했다.

남아프리카에서 검사 자격을 따려면 법학을 공부하고, 시험을 통과하는 것 외에도 여러 해 동안 현역 변호사 밑에서 도제(徒弟)로 알려진 견습생활을 해야 했다. 만델라는 도제가 되기 위해서는 우선 학사학위부터 취득해야 했다. 대학에서 쫓겨난 만델라는 다행히도 남아프리카 대학에서 야간에 공부할 수 있는 기회를 얻었다. 시델스키 회사에서 만델라는 처음에는 서기 겸 심부름꾼이었다. 시델스키는 인내심 있는 친절한 선생님이었고, 법률의 세부 사항까지 가르쳐 주려고 애썼다. 시델스키는 만델라에게 정치에는 관여하지 말라고 충고했다.

시델스키 회사에 넬슨 또래의 내트라는 견습서기가 있었다. 그는 만델라를 공산당에 가입시키려고 노력했다. 그러나 만델라는 공산당에 가입하지 않았고, 시델스키의 충고에 따라 정치집단에 가입하고 싶지도 않았다. 만델라는 "나는 종교심이 무척 깊었고, 공산당이 종교를 혐오한다는 사실이 싫었다"고 썼다. 그러면서도 그는 내트와 함께 공산당 회의를 비롯하여 여러 곳을 어울려 다녔다. 지적 호기심 때문이었다. 그 무렵 만델라는 남아프리카공화국의 인종탄압 역사에 관심을 갖기 시작했고, 남아프리카에서의 투쟁은 순전히 인종문제와 관련된다고 생각했다.

1941년 말, 욘긴타바가 요하네스버그를 방문했다. 그는 만델라가 중매결혼이 싫어 도망친 사실은 전혀 말하지 않았다. 그는 만델라의 인생이 본격적으로 시작되고 있음을 깨달았다. 욘긴타바의 따뜻한 포옹으로 지난날의 관계가 한 순간에 회복되었다. 6개월 후에 욘긴타바는 세상을 떠났다.

1942년 말, 만델라는 학사학위를 받기 위한 최종시험에 통과했다. 그는 학사학위 취득이 자랑스러웠으나 학사학위가 성공을 보장하는 부적도 신분증도 아니라는 것쯤은 알고 있었다.

버스요금 인상 반대 운동에 참여하다

1943년 8월, 버스회사가 버스요금을 4펜스에서 5펜스로 인상한다고 발표했다. 만델라는 알렉산드라의 버스 안타기 운동을 지지하는 수많은 사람들의 행진에 참여했다. 이 운동은 그에게 큰 영향을 미쳤다. 그는 관찰자로서의 역할을 벗어나 참여자가 되었다. 9일 후 버스회사는 요금을 4펜스로 되돌렸다.

만델라는 변호사가 되는 데 필수조건인 법학 학사학위를 받기 위해 비트버터스란트 대학에 입학했다. 이 대학에서 그는 훗날 투쟁을 함께 하게 될 많은 사람들을 만났다. 이 대학은 그에게 새로운 세계를 열어 주었다. 이 세계는 이념과 정치적 신념과 토론의 세계였고, 사람들이 정치에 열정적으로 참여할 수 있는 세계였다. 그는 몇 년 후에 정치 운동의 선구자인 자신과 같은 세대의 백인과 인도인들과도 가깝게 지냈다. 만델라는, 자신들이 소유한 상대적인 특권에도 불구하고 억압받는 사람들을 위해 희생할 준비가 되어 있는 자기 나이 또래의 사람들을 처음으로 알게 되었다.

투사가 되다

투사가 되어 투쟁하다가 감옥에 갇히기까지의 이야기다.

아프리카 민족주의에 눈을 뜨다

만델라는 자기가 '언제부터 정치에 관심을 갖게 되었는가는 정확하게 기억할 수 없다'며 투사가 된 이유를 다음과 같이 썼다.

"남아프리카에서 흑인으로 산다는 것은 그들이 태어나는 순간부터 그들의 인식 여부와 상관없이 정치화될 수밖에 없음을 의미한다. 아프리카 흑인 아이는 일반적으로 흑인전용 병원에서 태어나 흑인전용 버스만 타고, 흑인거주지역에서만 살아야 하고, 흑인전용 학교에만 다녀야 했다. 흑인 아이는 성장해서 흑인들이 다니는 직장에만 취직할 수 있고, 흑인거주지역 내에서만 집을 세낼 수 있고, 흑인전용 기차만 탈 수 있다. 흑인 아이는 성장을 막고 잠재력을 짓밟으며 삶을 위기에 빠뜨릴 수 있는 인종차별 법률과 규제에 둘러싸여 살아간다. 흑인은 밤낮을 가리지 않고 수시로 통행증을 제시하기 위해 가던 길을 멈춰야만 하고, 통행증을 제시하지 못하면 경찰서에 연행된다. 이것이 남아프리카 흑인의 현실이었다."

이러한 현실에서 만델라는 "'자! 이제부터 나는 내 민족의 해방을 위해서 살겠다'라고 말했던 특정한 순간은 없었다"고 썼다. 그러나 그는 아프리카민족회의(ANC: African National Conference)가 남아프리카에서 실질적 변화를 가져올 수 있는 흑인들의 소망과 열망의 결정체라고 확신했다. 당시 남아프리카에서는 ANC 외에 별다른 대안이 없었다. ANC는 모든 사람들에게 개방된 단체였고, 모든 아프리카인들에게 안식처를 제공하는 거대한 우산 같은 구실을 했다.

1940년대부터 변화의 조짐이 서서히 나타나기 시작했다. 루즈벨트와 처칠의 서명으로 모든 인간의 존엄성을 재확인한 '대서양 헌장' 발표와, 독재 권력에 맞서는 연합국들에 고무되어 ANC는 '아프리카의 주장'이라는 나름대로의 헌장을 발표했다. 이 헌장은 모든 남아프리카인의 시민권과 토지소유권에 관한 주장과 인종차별법의 완전 철폐에 관한 주장이 담겨 있었다. 1913년에 도입된 토지법은 남아프리카 흑인들이 소유한 토지의 87%를 빼앗았다. 1923년에 도입된 도시 거주지역제한법은 소위 '원주민 지역'이라 불리는 빈민가 출현의 원인이 되었고, 이들 빈민가 주민들은 백인 공장의 싼 노동력으로 이용되었다. 1926년에 도입된 인종차별법은 모든 남아프리카인들의 무역 거래를 금지했다. 1927년에 도입된 원주민통치법은 대추장들 대신에 영국 왕을 아프리카 최고의 추장 위치에 올려놓았다. 1936년에 도입된 원주민대표법은 케이프 지역에서 남아프리카인의 선거권을 박탈함으로써 백인들이 남아프리카의 운명을 결정하게 만들었다. 이렇듯 백인들은 흑인들의 소유권, 생존권, 선거권 등을 무참하게 짓밟았다.

정치활동에 확신을 갖지 못하다

올란도에 있는 월터의 집은 민주운동가들과 ANC 사람들에게 성지와 같은 곳이었다. 만델라는 정치적 사안을 토론하거나 마시술루의 요리솜씨를 맛보기 위해 이곳에 자주 들르곤 했다. 1943년 어느 날 밤, 만델라는 거기에서 렘베데를 만났다. 렘베데는 자주와 자결 정신을 주장했고, 자기 사상을 '아프리카주의'라고 지칭할 만큼 아프리카 정신에 투철한 사람이었다. 만델라는 렘베데의 사상에 깊은 감명을 받고 다음과 같이 썼다. "나는 이미 영국이 아프리카에서 추구하던 흑인 엘리트가 되는 길을 걷고 있었다. 그것이 욘킨타바부터 시델스키까지 모든 사람들이 나에게 원하던 것이었다. 그러나 그것은 환상이었다. 람베데처럼, 나는 호전적인 아프리카 민족주의를 대응책으로 생각하기 시작했다."

당시 일반 대중은 ANC가 대중의 권리를 보호하기보다는 지쳐 있고, 온건하고, 선택받은 아프리카인 엘리트 계층을 보존하는 조직으로 타락했다고 생각했다. 이러한 흐름에 맞춰 ANC 내에 '청년동맹'이 설립되어야 한다는 주장이 제기되었다. 청년동맹의 실질적 출범은 1944년 부활절에 이루어졌다. 100여 명이 모였는데, 일종의 선택받은 엘리트 집단이었다. 청년동맹의 당면과제는 ANC를 남아프리카인들의 정치적 자유를 회복시키는 방향으로 이끄는 일이었다.

만델라는 청년동맹의 목적에는 동의했으나 가입은 꺼렸다. 그때까지만 해도 넬슨은 정치활동 참여에 확신이 부족했다. 거기에다 그는 직장에 다니면서 학업을 계속하고 있었기 때문에 두 가지 일 외에 다른 일을 할 여유가 없었다. 또 만델라는 다른 사람들 앞에서 연설할 수 있는 자신감도 없었다.

첫 번째 아내를 만나다

그 무렵 만델라는 첫 번째 아내 에블린 마이스를 만났다. 그녀는 비유럽인 종합병원에서 간호사 교육을 받고 있었다. 그는 만나자마자 데이트를 신청했다. 그 후 몇 달 동안 끈질기게 청혼한 결과 마침내 그녀는 청혼을 받아들였다. 요하네스버그의 원주민 행정관 사무실에서 조촐한 결혼식을 올렸다. 살 집을 찾다가 뜻대로 되지 않자 그녀의 언니 집에서 잠시 살기로 했다. 얼마 후 방 두 칸짜리 집을 얻어 이사했고, 아들을 낳자 정부가 집을 분양해 주었다.

인도인들의 '비폭력 무저항' 파업에 감명 받다

1946년, 만델라의 정치적 신념을 발전시키고 투쟁방향을 설정하는 데 기여한 사건이 발생했다. 그해 리프지역에서 발생한 7만 명에 이르는 광산노동자들의 파업시위는 그에게 엄청난 영향을 미쳤다. 이 광산노동자 파업은 남아프리카 역사상 가장 규모가 컸고, 파업은 일주일 동안 계속되었다. 이 파업은 경찰의 무자비한 탄압으로 진압되었는데, 넬슨은 정부의 야만적인 탄압 속에서도 광산노조 간부들이 조합원들을 이끌고 장악하는 모습과 능력에 깊은 감명을 받았다.

같은 해 만델라의 정치 행동방식에 큰 변화를 준 또 다른 사건이 일어났다. 1946년에 스머츠 정부는 '아시안인 토지소유법'을 도입한 후 인도인 보호구역을 만들어, 그 안에서만 인도인들이 거주하고 경제활동을 하도록 제한했다. '빈민지역법'으로 알려진 이 법은 후에 남아프리카 유색인들의 자유를 박탈하는 '집단거주법'의 전신이 되었다. 인도인 지역사회는 2년에 걸쳐 빈민지역법에 반대하는 비폭력 저항운동을 벌였다. 인도인들의 저항 방식은 1913년 마하트마 간디의 비폭력 저항주의에 바탕을 둔 것이었다. 인도인들의 비폭력 저항운동은 청년동맹이 주창하던 투쟁의 본보기가 되었다. 그것은 사람들에게 저항정신과 개혁의지를 심어주면서 체포에 대한 두려움을 없애주었다. 이러한 저항운동이 바로 만델라의 눈앞에서 펼쳐지고 있었다.

인종분리정책이 등장하다

1947년 초, 만델라는 3년 동안의 도제 생활을 마치게 되어 법률회사를 그만두었다. 이제는 법학 학사학위를 취득하여 변호사 개업을 하기 위해 학생 신분으로 돌아가 학업에만 전념하기로 했다. 생활이 어렵게 되자 융자를 받았다. 1947년에 만델라는 ANC 트란스발 지부 집행위원으로 선출되었다. 이는 만델라가 ANC에서 처음으로 맡은 직위로, 투쟁의 전환점이 되었다. 만델라는 이제 진정으로 ANC의 일원이 되었다고 썼다.

1948년 백인 보통선거에서, 영국을 지지하지 않는 전 네덜란드 개혁교회 목사이자 신문사 편집장인 데니엘 말란이 이끄는 국민당이 승리했다. 아프리카인들은 국민당에 대한 반감이 이만저만이 아니었다. 말란이 이끄는 국민당의 기본 강령은 '아파르트하이드(apartheid; 인종분리정책)'였다. 아파르트하이드는 글자 그대로 '분리'를 뜻하는데, 수세기에 걸쳐 남아프리카 흑인들을 열등한 위치에 놓이게 한 모든 억압적 법규와 제도의 상징이었다. 아파르트하이드는 지난 3백 년 동안에 형성된 인종차별 관습을 하나의 사회제도로 고착시키는 정책이었다. 이 악마적인 인종분리정책은 남아프리카 구석구석에 그 영향력을 미치며 위세를 떨치고 있었다. 인종분리정책은 백인이 남아프리카 흑인, 인도인, 유색인에 비해 우월하다는 것을 기본전제로 하였고, 그러한 우월성을 고착화시키는 도구가 되었다. 네덜란드 개혁교회는 남아프리카 백인들은 신에 의해 선택받은 존재이고, 흑인들은 천한 인종이라고 주장하면서 인종분리정책을 종교적으로 정당화했다. 국민당의 승리는 영국의 지배가 남아프리카 백인에 의해 끝나게 되었음을 의미했다. 국민당의 집권을 계기로 남아프리카 역사상 처음으로 남아프리카 백인 정권이 들어서게 되었다.

국민당은 정권을 잡자마자 잔악한 인종차별정책을 실시하기 시작했다. 국민당은 집권한 지 몇 주 지나지 않아 노동조합 활동을 저지하고, 남아프리카 흑인, 인도인, 혼혈인들에게 부여했던 선거권을 박탈했다. '분리대표 선거법'은 국회 내 혼혈인 의원의 자리를 빼앗았다. '타인종 간 결혼금지법'이 1949년에 도입되었고, 백인과 다른 인종 간의 성관계를 불법으로 규정한 '비윤리법'도 제정되었다. '인구등록법'은 모든 남아프리카인에게 인종별 등급을 정해, 피부색을 개인 평가에서 중요한 기준으로 삼았다. 국민당은 또 '인종차별정책의 핵심'이라 할 수 있는 '제한지역법'을 도입하여 인종에 따라 별도의 주거지역을 할당했다. 남아프리카 백인들은 과거 무력으로 아프리카를 점령했는데 이제는 그것을 법률로 보장하게 되었다.

ANC, 본격적인 저항운동을 펼치다

이 새롭고 막강한 국민당의 협박을 놓고 ANC는 남아프리카 역사상 전례 없는 대응을 시작했다. 청년동맹은 범국민적 투쟁을 주요 내용으로 하는 행동강령을 마련했다. 청년동맹의 행동강령은 백인상품 불매운동, 농성, 시민 불복종, 비협조 등의 인종차별 저항운동을 전개하여 궁극적으로 정치적 권리를 회복하는 것이었다. 대중투쟁은 점점 강도를 더해갔다.

국민당은 1950년에 공산주의 활동 금지법뿐만 아니라 주민등록법과 보호구역법도 도입했다. 주민등록법은 인종에 따라 계층을 분류하는 인종차별정책이었다. 혼혈인과 흑인을 구별하고, 혼혈인과 백인을 구별하는 자의적인 검사기준 때문에 같은 식구가 피부 색깔이 다르다는 이유로 다른 인종으로 분류되는 비극적 결과도 나왔다. 머리가 얼마나 곱슬곱슬하고, 입술이 얼마나 두툼한가에 따라 한 개인의 삶과 직업이 결정되었다.

보호구역법은 거주 지역에 대한 인종차별정책이었다. 인종에 따라 각 인종 집단은 정해진 지역 내에서만 토지 소유와 판매가 허용되었다. 인도인은 인도인 지역에서만 살 수 있었는데, 이는 아프리카인들과 유색인들의 경우에도 마찬가지였다. 그러나 백인들은 다른 인종의 보호구역 내 토지나 주택을 원할 경우 그곳이 백인지역이라고 발표하고 차지해 버리면 그만이었다. 이러한 보호구역법은 남아프리카인들을 강제 이주시키는 근거가 되었다. 새롭게 형성된 '백인들의 거주 지역'에 오래 전부터 살고 있던 흑인 주민들은 다만 백인들이 흑인들과 이웃하기 싫어한다는 이유만으로, 또는 백인들이 그 땅을 원한다는 이유만으로 강제 이주가 실시되었다.

그 무렵 만델라는 청년동맹 의장을 맡았다.

만델라, 처음으로 체포되다

저항운동은 꾸준히 이어졌다. 1952년에 청년동맹 연합기획위원회는 '비협조 비폭력 형식의 투쟁노선'을 택했다. 첫 번째 단계는 소수의 잘 훈련된 참가자들이 도시에서 인종차별법안을 무시하는 행동을 하는 것이었다. 두 번째 단계는 전국적인 파업을 동반하는 대규모 저항운동을 벌이는 것이었다. 같은 해 6월 26일에 남아프리카 전역에서 저항운동이 벌어졌다. 이른 아침에 33명이 백인전용 출입문을 통해 기차역에 들어감으로써 투쟁이 시작되었다. 그들은 즉각 체포되었다. 저항운동 참가자들이 "남아프리카를 돌려달라!"고 외치자 군중들도 따라 외쳤다.

1952년 7월 30일 저항운동이 절정에 이르렀을 때 만델라가 다니던 법률사무소로 경찰들이 체포영장을 가지고 들이닥쳤다. 그 해 12월 2일, 만델라는 '법률상의 공산주의자'로 낙인찍혀 9개월간의 강제노동형, 2년간의 집행유예를 선고받았다.

'불에는 불로'

1952년 말 ANC 의장에 앨버트 루툴리 추장이 선출되었고, ANC 정관에 따라 트란스발의 임시 지부장이었던 만델라가 4명의 부의장 중 한 명으로 선출되었다.

만델라는 도제생활은 마쳤지만 정식 변호사는 아니었다. 그는 법학 학사학위를 받기 위해 비트버터스란트 대학에서 공부하기로 한 계획은 시험에 몇 번 실패하자 그만두었다. 대신 가족을 먹여 살리기 위해 변호사 자격시험을 치르기로 방향을 바꿨다. 드디어 변호사 자격시험에 합격했다. 그는 바스너 법률회사에서 정식 변호사로 일하기 시작했다. 1952년 8월, 변호사 사무실을 차렸다. 저항운동 시기에 그는 투쟁활동과 변호사라는 두 가지 삶을 살았다. 그는 남아공의 유일한 흑인 변호사는 아니었지만 유일한 흑인 개업 변호사였다. 일거리가 많았다.

요하네스버그 중심부에서 서쪽으로 4마일쯤 떨어진 곳에 소파이아타운이라는 흑인 마을이 있었다. 정부는 이곳 흑인 주민들을 다른 흑인 마을로 이주시키려고 했다. 쫓겨난 주민들은 살게 될 주택이 완성되기도 전에 이주해야 할 처지였다. 소파이아타운 이주는 저항운동 이후 처음으로 ANC와 ANC 동맹세력의 힘을 시험하는 기회였다. 만델라는 대중 앞에서 연설했는데, 이를 그는 이렇게 썼다. "그 시절에 나는 대중 선동 능력이 뛰어난 연사였다. 나는 군중을 선동하는 것을 좋아했고, 그날 저녁 나는 그렇게 하고 있었다." 그런데 그날 연설의 마지막에서 그는 이렇게 말했다. "폭력은 남아공화국 인종차별정책을 파괴할 수 있는 유일한 무기이며, 우리는 가까운 장래에 이 무기를 사용할 준비를 해야 합니다." 이 말은 생각 없이 나온 것은 아니었지만 완성되지 않은 채 너무 빨리 입 밖에 나온 것이었다.

이주반대 운동으로부터 만델라가 얻은 교훈은 궁극적으로는 무장 폭력저항 외에 다른 대안이 없다는 것이었다. 만델라 측이 가지고 있던 무기들, 즉, 연설, 위협, 행진, 파업, 출근 거부, 자발적 투옥 등은 모두 쓸모없는 것들이었다. 만델라는 어느 시점에 이르면, '불에는 불'로 대항할 수밖에 없다고 생각했다.

1956년 12월 5일, 만델라는 집에서 자다가 동틀 무렵 '대역죄와 국가전복 음모혐의'로 체포되었다. 144명이 체포되었다. 1주일 후 11명이 또 체포되었다. 모두 156명이 체포되었다. ANC 지도자 거의 모두가 체포되었다. 마침내 정부가 움직인 것이다. 대부분 나이가 지긋하고 존경받는 목사, 교수, 의사, 변호사, 사업가들이었다. 감옥 밖에서 사람들은 "우리는 지도자를 지지한다"라는 피켓을 들고 다녔다. 정부는 정부를 전복하고 공산국가를 세우기 위해 폭력을 사용했다는 이유로 156명을 모두 기소했다.

이혼하고 재혼하다

그 무렵 아내 에브린과의 결혼생활이 끝장났다. 에브린은 '여호와의 증인'에 빠져 만델라에게 신앙심을 심어주려고 노력했고, 만델라는 나라를 위해 일하려고 노력했다. 만델라가 2주 동안 감옥살이를 하는 동안 에브린은 아이들을 데리고 어디론가 이사가버렸다. 갈등은 이혼으로 이어졌다. 아이들은 엄마를 따라갔다.

13개월 동안 재판 예비조사가 이어지던 어느 날. 넬슨은 차로 친구를 데려다주는 길에 바라그와나드 병원 곁을 지나치게 되었다. 그때 버스를 기다리는 한 젊은 여인이 눈에 들어왔다. 그 순간 만델라는 그녀의 아름다움에 매료되고 말았다. 그녀 곁으로 차를 돌릴까 생각도 했으나 도로가 그럴 여건이 아니었다. 그 후 몇 주 지나 우연한 일이 생겼다. 만델라가 사무실로 들어오는데 바로 그 여자가 오빠와 함께 사무실 앞에 앉아 있는 것이 아닌가! 그는 이 기막힌 우연에 기쁨을 감추지 못했다. 그들이 만델라의 변호사 사무실을 방문한 것은 법적 문제 때문이었다. 그녀의 이름은 위니라고 했다. 그녀는 사회사업

학교를 졸업하고 바라그와나드 병원에서 최초의 흑인 여성 사회사업가로 일하고 있었다. 만델라는 그녀의 배경이나 법적 문제에는 관심이 없었다. 그의 마음은 온통 위니에게 쏠려있었다. 만델라는 즉각 데이트를 신청했고, 결혼에 성공했다. 위니는 만델라가 74세 때까지 정치적 신념을 지원했고, 희망을 주었고, 든든한 후원자가 되었다.

폭력투쟁의 길로 들어서다

1958년에 남아공정부는 여성들에게도 통행증을 지참하게 할 계획이었다. 여성들도 저항할 결심이 굳어졌다. 통행증을 제시하지 못하면 10파운드의 벌금을 물거나 한 달 동안 감옥에 갇혀 있어야 했다. 수천 명의 여성들이 저항했다. 정부는 수백 명의 여성들을 체포했다. 만델라의 아내 위니도 잡혀 들어갔다. 그녀는 임신 중이었다. 변호사 만델라는 그들을 보석으로 석방시키려고 열심히 뛰었다. 2주 후 그들은 보석으로 풀려났다.

1959년에 남아공정부는 '반투 자치정부 촉진법'을 도입하여 반투지역에 8개로 분리된 인종자치구를 만들었다. 국민의 70%인 비백인이 국토의 13%만을 할당받게 하는 반투 인종자치구 정책은 비도덕적이었다. 이 정책으로, 흑인의 3분의 2가 백인지역에서 살고 있다 할지라도 흑인들은 그들 자신의 '부족 땅'에서만 시민권을 가질 수 있었다. 같은 시기에 정부는 '대학교육 확대법'도 도입했는데, 이는 유색인들이 개방된 대학에 무더기로 들어가는 것을 막는 법이었다.

1959년 12월, 통행증 반대 시위가 이어지는 동안 ANC 연례회의가 다반에서 열렸다. ANC는 다음 해 6월 통행증을 태우는 전국적인 통행증 반대운동을 벌이기로 결의했다. 계획은 즉시 시작되었고, 정부는 ANC 조직을 금지하겠다고 위협했다. 아프리카 대륙 여러 곳에서 투쟁이 계속되었다. 케이프타운에서는 도시 역사상 최대 규모의 통행증 반대 시위가 벌어졌다. 남아프리카 여기저기에서 시위가 일어났고, 샤프빌 학살이 뒤따랐다. 샤프빌 학살은 1960년 3월 21일 요하네스버그에 가까운 샤프빌에서 발생한 아파르트헤이드 폐지, 인종차별 반대, 민주화를 외치는 학생과 흑인들을 학살한 사건이다. 이 사건으로 69명의 사망자와 어린이 29명을 포함한 289명의 부상자가 발생했다. 샤프빌 학살로 미국 국무성과 유엔 안전보장이사회가 남아프리카 문제에 개입했다.

샤프빌 학살은 새로운 상황을 불러왔다. ANC는 이 새로운 상황에 재빨리 대응했다. 그들은 투쟁 계획을 루툴리 추장에게 전달했는데, 추장은 자신의 통행증을 불태우고 다른 사람들도 따라 하도록 요청했다. 수십만 명의 흑인들이 추장의 요구를 따랐다. 폭동은 여러 지역에서 일어났다. 정부는 남아프리카 전역에 계엄령을 선포했다.

1960년 3월 30일 새벽. 만델라는 자다가 영장 없이 경찰에 체포되었다. 루툴리 추장을 비롯해 많은 투사들이 체포되어 프레토리아 지방교도소로 보내졌다. 정부는 군인들을 전국의 전략적 요충지에 배치했다. '공산주의 활동금지법'에 따라 ANC와 PAC(주: 공산주의 관련 단체)가 둘 다 불법단체라고 선포되었다. ANC를 돕기만 해도 10년 형을 받았다.

국가비상사태 해제로 감옥 생활이 끝났다. 만델라는 5개월 만에 자기 침대에서 잠을 잤다. 그러나 재판은 9개월간 더 진행되었다. 만델라는 '만델라와 탐보' 법률사무소를 문 닫았다. 명성을 잃지 않아 어떤 아파트에서 변호사 일을 계속했다.

1960년 10월. 남아공정부는 '남아프리카 공화국' 국명 결정을 놓고 백인만의 국민투표를 실시했다. 이것은 영국과의 유대 관계를 끊는 것으로, 백인 민족주의자들의 오랜 꿈이었다. '공화국' 지지가 52%가 되어 정부는 1961년 5월 31일에 '공화국'을 선포할 예정이었다. 만델라 측은 공화국 선포일에 맞춰 역사상 최대 규모의 3일 파업에 들어갈 계획이라고 퍼르보르트 수상에게 편지를 보냈다. 이에 맞서 정부는 역사상 가장 위협적인 규모의 군사력 동원을 시사했다.

오래 기다리던 반역죄 재판의 마지막 판결이 예상되던 1961년 3월 29일 아침. 럼프 판사는 이렇게 판결했다. "검찰 측은 ANC가 공산주의 조직이라는 사실과 〈자유헌장〉이 공산국가를 묘사하고 있다는 사실을 증명하지 못했다. 따라서 피고인은 무죄임이 밝혀졌고, 이 자리에서 석방한다."

판결 후 만델라는 집으로 돌아가지 않았다. 그는 당국이 자기를 다시 체포하리라는 것을 알고 있었다. 지하생활 초기 몇 개월 동안 경찰에 쫓기던 만델라는 언론의 상상력의 표적이 되었다. 신출귀몰한다는 기사가 신문의 첫 면을 장식하곤 했다. 검문소가 전국에 설치되었다. 그런 상황에서도 만델라는 ANC 비밀회의에 참석하곤 했다.

무단결근투쟁 첫날인 5월 29일 월요일. 수십만 명의 시민들이 '직장과 생계 위협'을 무릅쓰고 출근하지 않았다. 더반에서는 인도인 노동자들이 공장 문을 닫고 나왔고, 케이프에서는 혼혈인 노동자 수천 명이 일터에 나가지 않았고, 프트엘리자베스에서는 수많은 노동자들이 출근하지 않았다. 이를 놓고 언론은 찬사를 보냈다. 백인들의 '공화국의 날' 경축 축제는 만델라 그룹의 저항에 망가지고 말았다.

무단결근투쟁 둘째 날. 만델라는 동료들과 의논하여 이 계획을 철회했다. 정부가 '비폭력 투쟁'을 무력을 동원해서 봉쇄하리라고 우려했기 때문이다. 만델라는 1952년에 무력투쟁의 필요성을 논의한 적이 있었는데, 폭력으로 선회하는 것 외에 다른 대안이 없다는 것을 왜 믿게 되었는가를 동료들에게 솔직하게 털어놓았다. 만델라는 ANC 집행위원회에서 비폭력이야말로 그것이 더 이상 유용하지 않으면 폐기되어야 할 전술이라고 주장했다. 그들은 밤새도록 루툴리 추장을 설득했고, 추장은 어렵사리 폭력투쟁 결정을 승인했다. ANC는 50년 동안 비폭력을 가장 핵심적 투쟁 원리로 규정해 왔는데, ANC는 이제 전혀 다른 조직으로 바뀌게 될 것이었다. ANC가 가는 길은 조직화된 폭력의 길이요, 종착지는 그들이 알지도 못하고 알 수도 없는 곳이었다.

"투쟁은 나의 삶이다"

ANC는 군 경험이 전혀 없는 만델라에게 군대 결성 임무를 부여했다. 새로 조직된 조직의 이름이 '민족의 창(槍)', 줄여서 MK라 붙여졌고, 상징으로 창이 선정되었다. 그들의 임무는 국가를 상대로 폭력투쟁을 벌이는 것이었다. 정확하게 어떤 형태의 행동을 취할 것인가는 결정되지 않았다. MK의 의도는, 개개인에게는 최소한의 폭력이면서 국가에게는 최대의 피해를 줄 수 있는 행동부터 시작하는 것이었다.

1961년 6월 26일 자유의 날에, 만델라는 지하생활을 하면서 남아프리카의 주요 신문에 한 통의 편지를 보냈다. 이 편지에서 그는 정부가 거국적 헌법회의를 개최할 것을 요구하며 이렇게 썼다. "승리를 쟁취할 때까지 한 인치 한 인치씩, 한 마일 한 마일씩 정부와 대항해 싸울 것이다. … 고난과 희생 그리고 전투적인 행동을 통해서만이 자유가 승리할 수 있다. 투쟁은 나의 삶이다. 나는 내 삶이 끝나는 날까지 자유를 위한 투쟁을 벌일 것이다."

만델라는 지하생활을 하면서 MK가 앞으로 나아갈 방향을 기획했다. 그는 사보타지, 게릴라 전쟁, 테러리즘, 공개적 혁명 등 네 가지 형태의 폭력 행위를 고려했다. MK 구조는 모조직의 구조를 그대로 따랐다. 전국최고사령부가 기구의 정점에 있었고, 그 아래 각 지역별로 지역사령부가 있었고, 그 아래 지방사령부 및 세포조직이 있었다.

어느 따뜻한 12월 오후. 그는 지하생활을 하던 농장의 부엌에서 라디오를 통해 루툴리 추장이 노벨평화상 수상자로 선정되었다는 뉴스를 들었다. 모두가 기뻤다. 그것은 그들의 투쟁에 대한 세계적인 인정이었기 때문이다. 그러나 남아프리카 태생의 백인들은 할 말을 잃었다.

노벨상의 영예는 다소 어색한 시기에 찾아왔다. 루툴리 추장이 오슬로에서 돌아온 다음 날 MK 최고사령부의 명령에 의해 백인들이 '딩간의 날'이라 하여 기념일로 지내는 12월 16일 이른 아침에 여러 도시의 발전소와 관청에서 사제폭탄이 폭발했다. 폭발과 동시에 MK 탄생을 알리는 수천 장의 전단이 전국에 배포되었다. 폭파는 정부를 경악케 했다.

동부·중부·남부 아프리카를 총괄하는 '범아프리카 자유운동기구'가 1962년 2월에 아디스 아바바에서 열렸는데, 이 회담에 ANC가 초청되었다. 이 회담은 ANC에게 중요한 국제적 연계를 제공할 것이고, MK 지원과 재정 그리고 훈련을 위한 도움을 요청하는 데 최초이자 최고의 기회였다. 이를 계기로 만델라는 아프리카 전역을 여행하면서 저명인사들과 교분을 쌓았고, 남아프리카 투사들은 무장 외에 다른 대안이 없다는 것을 강조했다. 그는 영국도 여행했다.

3
감옥 생활
27년 6개월 동안의 감옥 생활을 정리한다.

◆
◆

"모든 피고인에게 종신형을 선고한다"

1962년, 아프리카 여행에서 돌아온 만델라는 숨어 다녔다. 경찰은 끈질기게 그를 미행했다. 그는 돌아오자마자 남몰래 루툴리 추장을 방문하여 ANC에 대한 외국 지도자들의 견해를 보고했다. 백인경찰 자동차에 미행당하고 있던 그는 결국 체포되고 말았다. 경찰은 만델라가 돌아오자마자 루툴리 추장을 만날 것을 알고 길목을 지키고 있었던 것이다.

만델라는 기소되었다. 그의 체포와 재판 이야기가 모든 신문의 머리기사를 장식했다. "경찰, 2년간의 추격전 막을 내려," "넬슨 만델라 드디어 체포" 등의 머리기사였다. 죄목은 '아프리카 흑인 노동자들에게 파업을 선동한 혐의, 적법한 여행허가 서류 없이 출국한 혐의 등'이었다. 그는 요하네스버그의 〈요새〉로 이송되었다.

지루한 리비니아 재판 과정을 거쳐 데 베트 판사가 형을 언도했다. 파업 선동죄 징역 3년, 여권 없이 출국한 죄 징역 2년, 모두 합쳐 징역 5년이었고, 가석방은 허용되지 않았다. 그는 프레토리아 지방교도소로 이송되었다. 거기에서 만델라는 동료 죄수들과 함께 다시 로빈섬으로 이송되었다. 로빈섬에 도착하자 백인 교도관들이 "여기가 섬이다. 너희들은 이곳에서 죽는다"라고 외치며 만델라 일행을 맞았다. 만델라 일당은 얼마 후 다시 프레토리아 지방교도소로 이송되었다.

리비니아 재판은 지루하게 2년 남짓 끌었다. 세계는 리비니아 재판에 지대한 관심을 보였다. 런던의 성 바울 성당은 만델라와 그의 동료들을 위해 철야 미사를 가졌다. 런던대 학생들은 만델라를 학생회 회장으로 선출했다. 유엔의 전문가집단은 남아프리카에서 진정한 의회가 될 국민의회 소집을 요구했고, 인종차별정책에 반대한 사람들 사면을 권고했다. 데 베트 판사의 선고 이틀 전 유엔 안전보장이사회는 남아프리카 정부가 재판을 중지하고 피고인들을 사면하라고 요구했다.

만델라 일당은 오랜 토론을 거친 다음 사형선고를 받더라도 항소하지 않기로 했다. 물론 변호사들은 불만이었다. 만델라는 데 베트 판사에게 "죽을 준비가 되어 있다"고 말하기로 했다. 실제로 만델라는 사형선고를 받을 준비가 되어 있었다. 그는 세익스피어의 문장을 생각했다. "죽을 것이라 생각하라. 그렇게 하면 죽든 살든 그것이 상대적으로 행복이라 느껴질 것이다."

1964년 6월 12일 금요일, 만델라 일당은 마지막으로 법정에 들어섰다. 선고 전 탄원 절차가 있었다. 드디어 데 베트 판사가 선고했다.

"다른 나라의 법정과 마찬가지로 이 법정도 국법의 테두리 내에서 법과 질서가 시행될 수 있도록 한다. 피고인들이 유죄로 판결 받은 음모죄라는 중대 범죄는 사실 중대반역죄이다. 국가는 이 죄를 가지고 처벌은 하지 않기로 했다. 나는 이것을 염두에 두면서 이 사건을 매우 심각하게 고려한 결과, 이 같은 사건에 통상적으로 선고되는 최고형인 사형은 선고하지 않기로 했다. 그러나 나의 직무에 따르기 위해서는 더 이상의 관용을 베풀 수는 없다. 모든 피고인에게 종신형을 선고한다."

만델라 일당은 서로 쳐다보며 웃었다. 누군가가 외쳤다. "살았어! 살았어! 살았다!"

로빈섬에서의 감옥 생활

종신형 선고를 받은 만델라 일당은 다시 로빈섬으로 이송되었다. 만델라 방 카드에는 "넬슨 만델라 466/64"라고 적혀 있었는데, 이는 그가 1964년에 이 섬에 수감된 466번째 죄수라는 뜻이었다. 그의 나이 46세이고, 종신형을 선고 받은 정치범이고, 기간은 알 수 없지만 작고 음습한 공간이 그의 거처가 되었다.

교도소 생활은 매일매일 일과가 정해져 있었다. 정치범으로서 만델라는 이런 생각을 했다. "어떻게 자신을 온전히 지킬 수 있는가, 어떻게 약해지지 않은 채로 출소할 수 있는가, 어떻게 자신의 신념을 보존하고 심지어 재충전까지 할 수 있는가."

감옥 생활 중 가족 이야기

1968년 봄 만델라의 어머니가 면회를 왔다. 어머니는 만델라의 아들과 딸, 만델라의 누이와 함께 먼 길을 왔다. 당국은 면회 시간을 30분에서 35분으로 늘려 주었다. 어머니는 살이 많이 빠진 모습이었다. 만델라는 어머니의 건강이 염려되었다. 그로부터 몇 주 후 채석장에서 돌아온 만델라는 전보 한 통을 받았다. 어머니가 심장마비로 돌아가셨다는 내용이었다. 그는 사령관에게 어머니의 장례식에 참석하기 위해 트란스케이로 가겠다고 요청했다. 물론 그는 거절당했다. 만델라는 어머니를 모시지 못한 것을 가슴 아프게 후회했다. 그의 어머니가 겪었던 고초와 가난을 생각하니 자신이 과연 올바른 길을 택했는가 싶기도 했다. 그의 어머니는 투쟁에 대한 그의 헌신을 이해하지 못했다. 그의 가족은 투쟁을 원하지 않았고, 투쟁에 동참하고 싶어 하지도 않았지만 그로 인해 희생을 치러야만 했다. 남아프리카에서는 가족의 희생이 따른다 할지라도 민중의 요구에 눈을 감을 수 없기 때문에 만델라는 투쟁을 택했고, 그래서 그의 어머니는 만델라를 후원해 준 셈이 되었다고 그는 썼다.

1969년 5월 12일에 치안경찰이 올란도의 넬슨 집에 들이닥쳐 위니를 깨우고 기소 없이 구금했다. 나중에 안 일이었지만 이는 전국적으로 몰아닥친 공안 한파의 일부였다. 위니는 몇 달 동안 독방에 감금

되었고, 잔인하게 심문을 받았다. 위니의 구속 소식이 있은 지 3개월 후 1969년 7월, 그는 한 통의 전보를 받았다. 장남인 마디바 템비가 트란스케이에서 자동차 사고로 죽었다는 소식이었다. 그는 스물다섯이었고, 두 아이의 아버지였다.

감옥 생활은 한정된 생활이어서 더 이상 쓰지 않기로 한다.

4
협상을 시작하여 성공하다

협상을 시작하여 감옥에서 풀려날 때까지의 이야기다.

◆
◆

양쪽 모두 협상에 다가서다

감옥에 갇혀 있던 넬슨은 본토에 있는 케이프타운 남동쪽 2, 3마일 떨어진 폴스모어 최고보안교도소로 갑자기 옮겨졌다. 만델라의 로빈섬 감옥 생활이 국민들에게 '투쟁의 신화'가 되어 가는 것을 정부가 막으려고 했기 때문이다. 새 교도소는 온통 콘크리트 세계였다. 넬슨은 3층 빌딩 꼭대기에서 동료 죄수들과 함께 정원을 가꿨다. 아내 위니와 딸도 새 교도소로 면회 오는 것이 쉬워졌다.

1982년, 투쟁은 더욱 격렬해졌고, 이에 맞춰 정부의 탄압도 거세졌다. 남아프리카 방위군이 마프토와 모잠비크에 있는 ANC 사무실들을 급습하여 13명이 죽었다. MK는 남아프리카 인종차별정권의 폭력에 무장투쟁으로 맞섰다. 이 해 12월, MK는 케이프타운 외곽에 있는 원자력 발전소에 폭탄을 터뜨렸고, 곳곳에 있는 군사 목표물과 인종차별 목표물에다 폭탄장치를 설치했다. MK의 최초의 자동차 폭탄 공격은 1983년 5월에 발생했다.

그 무렵 ANC와 연계된 민중정치 운동인 '민중연합전선'이 남아프리카 내에서 결성되었다. 만델라는 그 조직의 후원자로 지명되었다. 민주연합전선은 1983년의 새로운 인종차별 헌법 도입과 1984년의 '흑인들을 분리하여 통치한다'는 '3원제 의회'(주: 백인 의회, 인도인 의회, 혼혈인 의회) 구성에 대한 항의로 결성되었다. 반인종차별 투쟁은 세계의 관심을 끌었다. 1984년에 데스몬드 투투 추기경에게 노벨평화상이 주어졌고, 남아프리카 정부는 경제적 제재를 비롯하여 다양한 국제적 압력을 받기 시작했다.

보타(Pieter Willem Botha) 대통령은 만델라와 동료들을 시험하고 있었다. 법무부장관 쿳시아가 영국 상원의원과 미국 조지타운대 법학교수를 시켜 만델라를 만나게 했다. '워싱턴 타임즈' 미국 편집인 2명도 만델라를 만나게 했다. 그들은 만델라가 공산주의자이고 폭력주의자임을 밝히는 일에 관심을 쏟았다. 만델라는 그들에게 마틴 루터 킹이 투쟁하던 때의 미국 상황은 남아프리카 상황과는 전적으로 다르다고 설명했다. 당시 미국은 헌법이 비폭력 저항을 보장하는 민주주의국가였지만, 남아프리카는 헌법이 불평등을 신성시하고 폭력으로 비폭력을 대응하는 경찰국가라고 설명했다. 특히 만델라는 자신이 자유와 평화를 존중하는 기독교인이라고 강조했다. 그러나 만델라는 자신이 외국인들을 설득시키지 못했다고 썼다.

국내 문제와 외국 압력에 직면한 보타 대통령은 중도 방안을 제시했다. 1985년 1월, 보타는 의회에서 "정치적 도구로서의 폭력을 무조건 거부한다는 조건하에" 넬슨에게 자유를 주겠다고 제안했다. 보타는 이렇게 덧붙였다. "그러므로 이제 만델라 씨의 자유를 방해하는 것은 남아프리카 정부가 아니라 만델라 씨 자신일 뿐이다." 이는 지난 10년 동안 만델라 석방에 관한 정부의 여섯 번째 조건부 제안이었다.

라디오에서 대통령의 연설을 들은 만델라는 아내와 변호인과의 긴급 면회를 요청했다. 그는 금요일에 아내와 변호사를 만났다. 일요일에 '민주연합전선'의 시위가 수웨토 자불라니 운동장에서 열릴 예정이었고, 그곳에서 그의 공식적인 응답이 발표될 예정이었다. 1985년 2월 10일. 20여 년 동안 남아프리카 어느 곳에서도 합법적으로 만델라의 말을 들을 수 없었던 수많은 환호 군중 앞에서, 딸 진드지가 만델라의 응답을 낭독했다. 응답에서 넬슨은 "남아프리카 시민권 자체가 존경받지 못하는 마당에 나에게 제시된 자유란 도대체 어떤 것입니까?"라며 대통령의 제안을 거부했다.

정부는 ANC와의 협상이 이뤄져야 한다고 생각했다. 만델라가 전립선비대 수술을 받으려고 병원에 입원해 있는 동안 법무부장관 쿳시아가 방문했다. 쿳시아는 정치 문제는 놔둔 채 불타버린 만델라 아내의 집에 관해서만 얘기했다. 수술이 끝나고 회복되자 만델라는 폴스무어 교도소로 돌아왔다. 그는 새 감방으로 배치되었다. 그는 동료들과 격리되었다. 2, 3주를 보낸 후에야 그는 새로운 상황의 의미를 깨닫게 되었다. 고립은 그에게 어떤 자유를 제공했는데, 그는 그것을 오랫동안 생각해 왔던 어떤 것을 실행하는 데 이용하기로 마음먹었다.

그 '어떤 것'이란 바로 정부와의 대화였다. 그는 협상을 통해 투쟁이 가장 잘 진척될 수 있는 시간이 왔다고 생각했다. ANC측이 바로 대화를 시작하지 않으면 양측 모두 억압과 폭력과 전쟁이라는 어두운 밤 속으로 곤두박질치게 될 것이었다. 그는 이렇게 썼다.

"우리는 75년 동안 소수 백인의 지배에 대항하여 투쟁해 왔다. 20여 년 동안은 무장투쟁을 해왔다. 양측 모두 많은 사람들이 죽어갔다. 적은 강력하고 완고했다. 그러나 그 모든 탱크와 비행기를 가지고도 그들은 자신들이 역사에 역행하고 있다는 것을 느꼈음에 틀림없다. 우리는 역사에 순응하는 쪽이었지만 아직 힘을 갖추지 못했다. 군사적 승리가 불가능하지는 않을지라도 아주 먼 미래의 꿈이라는 사실이 나에게는 명백히 느껴졌다. 불필요한 갈등 속에서 양측 모두 수백만 혹은 수천만 명의 생명을 잃는다는 것은 말도 되지 않는 일임이 분명했다. 그들 역시 이 사실을 알고 있음에 틀림없다. 그러니 이제 대화할 시기가 되었다."

협상의 첫걸음을 떼다

정부와의 대화는 너무나 중요하고 민감한 사항이어서 ANC 본부가 결정해야 했다. 그러나 만델라는 정부와의 대화는 반드시 시작할 필요가 있고, 자기들 측에서 누군가가 첫 걸음을 내디뎌야 하고, 그의 고립상태가 그에게 그렇게 할 수 있는 자유와 비밀보장을 제공해 준다고 생각했다.

독방으로 옮긴 지 2, 3주가 되던 때에 만델라는 법무부장관에게 회담을 위해 만나자고 편지를 보냈다. 반응이 없었다. 다른 기회가 왔다. 그것은 1985년 10월에 열린 영국연방 회의에서, 영국연방이 남아프리카에 대한 국제적 제재에 동참할 것인가를 놓고 의견일치를 보지 못하자 대안으로 제시된 저명인사들로 구성된 대표단 파견이었다. 만델라는 자기를 찾아온 대표단과 많은 대화를 나눴다. 만델라는 그들에게 자기는 남아프리카 민족주의자이지 공산주의자가 아니고, 특히 자기는 비인종차별 사회에 기꺼이 몸 바치는 민족주의자라고 강조했다. 대표단은 ANC 본부와 정부 각료들을 만난 다음에 만델라를 또 만날 계획이었다. 그런데 그들이 정부각료와 만나기로 계획한 날 남아프리카 국군은 보타 대통령의 명령에 따라 보츠와나, 잠비아, 짐바브웨에 있는 ANC 기지들을 습격했다. 회담은 무산되었고, 협상을 진척시키려는 만델라의 노력은 중단되었다.

같은 주 주말, 만델라는 교도소 총지휘관에게 "나는 정부와 ANC 간의 회담을 위해 쿳시아 법무부장관을 만나고 싶다"고 제안했다. 쿳시아와의 면담이 이루어졌다. 쿳시아는 "다음 단계는 무엇입니까?"라고 묻자 넬슨은 대통령과 외무부장관을 만나고 싶다고 응답했다. 법무부장관과의 대담 후 만델라는 "유령처럼 어렴풋한 윤곽을 드러내고 있는 협상의 시작을 보았다"고 썼다. 그러나 수개월이 지나도 아무런 반응이 없었다. 만델라는 또 다시 편지를 썼다.

만델라는 쿳시아로부터 직접적인 응답은 받지 못했지만 정부가 어떤 조치를 취하고 있다는 낌새는 챘다. 1987년, 만델라는 쿳시아와 다시 접촉하게 되었다. 만델라가 쿳시아의 저택에서 몇 차례 비밀 회담을 가진 후 정부는 처음으로 확실한 제안을 했다. 쿳시아는 만델라와의 비밀 회담을 진척시키기 위해 정부가 고위관리들로 구성된 위원회를 구성하고, 자신이 위원장이 될 것이라고 말했다. 회담 진행을 놓고 만델라는 처리해야 할 문제들을 정리했다. 그것은 동료들의 견해를 알아보고, ANC 본부에 있는 올리버에게 보고하고, 자신과 ANC의 견해를 담은 전달문을 보타 대통령에게 전하는 것이었다.

1988년 5월. 비밀협상 1차 회의가 정부 측 4명과 만델라가 모인 가운데 열렸다. 주요 안건은 역시 무장투쟁이었다. 정부 측 대표들은 보타 대통령을 만나기 전에 ANC가 폭력을 중단해야 한다고 주장했다. 만델라는 "폭력을 포기하는 것은 우리가 아니라 당신들에게 달린 일입니다"라고 맞섰다. 회담 결과는 긍정적이었다. 1988년 겨울, 보타 대통령이 다음해 8월이 가기 전에 만델라를 만날 계획이라고 알려왔다.

비밀 회담이 이어지는 동안 정치적 폭력과 국제적 압력은 계속되었다. 그런데 보타 대통령이 1989년 1월에 뇌일혈로 쓰러졌고, 2월에 국민당 당수직을 사임했다. 프레데릭 데 클레르크(Frederick Willem de Klerk)가 새 당수로 선출되었다. 예정대로 만델라와 보타와의 면담은 성사되었다. 회담은 시종일관 우호적인 분위기에서 진행되었다. 만델라는 자신을 포함하여 모든 정치범들을 무조건 석방하라고 요구했다. 보타는 그렇게 할 수 없어 유감스럽다고 말했다. 1989년 8월에 보타는 대통령직을 사임했다. 다음날 데 클레르크가 대통령 대리 선서를 했다. 취임연설에서 데 클레르크는 자신의 정부가 평화를 지향하고, 평화를 지향하는 어떤 단체와도 협상할 것이라고 말했다. 그날 만델라는 데 클레르크에게 회담 요청 편지를 썼다.

1989년 9월 선거에서 데 클레르크가 대통령에 선출된 후 데 클레르크 정부와의 비밀 협상은 계속되었다. 1989년 10월 10일. 데 클레르크는 만델라의 동지들이 곧 석방될 것이라고 발표했는데, 그들은 아무런 금지명령 없이 곧바로 석방되었다. 이는 ANC에 대한 금지명령이 사실상 해제되었음을 의미했다. 데 클레르크는 남아프리카 인종차별정책의 많은 부분을 조직적으로 해체하기 시작했다.

1989년 12월 12일, 만델라는 전에 보타를 만난 장소에서 데 클레르크를 만났다. 데 클레르크는 만델라의 이야기를 경청했다. 만델라는 자신의 석방 문제를 이야기했다. 만델라는 "앞으로 나아가는 최선의 방법은 ANC와 기타 모든 정치단체들에 대한 금지령을 해제하고, 국가비상사태를 종식시키고, 정치범들을 석방하고, 추방된 자들을 돌아올 수 있게 허락하는 것"이라고 말했다. 그러나 데 클레르크는 어떤 약속도 할 수 없다고 응답했다.

1990년 2월 2일. 데 클레르크는 의회 연설에서 이렇게 말했다. "ANC, PAC, 남아프리카 공산당, 기타 31개의 비합법적 조직에 대한 금지령을 해제하고, 비폭력활동이라는 죄목으로 투옥된 정치범들을 석방하고, 사형제도를 폐지하고, 긴급사태에 의해 부과된 여러 규제사항을 폐지한다." 이를 놓고, 만델라는 이렇게 썼다.

"그것은 숨 막힐 듯한 순간이었다. 거의 단 한 번의 행동으로 그는 남아프리카 상황을 정상화시킨 것이었다. 40년에 걸친 처벌과 추방 끝에 ANC는 이제 합법적인 조직이 되었다. 나와 나의 동료들은 더 이상 ANC 회원이라는 이유로 체포되지 않게 되었다."

의회연설 7일 뒤 만델라는 데 클레르크를 그의 집무실에서 만났다. 악수하는 동안 대통령은 만델라를 내일 석방할 것이라고 말했다. 드디어 만델라의 27년 6개월 동안의 감옥 생활이 막을 내렸다.

넬슨, 27년 6개월 만에 석방되다

1990년 2월 11일, 만델라는 자유의 몸이 되었다. 케이프타운의 하늘은 구름 한 점 없이 여름이 끝나 가고 있었다. 그는 석방 절차를 마치고 간수들과 작별인사를 했다. 바깥쪽에 서있는 차를 향해 걸어가면서 만델라는 이런 생각을 했다.

"내가 비록 71살이지만 나는 내 인생이 이제 막 새롭게 시작되는 것을 느꼈다. 나의 1만 일 동안의 감옥 생활은 끝났다."

인산인해를 이룬 군중들은 만델라의 석방 연설을 기다리고 있었다. 그는 연설원고를 꺼내 읽었다.

"친구들, 동지들, 그리고 친애하는 남아프리카 국민 여러분! 평화와 민주주의와 자유의 이름으로 모든 여러분에게 인사드립니다. 나는 여기 선지자로서가 아니라 국민인 여러분의 겸손한 종으로서 이 앞에 섰습니다. 여러분의 지치지 않는 위대한 희생이 제가 오늘 이곳에 설 수 있게 했습니다. 그래서 저는 여러분의 손에다 남아 있는 제 여생을 맡기고자 합니다."

이어 그는 군중들에게 '남아프리카에서 인종차별정책의 미래는 없다'고 말하고, '투쟁을 강화하여 마지막 고지를 향해 함께 걷자'고 격려했다. 석방 다음날 만델라는 기자회견에서 "무장투쟁의 존재와 위협이 정부로 하여금 협상하도록 만들었다"고 말했다.

만델라의 첫 번째 임무는 ANC 지도자들에게 보고하는 것이었다. 출소 후 2주쯤 지나 그는 ANC 전국집행위원회 회의에 참석했다. 이 자리에서 그는 정부와의 비밀회담 내용을 사실대로 보고했다. 만델라는 전국집행위원회 부의장으로 선출되었다. 만델라는 회의 후 기자회견에서 이렇게 말했다. "우리가 무기를 들게 된 목적을 아직 달성하지 못했기 때문에 무장투쟁을 포기하는 것은 시기상조다."

회의를 마치고 만델라는 아프리카 여행을 떠났다. 그는 카이로에 머무르는 동안 기자회견에서 이렇게 말했다. "ANC는 적대감을 버릴 준비를 해야 한다." 이는 정부에 보내는 신호였다.

귀국 후 만델라는 정부와 비밀 회담을 벌였다. 정부와의 첫 번째 회담은 1990년 5월 초 3일간에 걸쳐 진행되었다. 3일간의 회담 후에 〈각서〉가 발표되었는데, 핵심 내용은 양쪽이 협상을 진행하고, 정부가 비상사태 철회에 합의한다는 것이었다. 6월초에 만델라는 6주 동안 유럽과 북미를 여행했다. 마거릿 대처 영국 총리와 조지 H. W. 부시 미국 대통령을 만났다.

그동안 남아프리카의 폭력은 그치지 않았다. 만델라는 폭력의 배후에 뭔가가 있다고 믿었다. 폭력은 정부와 ANC가 합의에서 진전을 보일 때마다 거세졌다. 협상을 반대하는 사람들은 폭력으로부터 이득을 얻었다. 대통령을 포함한 정부 사람들은 사태를 다르게 보았다. 경찰과 방위대 간부들이 제3세력을 비호하고 있다는 사실이 밝혀지기도 했다.

만델라는 ANC 내에서 불평의 표적이 되었다. 사람들은 만델라를 포함한 협상자들이 자기들보다 국민당 지도자들과 더 많은 시간을 보냈다고 비난했다. 만델라는 이를 인정했다. 그는 협상 과정에서 모든 합의 사항을 비밀에 부쳐야 했기 때문이라고 설명했다. 어떻든 폭력은 그칠 줄 몰랐다. 만델라는 폭력의 배후에 정부 개입이 있고, 폭력이 협상을 가로막고 있다는 것을 확신했다. 만델라는 데 클레르크 대통령을 의심하기 시작했다.

5

과도정부 수립을 제안하여 대통령에 당선되다

1991년 7월에 ANC 연례회의가 30년 만에 처음으로 남아프리카 국내에서 열렸다. 국내외에 있는 ANC 지회에서 민주적으로 선출된 2,244명의 대의원들이 회의에 참석했다. 만델라가 만장일치로 회장에 선출되었다. 그는 연설에서, 정부가 협상에 응하는 이유는 정부가 인종차별정책을 유지할 힘이 없기 때문이라고 말했다. 그러나 그는 협상을 기다릴 수만은 없고, 서둘러 과도정부를 구성하는 것이 필요하다고 제안했다. 만델라는 ANC 앞에 놓인 가장 중요하고 절실한 과제는 ANC가 비공식적 지하해방운동단체에서 합법적 대중정당으로 변신하고, 남아프리카 내 여러 조직들을 통합해야 한다고 강조했다. 그 후 합법적 활동을 시작한 지 17개월 후에 ANC는 70만 명의 회원을 확보했다. 한편 집권 국민당은 백인 아닌 사람들에게도 문호를 개방하고, 혼혈인들과 인도인들을 모집하는 데 여념이 없었다.

1991년 12월 20일. 모든 남아프리카 정치권을 대표하는 18개 대표단, ANC, 유엔, 영국연방, 유럽공동체, 그리고 아프리카연합 참관단들로 구성된 CODESA, 즉 '민주 남아프리카를 위한 회의'가 열렸다. 이 회담의 출발은 역사적 사건이었다. 만델라는 개막연설에서, CODESA 출범으로 남아프리카의 진보는 후퇴할 수 없게 되었다고 말했다. 그는 또 CODESA는 새 헌법을 제정할 의회를 향한 발걸음의 시작인데, 새 헌법을 제정할 의회 구성을 위한 선거가 1992년에 있을 수 없는 이유를 모르겠다고 말했다. 이어 그는 정부가 그러한 선거를 감독하고, 비인종차별적이고 민주적 남아프리카를 건설하기 위한 과도정부를 수립해야 한다고 제안했다. 그런데 만델라 다음에 마지막 연사로 단상에 오른 데 클레르크가 ANC를 비난하는 발언을 하고 말았다. 이로 인해 협상은 혼란의 상태로 빠져들었다.

두 번째 아내와 이혼하다

1992년 4월 13일, 만델라는 아내와의 별거를 선언했다. 그는 이렇게 썼다. "최근에 여러 가지 문제로 우리 사이에 차이로 인해 긴장이 일어났고, 우리는 별거가 최상의 방법이라는 데 서로가 동의했습니다. … 그녀를 처음 만난 순간부터 감옥 안이나 밖에서나 내가 그녀에게 가졌던 사랑과 애정으로 그녀를 감쌉니다. 여러분, 제가 겪은 고통을 이해해 주시기 바랍니다."

정부, 드디어 선거 통해 '새 정부 수립'을 받아들이다

1992년 5월, 4개월간의 중단 후 이전의 비밀 회담을 통해 얻어진 내용을 가지고 CODESA2로 알려진 회의가 정부, ANC, 다른 정당들이 참석하여 열렸다. 그러나 CODESA2는 헌법 문제로 국민당이 자신의 운명을 다수의 지배에 맡기는 것을 계속해서 꺼려했기 때문에 교착 상태에 빠지고 말았다.

협상이 중단되자 ANC와 동맹단체들은 전국적으로 넬슨 측에 대한 지지가 어느 정도인지를 정부에 보여주고, 남아프리카 국민들이 자유를 위해 무한정 기다릴 수는 없다는 것을 정부에 알리기 위해 '대중행동'을 벌이기로 결정했다. 대중행동에는 파업, 시위, 불매동맹 등이 포함되었다. 그런데 1992년 6월 17일 밤, 중무장한 인카타 단원들이 보이파통의 바알지역을 몰래 급습하여 46명을 살해했다. 그런데도 데 클레르크는 아무런 언급이 없었다. 화가 난 만델라는 자신이 선두가 되어 전국적 반항집회를 열 것이라고 경고하고, 집회를 열었다. 집회에서 만델라는 "만델라! 우리에게 총을!", "대화가 아닌 싸움을 통한 승리!"라는 글씨를 보았다. 만델라는 인종차별정책을 무너뜨리는 유일한 방법은 총구를 통해서 뿐이라고 생각하기 시작했다. 그런데 협상은 그가 수년 동안 고집해 왔던 것으로, 자신이 앞장서서 협상을 반대할 수는 없었다. 그런 때에 정부의 비호를 받는 폭력에 반대하는 대중행동이 8월 3일과 4일에 남아프리카 역사상 가장 큰 정치적 파업으로 나타났다. 4백만 명이 넘는 노동자들이 일터에 나가지 않고 집에 머물렀다.

이를 계기로 만델라와 데 클레르크는 공식적인 정상회담을 가졌다. 그들은 〈이해문서〉에 서명했다. 정부는 하나의 선출된 입헌국회를 수용하는 것에 동의했고, 입헌국회는 새로운 헌법을 채택하고 새 정부를 위한 과도입법부 역할을 하기로 했다. 이는 남아프리카가 민주적 미래로 나아가는 데 취해야 할 기본 형태였다. ANC와 정부는 비밀 양자회담을 이어갔다. 드디어 '5년간의 민족통합정부 원칙'에 양측이 동의했다. 총선거에서 5% 이상을 획득한 모든 정당이 비율에 따라 참여하여 민족통합정부 내각을 구성하기로 했다. 5년 후에, 민족통합정부는 다수지배원칙의 정부로 돌아가기로 했다. 이를 실현하기 위한 일정이 짜여졌다.

1994년 4월 27일이 선거일로 확정되었다. 이 날은, 남아프리카 역사상 처음으로 다수 흑인들이 자신의 지도자를 선출하기 위해 투표장으로 가는 날이었다. 새로운 헌법을 작성하고, 의회에서 일을 하게 될 국회의원 400명을 선거를 통해 선출하고, 국회 구성 후 대통령을 선출하기로 했다.

노벨평화상을 받다

1993년 만델라와 데 클레르크에게 노벨평화상이 주어졌다. 이 소식을 들은 만델라는 "나는 깊은 감명을 받았다"며 "노벨평화상은 남아프리카 역사와 관련을 갖고 있었기에 내게는 특별한 의미가 있었다"고 썼다. 남아프리카인으로서 노벨상을 받은 사람은 한결같이 인종차별정책에 반대한 사람들인데, 1960년에 알버트 루툴리 추장, 1984년에 데스몬드 투투 주교, 그리고 1994년에 데 클레르크·만델라였다.

만델라는 노벨상 수상을 공동 수상자인 데 클라크의 공으로 돌렸다.

"그는 인종차별정책이 우리나라와 국민에게 행한 몹시 나쁜 잘못들을 인정할 줄 아는 용기를 가졌습니다. 그는 협상과 동등한 참여를 통하여 남아프리카 모든 국민이 자신들이 만들고자 하는 미래를 함께 결정해야 한다는 것을 이해하고 인정할 줄 아는 통찰력을 가졌습니다."

만델라는 노벨평화상 수상 연설에서 이런 말을 했다.

"나는 전쟁, 폭력, 인종주의, 억압과 탄압, 그리고 전 국민의 빈곤을 유발하는 사회체제에 대항하여 용감하게 들고 일어난 수백만 명의 사람들을 대신해 이 자리에 섰습니다.

나는 동시에 수백만 명의 사람들, 즉 한 나라로서의 남아프리카공화국을 위해 투쟁하는 것이 아니라 비인간적 체제에 반대하고 아파르트헤이드가 저지른 인류에 대한 큰 범죄를 종식시키기 위해 우리에게 합류한 반아파르트헤이드운동 세력과 정부와 조직들을 대신하여 이 자리에 섰습니다. ….

우리 모두가 함께 나누고자 하는 이 상의 가치는, 큰 성공을 거둘 즐거운 평화를 기준으로 평가될 것이고, 평가되어야만 할 것입니다.

흑인과 백인을 차별하지 않는 세상에서 인류 모두가 천국의 아이들처럼 살아갈 수 있기를 희망하기 때문입니다.…"

드디어 대통령으로 선출되다

여론조사에 따르면, ANC가 앞서 갔다. 그러나 승리를 장담할 수는 없었다. 만델라 측은 약 2백만 명 정도가 선거에 참여하리라고 예상했는데, 대부분의 유권자들은 선거에 처음으로 참여했고, 문맹이었다. 만델라 측은 이들을 도와주려고 10만 명 이상을 훈련시킬 계획이었다.

투표 날. 만델라는 이렇게 썼다. "나는 내 일생에 첫 번째 투표를 했다." ANC는 국민투표에서 62.6%를 얻었다. 이는 다른 정당의 도움 없이 최종 헌법을 통과시킬 수 있는 3분의 2에는 이르지 못했다. 그러나 만델라는 오히려 다행이라고 생각했다. 만일 3분의 2를 넘으면 남아프리카 헌법이 아니라 ANC 헌법을 만든다는 비난을 받을 수도 있었기 때문에.

선거 결과가 발표되는 순간부터 ANC가 정부를 구성한다는 것은 명백해졌다. 이런 상황에서 만델라는 이렇게 썼다. "내 자신의 사명은 화해를 부르짖고, 나라의 상처를 한 데 묶고, 신뢰와 자신감을 불러일으키는 것이다." 그 후에도 만델라는 기회가 있을 때마다 "이제 단결하여 손을 잡고 우리가 한 나라, 한 국가, 한 민족이라 외치며 미래를 향해 함께 전진해야 한다"고 말하곤 했다.

대통령 취임식이 열렸다. 남아프리카 최초의 비인종적 민주정부 수립을 위한 대통령 취임식에, 남아프리카 땅에서 역사상 가장 많은 국제 지도자들이 모였다. 연단에서 먼저 데 클레르크가 제2부통령 선서를 했다. 이어 타보 음베키가 제1부통령 선서를 했다. 다음은 만델라 차례. 그는 참석한 사람들, 자기를 바라보고 있는 세계 사람들을 향해 이렇게 말했다.

"오늘, 여기 참석한 우리 모두는 새로 태어난 자유에 대한 찬양과 희망을 확인합니다. 너무 오랫동안 지속된 극심한 인간적 재앙의 경험으로부터 벗어나서 모든 인류가 자랑스럽게 여길 사회로 태어나야 합니다. ….

우리는 적어도 정치적 해방을 성취했습니다. 우리는 계속되고 있는 가난과 핍박과 고통과 성차별과 다른 모든 차별의 굴레로부터 우리 국민 모두를 해방시킬 것을 우리 스스로 맹세합니다.

이토록 아름다운 땅에서 사람에 의한 다른 사람의 탄압이라는 경험이 절대로, 절대로, 그리고 또 절대로 재현되지 않을 것입니다. 영광스러운 인간 승리 위에 태양은 계속 비칠 것입니다. 자유가 번창하게 합시다. 아프리카에 신의 은총을!"

만델라는 자서전 끝 문단에서 이렇게 썼다.

"나는 자유를 향한 머나먼 여정을 걸어왔다. 나는 주춤거리지 않으려고 노력했다. 나는 도중에 발을 잘못 내디디기도 했다. 그러나 나는 커다란 하나의 언덕을 올라간 후에 사람들은 올라가야 할 더 많은 언덕이 있음을 발견하게 된다는 비밀을 알게 되었다. 나는 여기서 잠시 쉬면서 내 주위를 둘러싸고 있는 멋진 경치를 바라보며 내가 온 길을 돌아볼 수 있다. 그러나 자유는 책임이 따르기 때문에, 나는 오로지 잠시 동안만 쉴 수 있을 뿐이다. 나의 머나먼 여정은 아직 끝나지 않았기 때문에, 나는 감히 어슬렁거릴 수 없는 것이다."

넬슨 만델라의 업적

넬슨 만델라의 업적을 정리한다.

◆
◆

'인종차별정책' 폐지 투쟁을 하다 27년간 감옥생활을 하다

만델라는 인종차별정책에 반대하여 '용기 있는 삶'을 살았다. 만델라가 폐지를 목표로 투쟁한 인종차별정책 때문에 그동안 305만 명 이상의 사람들이 죽거나 실종되고 투옥되었다. 심지어 인종분리정책 때문에 한 가족인데도 피부 색깔이 다르면 짐승처럼 분리되어 집단구역법에 따라 서로 다른 지역에서 흩어져 살아야만 했다. 흑인들은 백인 곁에 서지도 못했고, 일자리도 주어지지 않은 채 그저 동물처럼 살아가야만 했다.

이러한 상황에서 만델라는 "흑인과 백인을 차별하지 않는 세상에서 인류 모두가 천국의 아이들처럼 살아갈 수 있게 하기 위해" 27년 6개월간 감옥 생활을 하면서 목숨을 걸고 투쟁하여 '인종차별정책' 폐지를 이끌어냈다.

출옥 후 '투쟁에서 용서와 화해로 돌아서다'

그런데 만델라의 진정한 '용기 있는 삶'은 그가 대통령이 되고 나서 그동안에 일어났던 인권침해 범죄에 대해 "우리는 용서할 수는 있지만 잊어버릴 수는 없습니다"라는 말로 '진실과 화해 위원회(TRC; Truth and Reconciliation Commission)'를 만들어 '용서와 화해'를 실천한 과거사 청산에서 잘 나타난다. '진실과 화해 위원회'는 가해자와 피해자가 함께 살아갈 수밖에 없는 현실에서 비참하고도 추악한 과거사를 밝히기 위해 만들어 낸 타협의 산물이었다. 그런데 이 위원회의 근본 취지는 인권침해 범죄의 진상은 철저히 규명하되 법적인 책임은 묻지 않고 사면한다는 것이었다.

'진실과 화해 위원회'는 데스몬드 투투 성공회 주교가 위원장을 맡았다. 여러 정당이 심사위원회에서 공개 청문회를 열어 인터뷰를 한 후 25명의 위원을 만델라 대통령에게 추천했고, 이 가운데 17명이 선출되었다. 이 위원회가 정한 원칙은 다음과 같다.

⑴ 샤프빌 학살사건이 일어난 1960년부터 만델라 대통령이 취임한 1994년 사이에 일어난 사건만 조사한다.

⑵ 정치적 동기에 의해 일어난 사건만 다룬다.

⑶ 사면을 청원하는 사람은 그 사건에 관련된 진실을 모두 충분히 밝혀야 한다.

이들 원칙이 정해지기까지 많은 어려움이 있었지만 이 위원회는 수많은 과거사 관련 자료들을 수집하여 면밀히 조사했다.

이 위원회가 처리한 조사 결과는 다음과 같다. 인종차별 시절 인종차별 반대투쟁을 벌인 흑인들을 화형이나 총살 등의 잔악한 방법으로 탄압한 폭력 가해자가 진심으로 죄를 고백하고 뉘우치면 사면했고, 나중에는 그들에게 경제적인 보상도 베풀었다. 한편 피해자 가족들에게는 그들의 요청에 따라 피해자 무덤에 비석을 세워줌으로써 아파르트헤이드 시절의 국가폭력 피해자들이 잊어지지 않도록 처리했다. 이렇게 하여 만델라의 '용서하는 마음'은 남아공을 '화해의 나라'로 만들었다.

넬슨 만델라 평가는 그가 인종차별을 철폐한 공로로 노벨평화상을 수상했고, 대통령에 당선까지 되었다는 사실만으로 충분하다. 그런데 만델라는 추악한 과거사를 청산하는 과정에서 '용서하는 마음'으로 남아공을 '화해의 나라'로 만들었으니 더욱 더 높은 평가를 받아야 마땅할 것이다.

7

만델라가 주는 교훈

만델라의 업적은 27년 6개월간의 감옥생활에도 불구하고 '용서와 화해'로 남아공을 인종차별 없는 나라로 만들었다는 데 있다. 그래서 만델라의 '용서와 화해'는 노무현 정부의 '과거사청산', 문재인 정부의 '적폐청산'과 연관시키지 않을 수 없다.

노무현 대통령, '과거사청산'으로 나라를 갈라놓다

출발은 정치적 목적에 있었던 것으로 알려진 노무현 정부의 '과거 사청산위원회'는 일제 치하에서 살았던, 한 때 '대단한 분'으로 존경 받던 선배들을 하루아침에 '용서받지 못할 친일파'나 '역적'으로 몰아 세웠고, '좌파'로 지목 받아 수감생활을 했거나 사형당한 사람들을 하루아침에 '영웅'으로 돌려세웠다.

나는 농사꾼 한학자 아들로 시골에서 태어났다. 나의 아버지는 일본이 지배하던 시대에 '오점 하나 남기지 않고 평범한 삶'을 사셨다. 이와는 달리 우리의 많은 선배들은 구한 말 혼란기와 그 후에 이어진 일본의 식민지 시대를 살면서 많은 업적을 남겼다. 이런 시대를 살았던 선배들에게 후배들이 '순교자(殉教者) 같은 삶'을 요구해도 되는 것일까? 예를 들면, 일제 강점기를 살면서 이병도 교수는 황무지 같던 국사학계에 훌륭한 업적을 남겼는데도 그는 6.25 때의 인민재판식으로 하루아침에 '친일파'로 몰려 역적 신세가 되고 말았다. 노무현 대통령의 '과거사청산위원회'는 과연 잘 한 일일까? 반드시 작은 먼지라도 털어내야만 나라가 바로 설 수 있는 것일까?

리콴유는 일본치하에서 먹고살기 위해 일본어를 배워 일본회사에 취직했고, 총리가 된 후에는 일본치하에서의 경험이 자기 인생에서 가장 소중한 것이었다고 말하지 않았는가!

문재인 대통령, '적폐청산'으로 나라를 또 갈라놓다

문재인 대통령은 취임 후 2017년 7월19일 청와대에서 열린 '국정과제 보고대회' 인사말에서 "정의로운 대한민국을 만들겠다"며 '적폐청산(積弊淸算)'을 첫머리에 올렸다. 문재인 대통령은 대선 기간에 공약으로 내세운 적폐청산을 임기 내내 이어가겠다고 강조했다. 세계는 지금 인공지능, 3D프린팅, 유전학, 우주항공, 자율주행, 5G 등 미래를 향해 초(秒)를 다퉈가며 경쟁하고 있는데도 대한민국은 문재인 대통령의 '적폐청산'에 갇혀 과거에 함몰되어 있다.

• 윤평중 교수는 문재인 대통령의 적폐청산 의지가 대한민국을 위기에 빠뜨리고 있다고 다음과 같이 개탄한다.

"정권이 교체될 때마다 새로 집권하는 쪽이 적폐 청산의 칼춤을 휘둘러 반대 세력을 궤멸시키려 할 게 불 보듯 뻔하다. 정적(政敵)을 죽여야 자기가 사는 무한 퇴행의 당쟁 정치는 함께 살아가야 할 공화국을 망가뜨린다. 자기편에게만 특혜를 주는 문재인 정부의 국정 사사화(私事化) 앞에 '기회는 평등하고 과정은 공정할 것'이라는 공화정의 약속은 붕괴 직전이다."[93]

• 서지문 교수는 "공멸(共滅)을 부르는 복수극은 하루빨리 끝나야 한다"고 다음과 같이 문재인 대통령을 비판한다.

"작년과 올해 우리나라는 국가가 법률의 이름을 빌려 복수의 카니발을 벌이고 있다. '적폐 청산'이라는 명분은 무소불위의 흉기가 되어 '촛불' 세력에 밉보인 모든 인물, 기관, 세력을 때려눕혔다. 자리에서 쫓겨나 처절하게 무력해진 전직 대통령을 위시해서 군, 사법부, 검찰, 정보기관, 대기업 등 국가의 버팀목들이 무차별 폭격을 맞아서 국가의 안보도, 치안도, 국민의 의식주도 백척간두에 서게 되었다. 강성 노조들의 복수심은 기어코 나라를 박살내고야 말 것 같다. 그리고 이 정부는 124년 묵은 '동학혁명'을 파헤쳐서 보복 대상이 고갈되지 않게 하려는 모양이다."[94]

---

93) 윤평중(조선일보, 2018.11.23.), 〈공화국의 위기〉.

94) 서지문(조선일보, 2018.12.4.), 〈서지문의 뉴스로 책읽기: 共滅을 부르는 복수극〉.

• 박성희 교수는 문재인 대통령이 '핍박을 받은 적도 없는데' 적폐 청산을 입에 달고 다닌다고 다음과 같이 비판한다.

"만델라는 27년간 옥고를 치르고도 백인들을 용서했는데, 핍박을 받은 적도 없는 우리 대통령은 적폐 청산을 입에 달고 다닌다. 만델라는 국가를 위해 자신의 지지 세력을 설득했는데, 지금 정부는 '촛불 정부'로 스스로를 명명하고 지지층 명(命) 받들기에 여념이 없다. 정치적 관용이라고는 눈곱만큼도 없이 전직 대통령 두 명을 감옥소에 가둬두고 전 세계를 다니며 자신들이 '포용 정부'라고 선전한다. 한반도를 갈라놓은 뿌리 깊은 이념의 골을 좁히기는커녕 이 땅의 자유 보수 세력을 바퀴벌레 보듯 '궤멸'하겠다고 한다. 그리고 이렇게 분열된 대한민국의 복잡한 심경은 아랑곳하지 않고 김정은 답방에 정성을 쏟는다."[95]

---

95) 박성희(조선일보, 2018.12.5.), 〈넬슨 만델라가 그리운 까닭〉.

07
앙겔라 메르켈

노동시장 개혁으로 실업률 11.3%를
3.4%로 낮춰 최고의 복지를 실현하다

Angela Merkel

앙겔라 메르켈
노동시장 개혁으로 실업률 11.3%를
3.4%로 낮춰 최고의 복지를 실현하다

앙겔라 메르켈은 베를린 장벽이 세워지기 직전에 서독에서 태어나 어머니의 품에 안겨 동독으로 갔다. '동독 사람들에게도 신학적 발판을 마련해주어야 한다'는 아버지의 종교적 신념 때문이었다. 동독에서 교육 받고 자란 메르켈은 동베를린 중앙물리학연구소 연구원으로 일하다가 베를린 장벽이 무너지자 정치에 관심을 갖고 1990년 하원 의원에 당선되었다. 그 후 메르켈은 승승장구하다가 2005년에 독일 최초의 여성 총리로 선출되었고, 2018년에 4선 총리에 연임되었다. 메르켈은 독일은 물론 세계도 이끌고 있는 정치가다. 메르켈은 미국 경제전문지 포브스가 선정하는 '세계에서 가장 영향력 있는 여성 100인'에서 2006년 이후로 1위 영예를 차지해 오고 있다.

메르켈은 2005년 총리 취임 때 11.3%였던 실업률을 2018년 말에 3.4%로 낮췄다. 이는 노동시장 개혁을 계획한 슈뢰더 전 총리의 기여 덕분이다. 민노총은 문재인 대통령에게 청구서를 들이밀며 한국경제를 파국으로 몰고 가고 있다. 노동개혁만이 한국경제를 구원할 수 있다고 보고, 노동정책을 주로 다룬다.

주요 참고문헌

Schley, Nicole(2005), *Angela Merkel: Deutschlands Zukunft ist weiblich*. (서경홍 역(2005), 『독일 첫 여성 총리 앙겔라 메르켈』, 문학사상.)
김성진(2015), 『독일을 강대국으로 만든 여장부 독일 총리 메르켈』, C&Books.
박동운(2016), 『노동시장 개혁은 슈뢰더처럼 대처처럼』, keri.

①
태어나서 정계 입문까지 앙겔라 메르켈의 삶

태어나서 정계 입문까지 앙겔라 메르켈(1954. 7. 17. ~)의 삶을 이야기한다.[96]

◆
◆

목사의 딸로 서독에서 태어나 동독으로 이주하다

앙겔라 메르켈의 아버지 호르스트 카스너는 하이델베르크와 함부르크에서 신학 공부를 마치고, 목사로 일하기 위해 1954년에 동독으로 갔다. 함부르크에서 출생한 앙겔라의 어머니는 태어난 지 한 달밖에 안 된 앙겔라를 안고 남편을 따라 동독으로 갔다. 앙겔라의 아버지가 동독으로 간 이유는 '동독 사람들에게도 신학적 발판을 마련해주어야 한다'는 종교적 신념 때문이었다. 당시 공산주의 국가 동독에서 신학을 공부하기란 어려운 일이었다.

카스너는 동독으로 오자마자 슈타지(STASI, 국가안보부)의 반체제인사 명단에 올라 그의 가족은 줄곧 감시의 대상이 되었다. 카스너는 작

---

96) 니콜 슐라이의 *Angela Merkel: Deutschlands Zukunft ist weiblich*(번역서), 슈테판 코르넬리우스의 *Angela Merkel*(번역서)을 텍스트로 삼았다.

은 도시 템플린 근교의 발트호프에 정착하여 정신지체자 직업교육을 실시하는 작은 교회기업을 운영했다. 1961년 8월 13일에 베를린 장벽이 설치된 후 카스너 가족은 서독 가족이나 친지들과 서신 왕래는 할 수 있었지만 방문은 할 수 없게 되어 많은 어려움을 겪었다.

앙겔라는 베를린 장벽이 설치된 해에 초등학교에 입학했다. 앙겔라는 공부를 매우 잘하는 학생이었는데, 그녀의 어머니는 딸에게 다른 사람들보다 항상 더 잘해야 한다고 늘 강조했다. 앙겔라의 어머니는 라틴어와 영어를 전공했는데, 당시 동독에서 목사의 가족에게는 국립학교 교직이 허용되지 않아 교사로 일할 수 없었다. 대신 앙겔라의 어머니는 자녀들을 억척스럽게 교육시켰다. 앙겔라와 동생들은 기독교 교육을 받아 친구들에게 따돌림을 받기도 했지만 앙겔라는 유년 시절에 결코 '어두운 그림자'가 드리운 적은 없었다고 회고했다. 앙겔라는 평범한 10대를 보냈다.

앙겔라는 친구들과 함께 자주 동베를린 나들이를 하곤 했다. 템블린에서 기차로 한 시간쯤 걸리는 동베를린으로 가서 음악회 등 여러 문화 행사에 참석했다. 앙겔라는 대학 진학 가능성을 놓치지 않기 위해 어린 시절부터 학교 규칙에 어긋나는 행동을 하지 말라는 부모님의 말씀을 잘 따랐다.

그런데 대학 입학자격고시를 보기 직전 앙겔라는 칼 마르크스 대학에서 미리 받은 입학 허가를 취소당할 뻔한 어려움을 겪게 되었다. 템블린의 상급학교 대학입시준비반은 입학시험을 이미 치른 상태여서 교내 문화축제 행사에 참여하기로 했다. 학생들은 오랜 망설임 끝에 국제성을 띤 작은 공연을 기획했다. 물론 은유적으로 표현된 공연이었지만 충성심을 중시하는 학교당국은 공연의 의미를 금세 알아챘다. 공연에서, 학생들은 등 떠밀려 나온 사람들처럼 깡통을 들고 돈을 모았다. 미국에 맞서 싸우는 베트남 저항군을 위해서가 아니라 동독의 소련 주둔군과 비슷한 포르투갈 주둔군에 맞서 싸우는 모잠비크 해방전선의 자유운동을 위해서. 그런 다음 앙겔라 반의 학생들은 크리스티안 모르겐슈타인의 시 〈몹스의 인생〉[97]을 낭송했다. 마지막으로 학생들은 동독이 가장 적대시하는 잘 알려진 영어 노래를 불렀다.

예상했던 대로 학교는 큰 충격에 빠졌고, 예비대학생들은 모두 호출되었다. 앙겔라의 학급은 이틀 동안 슈타지의 조사를 받았다. 앙겔라의 아버지가 독일사회통일당 지구당에 도움을 요청하여 학생들은 대학입학 허가는 보장받을 수 있게 되었다.

앙겔라는 계획대로 1973년 여름학기에 라이프치히의 칼 마르크스 대학에 등록했다. 교내 문화축제 사건은 앙겔라가 일찍부터 풍자적인 취향과 증오를 웃음으로 표현하는 역설적 성향이 강했음을 말해준다.

대학에서 물리학을 공부하다

1973년에 앙겔라는 라이프치히 대학에서 물리학 공부를 시작했다. 그녀는 평범한 대학생활을 했지만 학과 특성상 남학생들과 어울렸다. 앙겔라의 호기심과 지식 욕구는 순수 물리학의 경계를 뛰어넘

---

97) '몹스'는 애완견의 일종으로, 시는 인간을 애완견에 빗대어 비판한 내용이라고 한다.

었다. 그녀는 사람 만나기를 좋아했고, 여행을 즐겼다. 1974년에 앙 겔라는 대학 동기생들과 교환학생 자격으로 소련을 방문하여 물리학과 학생들이 있는 레닌그라드와 모스크바를 여행했다. 그녀의 유창한 러시아어 실력은 그곳에서 물리학도들을 사귀는 데 도움이 되었다.

결혼, 재혼하다

소련 여행에는 첫 번째 남편이 될 울리히 메르켈이 동행했다. 두 사람은 성격차가 컸지만 서로 가깝게 지냈다. 1976년에 그들은 동거를 시작했고, 1년 뒤에 앙겔라의 고향 템플린에서 기독교식으로 결혼식을 올렸다. 결혼하게 된 이유가 흥미롭다. "서둘러 결혼을 하게 된 가장 큰 이유는 둘이서 함께 같은 직장에서 일자리를 얻을 수 있기 때문이었어요, 결혼을 하지 않으면 불가능했거든요."

메르켈은 학생 신분으로 동독 과학아카데미 라이프치히연구소에서 일하면서 석사학위 논문을 끝냈다. 메르켈 부부는 1978년에 동베를린으로 옮겨갔다. 남편 울리히는 베를린 훔볼트대학에서 강사로 일하게 되었고, 앙겔라는 바라던 베를린 과학아카데미 중앙물리학연구소 연구원으로 취직했다. 앙겔라는 여자로서 모나지 않게 행동했고, 동료들과의 관계도 원만하게 유지했다. 앙겔라는 1989년까지 이 연구소에서 일하고, 이어 정계로 진출했다.

중앙연구소에서 일하는 동안 앙겔라는 정계로 진출하기 위한 준비를 하고 있었다. 공개 토론에서 그녀는 연구소의 자유독일청년단의 젊은 단원들과 함께 동독과 서독, 페레스트로이카와 글라스노스트[98] 를 표방하는 소련의 발전에 관해 논쟁을 벌였다. 소련이 표방했던 페레스트로이카와 글라스노스트라는 개념은 당시만 해도 동독의 지도자들에게는 너무나 혁신적인 것이었다.

앙겔라는 매우 활동적이고 비판적이었으며, 신중하면서도 의욕이 강했다. 남편 메르켈은 조용하게 자신의 생활을 즐기려 한 반면 앙겔라는 계속해서 여행과 연수에 참가했다. 부부 사이는 마침내 멀어지게 되었고, 1981년에 남편의 제의로 별거하게 되었다. 이듬해 그들은 5년간의 결혼생활을 마감했다. 그러나 앙겔라는 '메르켈'이라는 성(姓)은 버리지 않고 지금까지 사용해 오고 있다. 그녀는 이혼한 남편과 가끔 식사를 하면서 친구 관계를 유지했다.

1985년에 메르켈은 〈단순한 결합의 해체에 의한 분열 반응의 메커니즘과, 양자학과 정역학적 방법을 토대로 한 분열 반응속도 상수 계산에 관한 연구〉라는 논문으로 박사학위를 받았다. 그녀는, 박사학위를 받을 수 있게 된 것은 지도교수인 루츠 췰리케와 논문 초고에 비판적 조언을 아끼지 않았던 요아힘 자우어 박사 덕분이라고 공을 돌렸다. 자우어 박사는 당시 기혼자였는데 앙겔라와 가까운 친구로 지냈다. 그 후 이들은 오랫동안 교제하고 동거하다가 1998년 12월 30일에 결혼했다. 떠도는 이야기에 따르면, 앙겔라가 결혼한 이유 가운데 하나는 결혼하지 않고 동거하는 사람은 기독민주당(이하 기민당) 당수가 될 수 없다는 당내의 불문율 때문이었다고 한다. 기민당 내의 보수

---

98) Perestroika는 소련이 1985년 4월에 선언한 '개혁', Glasnost는 개방을 뜻한다.

파들은 앙겔라의 이혼 경력과 개신교도임을 자주 문제 삼았다. 자우어는 앙겔라의 현재 남편이다. 앙겔라는 자녀가 없다.

앙겔라는 여행 욕구가 강한 사람이다. 동독 말기에 어렵게 얻어낸 서독 여행이 이를 말해준다. 앙겔라는 1986년에 서독 여행을 허가 받았는데, 여행 목적은 함부르크에 사는 사촌의 결혼식 참석이었다. 그녀는 60세가 되면 미국으로 간다는 큰 꿈을 가지고 살았다. 60세, 그것은 연금을 받기 시작하는 나이다. 당시 동독은 60세가 넘은 여자들에게는 서방국가 여행을 허가했다. 여행 허가를 받은 앙겔라는 자신이 태어난 곳 서독의 함부르크로 가는 기차에 올랐다. 결혼식에 대해서 알려진 것은 아무것도 없지만 결혼식이 끝난 후 앙겔라는 칼스루에로 가서 물리학 교수를 만났고, 콘스탄츠로 가서 동료들을 만났다. 이 여행에 관해서 앙겔라가 기꺼이 반복하는 문장이 하나 있다. "결혼식에서 나는 사회주의 체제가 살아남지 못할 것임을 깨달았다."

정계에 입문하다

앙겔라 메르켈의 정치가로서의 삶을 정리한다.

베를린 장벽이 무너지다

연구원으로 일하면서 정치에 관심을 기울이던 앙겔라의 눈앞에서 동독이 급변하고 있었다. 동독 건국 40주년 기념일인 1989년 10월 7일에 '신사회민주당(SAP)'이, 뒤이어 '민주약진(DA)'이 창당되었다. 민주약진의 모태는 목회자들이 중심이 되어 동베를린에서 창립한 시민 주도 단체였는데, 이 단체는 곧 바로 본격적인 정당으로 탈바꿈했다. 이런 분위기에서 수만 명에 이르는 동독인들이 동독정부의 위협에도 불구하고 라이프치히와 베를린에서 평화시위를 벌였다. '월요시위'라고 불린 이 시위는 1989년 9월 4일에 처음 시작되었다. 많은 사람들이 라이프치히에 있는 니콜라이 교회에 모여 평화를 위한 기도회를 갖고 "슈타지 물러가라", "집단 탈출을 막으려면 여행의 자유를 보장하라"고 요구하며 시위를 벌였다. 시위 참가자는 매주 빠르게 늘어났다. 서독으로 망명하려는 동독인들이 기하급수적으로 늘어났다. 동독 해체는 눈앞에 다가왔다. 동독 최고 지도자 호네커는 1989년 10월 18일에 독일사회통일당 내에서 개혁주의자로 불리던 에곤 크렌츠에게 제1서기직을 넘겨주었다. 이어 크렌츠도 수습에 실패하자 11월 7일에 퇴진했다. 다음 날 정치위원회가 해산되었고, 11월 9일 마침내 베를린 장벽이 무너졌다.

앙겔라는 베를린 장벽이 무너질 때 친구들과 함께 사우나를 하고 있었다. 이것은 후에 많은 조롱을 받는 일화가 되었다. 하지만 가장 앙겔라다운 행동이라고 이해하는 것이 더 적절할 것이다. 앙겔라는 매사에 경솔하게 달려들지 않는다. 먼저 계획을 세우고 나서 지켜본다. 그녀는 사우나를 마치고 보른홀머 슈트라세를 따라 서독으로 갔고, 낯선 집에 들어가 마실 것을 얻고는 전화기를 빌려 썼다. 그런 다음 동독 집으로 돌아왔다. 이튿날 앙겔라는 여동생 이레네와 함께 서베를린의 가장 번화한 쇼핑거리인 쿠담을 거닐었다. 그리고 정치를 시작했다.

민주약진에 가입하다

앙겔라는 급박하게 돌아가는 정치 상황을 탐색하면서 다양한 정당 행사에 참가했다. 그녀는 자신을 드러내고자 했고, 자발적으로 여러 사람들과 일을 하고자 했다. 1989년 12월에 앙겔라는 민주약진을 처음 알게 되었다. 민주약진 중앙당사는 혼란이 그치지 않았지만 그녀는 이곳이야말로 자신이 있어야 할 곳이라는 느낌을 받았다. 12월에 앙겔라는 민주약진에 가입했다. 앙겔라는 민주약진 사무국의 정식 직원이 되었다. 앙겔라는 이듬해 2월에 학계를 떠나 '민주주의 회관' 4층의 새 사무실로 옮겨갔다. 앙겔라는 본격적으로 정가에 발을 내딛었다.

앙겔라는 자신의 정치 목표인 독일 통일, 시장경제 활성화, 연방의회 입성을 한걸음 앞당기기 위해 1990년 3월 18일로 예정된 인민위원선거 운동에 동참했다. 당시 민주약진의 부의장인 에르하르트 노이베르트는 앙겔라를 재정담당관으로 임명했고, 그녀를 '모든 사람을 위한 딸'이라고 불렀다. 앙겔라는 우연하게 민주약진의 대변인이 되었다. 어느 날 아침 콘라트 아데나워재단 대표단이 당사를 찾아왔는데, 민주약진 의장인 슈누어가 이를 까맣게 잊고 있었다. 당황한 슈누어가 앙겔라에게 "지금부터 당신이 당 대변인을 하지"라고 말해 앙겔라는 졸지에 당내 요직인 당대변인을 맡게 되었다.

1990년 2월 민주약진은 독일사회주의연합, 동독기민당과 함께 볼프강 슈누어의 지도 아래 헬무트 콜이 제안한 '도이칠란트를 위한 연합'에 합류했다. '사회주의와의 결별'이라는 취지하에 세 정당이 참여했지만 저마다 다른 후보를 내세웠다. 이 가운데 기민당은 당원과 자금력에서 가장 앞서 있었다. 헬무트 콜이 기민당 당수였다.

국회의원에 당선, 통일 독일의 최초 여성청소년부 장관 되다

선거 전 민주약진은 어려운 상황에 처했다. 의장 슈누어가 슈타지의 첩자로 활동했다는 사실이 밝혀진 것이다. 에펠만이 새로운 당의 장이 되었고, 앙겔라는 에펠만을 수행했다. 1990년 3월 선거에서 전혀 예상하지 않은 일이 벌어졌다. 민주약진은 득표율이 겨우 0.9%, 기민당은 40.9%를 얻은 것이다. 앙겔라는 고민이 컸다. 그 해 5월까지 연구소에 휴직을 신청한 상태였지만 직장으로 돌아간다는 생각은 이미 접은 터였다. 그런데 선거 후 기민당을 이끄는 로타르 드 메지에르가 앙겔라를 부대변인으로 임명했다. 메지에르는 앙겔라의 능력을 인정했고, 앙겔라는 해외 순방길에 메지에르를 수행했다. 특히 러시아 순방길에 앙겔라가 보인 러시아어 실력은 그녀의 위상을 높이는 데 크게 기여했다.

1990년 가을에 시행된 동·서독 최초의 총선을 앞두고 독일의 정당 구도에 큰 변화가 일어났다. 동독기민당은 서독기민당과 통합하기로 했다. 그러나 민주약진은 당의 진로를 놓고 의견이 분분했다. 결국 민주약진도 전당대회를 통해 우선 동독기민당과 합당을 한 후 서독기민당과 통합하기로 했다. 앙겔라의 당적이 민주약진에서 동독기민당으로 바뀌었다. 1990년 10월 1~2일에 함부르크에서 열린 통합전당대회에서 동독기민당은 서독기민당과 통합하기로 했다. 메지에르가 당 의장, 콜이 권한대행을 맡았다.

메르켈은 동독의 정치적·경제적 장래를 위해 맞서 싸울 수 있는 확고한 위치를 실속 있게 구축해 갔다. 이는 영농업자의 거센 반발을 대변하는 것이었다. 메르켈도 오랫동안 활성화되지 못한 동독의 시장경제에 활력을 불어넣기 위해서는 서독처럼 사회주의 시장경제 도입이 불가피할 것으로 생각했다. 메르켈은 모두가 지금보다 더 잘살기 위해서는 적지 않은 어려움이 뒤따를 것이란 사실을 잘 알고 있었다. 그래서 메르켈은 1990년 11월에 치러질 국회의원 선거에 입후보하기로 결심했다. 주변의 도움으로 앙겔라는 후보가 되었고, 48.6%의 지지율로 처음으로 연방의회 국회의원으로 당선되었다.

3

독일 최초의 여성 총리가 되기까지

국회의원에 당선된 후 독일 최초의 여성 총리가 되기까지 앙겔라의 삶을 정리한다.

◆
◆

정치적 출세가도를 거침없이 달리다

1990년 12월 2일에 치러진 최초의 동·서독 총선에서 서독기민당·동독기민당·자민당(자유민주당) 연정이 승리했다. 선거 후 서독기민당을 이끄는 헬무트 콜은 내각 구성에 들어갔다. 콜은 동독 출신 기민당원 앙겔라를 여성청소년부 장관에 임명했다. 그녀 나이 37세. 장관 임명 소식을 들은 앙겔라는 흥분하지 않을 수 없었다. 그러면서도 장관직을 잘 수행할 수 있을까 우려했다. 이렇게 해서 동독의 여성 과학자가 통일 독일의 연방정부 최초의 여성청소년부 장관이 된 것이다. 곧바로 앙겔라는 언론이 붙여준 별명처럼 '헬무트 콜의 딸'이 되었다.

앙겔라는 콜 정부에서 여성청소년부 장관으로 1년 남짓 일하는 동안 이렇다 할 업적을 남기지 못했다. 그러나 앙겔라는 그 기간에 공직 생활에서 자신의 능력을 발휘할 수 있는 방법을 배울 수 있었다. 무엇보다도 자신의 출신을 숨기지 않고, 눈에 띄지 않는 부지런함을 보여 줌으로써 남성 정치가들 속에서 살아남을 수 있는 방법을 배울 수 있었다.

1990년 말 기민당 당수 메지에르가 그의 전임자 슈누어와 마찬가지로 슈타지와 연루되었다는 사실이 밝혀져 모든 공직에서 물러났다. 콜은 앙겔라를 기민당 부당수 대행으로 발표했다. 콜은 앙겔라의 능력과 자신에 대한 충성심을 믿었기 때문에 동독 출신 젊은 여성 정치가의 후견인 노릇에 매우 만족스럽게 생각했다. 사실 메르켈이 정계에 화려하게 등장한 것은 상식에 어긋나는 일이었다. 더구나 그녀는 서독의 중산층과는 너무나 다른 모습이었다. 그녀의 외모나 옷차림은 촌스러웠고, 사람을 대하는 태도 역시 어색하기만 했다. 그러나 앙겔라는 이러한 자신의 이미지를 남들에게 심어주려고 애썼다.

앙겔라는 자신의 당내 기반이 약하다는 것을 알고, 기반 구축에 나섰다. 이는 결코 쉽지 않았다. 콜의 도움이 컸다. 콜은 통일의 상징으로 앙겔라를 내세워 시대적 분위기를 자아내려고 애썼다. 콜은 1991년 12월 드레스덴에서 거행된 전당대회에서 앙겔라를 부당수에 당선시키려고 했다. 이 결과 대의원 719명 가운데 621명이 앙겔라에게 찬성표를 던졌다. 이는 앙겔라의 이력을 한 단계 끌어올렸다. 후에 콜은 이 일을 두고, 자신이 의사 표시를 하지 않았더라면 앙겔라는 정치적으로 성공하지 못했을 것이라고 말했다. 이렇게 하여 앙겔라의 당내 입지는 굳어져 갔다. 이런 여건에 힘입어 앙겔라는 1993년 7월 메클렌부르크포어포메른주 기민당 지구당 위원장 선거에 출마하여 당선되었다. 앙겔라는 처음으로 자신의 지구당을 갖게 되었다.

앙겔라는 정치적 출세가도를 거침없이 달렸다. 1994년 총선에서 앙겔라는 선거운동에 적극적으로 참여했다. 콜이 이끄는 기민당이 자민당과의 연정에 성공하여 정권 연장이 이뤄졌다. 이 공로로 앙겔라는 콜이 다섯 번째 구성한 내각에서 환경부 장관을 맡게 되었다. 환경부 장관으로서 앙겔라의 업적은 보잘 것 없었다. 이는 앙겔라의 능력 때문이 아니라 당시 콜 정부가 처했던 재정 위기 때문이었다. 다행히 1995년 베를린에서 열린 유엔 환경대회에서, 앙겔라는 대회장으로서 환경오염 가스를 줄이는 규제 합의를 도출해 능력을 발휘했다.

앙겔라의 진로는 콜의 신임과 자신의 능력에 힘입어 거칠 것이 없었다. 그런데 앙겔라는 자신의 정치적 성장에 대해 '콜에게 매우 감사하고는 있지만 그에게 고맙다는 말은 맞지 않다고 생각한다'며 자신의 노력과 능력을 내세웠다. 그러한 앙겔라는 정치적 대부인 콜과 연결된 탯줄을 끊어버릴 수 있는 기회를 엿보고 있었다.

콜이 불법 비자금과 연루되어 명예당수직에서 물러나다

1998년 9월 27일 총선에서 기민당은 최악의 득표율을 기록했다. 콜은 국회의원직을 잃었고, 기민당 당수직에서 물러났다. 쇼이블레가 전당대회에서 93%의 지지를 얻어 제6대 당수로 선출되었다. 쇼이블레는 얼마 전에 앙겔라를 원내의장으로 추천했었다. 쇼이블레가 당수로 선출된 날 앙겔라는 92%의 지지율로 기민당 최초의 여성 사무총장으로 선출되었다. 앙겔라는 당내 경쟁자들이 많아졌다. 다행히도 쇼이블레는 앙겔라에게 많은 권한을 위임했고, 앙겔라는 이를 십분 활용했다. '콜의 딸'로 불린 앙겔라는 콜의 그늘에서 빠져나올 수 있게 되었다.

그런데 기민당에 새로운 분위기가 조성될 무렵 엄청난 사건이 터졌다. 콜이 재임 시절 불법 비자금을 모은 사실이 밝혀진 것이다. 이 사건은 앙겔라에게 도움이 되었다. 콜의 '정치적 딸'로 불리면서 콜의 시스템에서 동떨어진 채 살아온 앙겔라가 오히려 믿을만한 인물로 평가되었기 때문이다. 콜은 자신과 관련된 스캔들을 부인하면서 당내 조사를 방해했다. 앙겔라는 이에 대해 분개한 나머지 공식석상에서 콜이 기부자 명단을 밝힐 것을 요구했다. 그러나 진전이 없자 앙겔라는 '콜이 기민당에 막대한 피해를 주고 있다'는 글을 《프랑크푸르터 알게마이네 차이퉁 FAZ》에 발표해 버렸다. 앙겔라는 이 글을 쇼이블레에게 사전 논의도 없이 발표했는데, 이는 사실상 정치적 생명을 건 모험이었다. 결국 콜은 기민당 명예당수직에서 물러났다. 그뿐만이 아니었다. 쇼이블레도 기민당 기부금 스캔들과 연루된 사실이 밝혀져 당수직과 원내 의장직에서 물러났다. 앙겔라가 서있는 곳은 안전 지대였다.

메르켈, 최초의 여성 기민당 당수로 선출되다

앙겔라는 당수 출마 가능성을 알아보기 위해 각 지구당 회의를 활용하기로 했다. 앙겔라는 2000년 2월 28일 한 지구당 회의에서 당수 선거에 입후보하겠다고 선언했다. 2000년 4월 10일 콜이 참석하지 않은 전당대회에서 앙겔라는 96%의 지지를 얻어 당수로 선출되었다. 기민당 최초의 여성 당수가 탄생했다. (1975년 영국에서는 마거릿 대처가 보수당 최초의 여성 당수로 탄생했었다.) 앙겔라는 그동안 동독 출신에, 개신교도라는 이유로 구설수에 오르기도 했지만 당수에 선출됨으로써 이제 당내 반대파를 잠재울 수 있게 되었다.

2000년 당수직을 맡으면서 앙겔라의 정치 인생은 크게 달라지기 시작했다. 사실 그녀가 당수로 선출된 것은 기적 같은 일이었다. 재혼에다, 자녀도 낳지 않고, 동독 출신에, 개신교도인 메르켈은 사실상 남성 중심적이고 보수적인 성격을 띤 기민당의 이미지와는 맞지 않았다. 기민당과 연합한 기사당과는 더더욱 맞지 않았다. 그런데도 전당대회에서 앙겔라가 보여준 지도자로서의 단호한 모습과 강력한 의지에 감명을 받은 당원들이 그녀를 당수로 선출한 것이다.

메르켈, 사민당 슈뢰더를 도와 '아젠더 2010'을 통과시키다

독일 통일 후 후유증은 실업률 증가로 나타났다. '실업 문제를 해결할 수 있는 사람이 총리를 맡아야 한다'는 말까지 나올 정도로 당시 독일의 실업 문제는 심각했다.

1998년에 정권을 잡은 게르하르트 슈뢰더는 실업 문제를 해결하기 위해 처음에는 지지 기반인 노조를 끌어들여 노동시장 개혁을 추진하려 했으나 실패했다. 이어 슈뢰더는 헬무트 콜 정부가 도입한 노·사·정위원회 격인 '일자리창출연대(Alliance for Jobs)'를 끌어들여 노동시장 개혁을 추진하려 했으나 또 실패했다. 슈뢰더는 2002년 재집권에 성공하자 이번에는 정부 단독으로 노동시장 개혁을 추진할 계획이었다.

슈뢰더는 노동시장 개혁이 핵심인 구조개혁안 '2010 어젠다'에 대한 연방의회의 동의를 얻기로 계획을 세웠다. 슈뢰더는 2003년 3월 14일 연방의회에서 '어젠다 2010'을 발표했다. 이 개혁안은 집권당 사민당 내에서 90% 이상의 찬성으로 통과되었었다. 슈뢰더는 '어젠다 2010'이 의회 동의를 얻지 못하면 총리직을 사임하겠다는 정치적 배수진까지 쳐가며 그 해 10월 17일 연방의회 표결에 부쳐 의회 동의를 얻어냈다. 그 배경에는 앙겔라 메르켈이 이끄는 우파 성향의 야당 기민당의 동조가 있었다.

독일 최초의 여성 총리가 되다

2005년 5월 30일 기민·기사당 연합의 당 간부회의는 앙겔라를 차기 총선에서 총리 후보로 내세우기로 결정했다. 총선은 1년 앞당겨져 2005년 9월 18일에 실시될 예정이었다. 2005년 5월 22일에 실시된 노르트라인베스트팔렌주 선거에서 슈뢰더 총리가 이끄는 사민당이 패배했는데, 이 지역은 슈뢰더의 표밭이었으므로 사민당의 패배는 대재난이었다. 사민당은 전국적으로 지지율이 떨어졌고, 상원 의석도 과반수에 못 미쳐 기민·기사당의 동의 없이는 법률안 제출도 어렵게 되었다. 슈뢰더는 7월 1일 연방의회에 신임안을 제출했다. 슈뢰더가 의도한 대로 신임안은 국회에서 부결되었고, 슈뢰더는 그날 당장 연방 대통령 호르스트 쾰러를 방문하여 국회 해산을 요청했다. 쾰러는 7월 21일 국회를 해산했다. 총선이 1년쯤 앞당겨졌다.

이런 상황에서 앙겔라는 2005년 5월 30일에 총리직 출사표를 던졌다. 에드문트 슈토이버가 공식적으로 앙겔라를 총리 후보로 추천했다. 2002년 총선 때 앙겔라는 기민·기사당의 내부 권력 게임 끝에 기사당 당수인 슈토이버에게 총리 후보를 양보했었다. 앙겔라 '총리 후보 추대'는 투표 없이 만장일치로 가결되었다. 선거를 앞두고 사민당은 녹색당과 연합했고, 기민당은 기사당과 연합했다. 슈뢰더가 사민당의 '텃밭' 노르트라인베스트팔렌주에서 패배한 후 조기 총선 카드를 꺼냈을 때만 해도 여론 조사 결과는 기민당의 승리를 기정사실화했다.

메르켈의 연정, "실업 감소가 우리 정부 정책의 중심이다"

그러나 선거 결과는 예상을 완전히 벗어났다. 기민·기사당 연합은 36.8%, 사민당은 36.2%로, 아무도 과반수를 얻지 못해 '모두가 패배한 선거'가 되고 말았다. 기민·기사당의 연정 파트너로 거론된 자민당은 9.8%, 사민당과 연정을 한 녹색당은 8.1%로, 이 두 당은 어느 쪽과 연정을 구성해도 과반수에 미치지 못했다. 독일에서는 총리가 되려면 소속 정당의 연방의회 의석수가 과반이 되어야 한다. 대안은 대연정이었다.

대연정은 두 가지 장점이 있다. 첫째, 대연정은 우파 정부나 좌파 정부 때 나올 수 있는 이념에 매몰된 정책보다는 합의 가능한 중도로 정책이 수렴되고, 여야가 함께 국정을 운영함으로써 정치 안정에 기여할 수 있다. 둘째, 대연정은 합의 전까지는 진통을 겪지만 합의 후에는 일사천리로 국정 운영이 이뤄질 수 있다.

총선 후 기민·기사당 연합과 사민당과의 대연정 가능성이 조심스럽게 점쳐지기 시작했다. 선거 이틀 후 슈뢰더와 앙겔라가 대연정 협상을 시작했다는 보도가 나왔고, 그 후 3주 동안 팽팽한 줄다리기 협상이 이어졌다. 초반에는 총리직을 사이에 두고 슈뢰더와 앙겔라가 서로 물러서지 않아 협상이 진전되지 못했다. 그러나 한 후보자가 갑자기 사망해 투표가 연기되었던 드레스덴주에서 10월 2일 기민당 후보가 당선되면서 분위기가 기민·기사당 연합 쪽으로 기울었다. 10월 10일 사민당이 총리직을 앙겔라 기민당 당수에게 양보하는 대신 14개 부처 가운데 8개 부처 장관직을 맡기로 공식 발표되었다. 슈뢰더가 총리직에서 물러나기로 결정됨으로써 기민·기사당 연합과 사민당과의 대연정이 이뤄져 지지율 73.0%가 확보되었다. 이로써 메르켈이 독일 최초의 여성 총리가 되었다. 연방정부 차원의 좌·우파 연정은 1969년 이후 36년 만의 일이었다.

메르켈이 기민·기사당 연합과 사민당과의 대연정을 통해 총리에 취임한다 해도 정책 시행에는 어려움이 따랐다. 따라서 정책 조율이 과제로 남았다.

당시 독일은 통일 후유증 때문에 11.3%의 높은 실업률과 재정적자 350억 유로의 경제 불황으로 고통을 받고 있었다. 보수당인 기민당은 당시 근로자 해고를 쉽게 하고, 고령화로 인한 연금 재정 악화를 막기 위해 연금자가부담률과 은퇴 연령을 높여 재정 지출을 줄이겠다고 제안했다. 사민당은 노동시장 유연화에 합의해주는 대신 연봉 25만 유로 이상 소득자에게 부과하는 부유세를 42%에서 45%로 인상할 것을 제안했다. 메르켈 총리는 사민당과의 협상을 통해 '노동시장 유연화, 부가세 인상, 사회보장 축소, 재정적자 감축' 등 4가지 핵심 사안에 합의했다. 당시 A4용지 145쪽에 달하는 정책합의서 서문에는 "실업을 줄이는 것이 우리 정부 정책의 중심이 될 것이며, 이번 대연정은 현 세대와 미래 세대의 번영을 위한 정치적 노력이다"라고 쓰여 있었다고 한다.

실업률이 2005년에 11.3%였는데 15년 후인 2018년 말에 3.4%로 낮아졌음을 감안할 때 정책 조율이 얼마나 중요한가를 알 수 있다. 슈뢰더는 실업률을 낮추기 위해 노동시장 개혁에 전력투구했고, 노동시장 개혁 과정에서 실업급여 기간을 32개월에서 12개월로 단축하는 등 복지개혁으로 인기가 떨어지는 바람에 1년 조기퇴진하게 되었다. 슈뢰더에 이어 정권을 잡은 메르켈은 슈뢰더가 계획한 노동시장 개혁안을 사실상 그대로 추진하여 총리가 된 후 13년 만에 3.4% 실업률과 2%대 경제성장률을 달성했다.[99]

99) 박동운(2016), 『노동시장 개혁은 슈뢰더처럼 대처처럼』, keri.

메르켈이 "실업을 줄이는 것이 우리 정부 정책의 중심이 될 것"이라고 말한 대로, 메르켈의 업적은 실업 축소에 중점을 둘 것이다. 우리에게 주는 교훈이 소중하기 때문이다.

메르켈의 2기 집권: 2009~2013

2009년 선거 결과도 예상을 완전히 벗어났다. 기민·기사당 연합은 38.4%(기민 31.2%, 기사 7.2%)에 지나지 않았다. 사민당은 23.0%로 역대 최악이었다. 자민당은 15.0%였다. 기민·기사당은 자민당과 연정을 구성하여 과반이 살짝 넘은 53.4%를 발판으로 메르켈의 2기가 출범했다.

메르켈 총리는 기민·기사당 연합과 자민당과의 대연정으로 간신히 2기 정부를 꾸렸으나 2008년에 발생한 글로벌 금융위기로 인기는 점점 줄어들었다. 게다가 의원내각제를 채택하고 있는 독일에서 총리를 뽑을 때 연정 세력 중 일부가 반란표를 던지는 등 그녀의 입지는 점점 좁아졌다. 그러나 메르켈은 당시 남유럽 경제위기에 적극적으로 대처하며 독일의 대(對)유럽 영향력을 한껏 끌어올려 사민당보다 앞선 지지도를 유지했다. 이후 지지율은 다시 회복되어 갔다.

메르켈의 3기 집권: 2013~2017

2013년 9월 22일에 치른 선거에서 기민·기사당은 49.3%의 득표율을 기록했다. 의석수가 과반에서 5석이 부족했지만 압승이라 표현해도 무방한 성과였다. 사민당 지지율은 30.6%, 자민당은 5%도 되지 않았다. 따라서 어느 당도 과반수에 이르지 못해 대연정이 대안이었다. 메르켈이 이끄는 기민·기사당 연합은 또 사민당과의 대연정을 구성했다.

2013년 대연정에서는 사민당의 강력한 주장에 따라 노동자 권리를 보장하기 위해 최저임금이 시간당 8.5유로 인상되었다. 비정규직 근무 기한에서 18개월 상한선도 마련되었다. 은퇴 연령을 올린 8년 전과 달리 45년 이상 일한 노동자에 한해서는 은퇴 연령을 67세에서 63세로 낮추기로 했다. 국가 채무를 늘리거나 세금을 올리지 않는 범위 내로 한정한다는 기민당의 요구가 받아들여졌지만 경제 회복이 이뤄졌으니 노동자에게 이익을 나눠 주자는 사민당의 제안에 합의가 이뤄졌다.

메르켈의 4기 집권: 2017[100]

2017년 9월 24일에 치러진 총선에서 기민·기사당은 34.7%, 사민당은 21.6%의 지지를 받았다. 과반수에 이르지 못해 어느 당도 총리를 세울 수 없게 되었다. 메르켈의 대안은 다시 대연정이었고, 그것은

---

100) 동아일보(2018.1.15.), [글로벌 포커스] 메르켈 '대연정 마술'로 벼랑끝 탈출… '구석기 연합' 비판도.

사민당과의 대연정이었다. 그런데 이번에는 대연정 구성이 5개월 동안 정치적 교착 상태에 빠져 난항을 거듭했다. 마침내 사민당과의 대연정은 마침표를 찍고, 2018년 1월 14일 연방하원에서 총리를 선출함으로써 메르켈은 2018년 2월 12일에야 자신의 4기 총리에 취임했다. 메르켈이 총리 4기를 거치는 동안 우파 기민당은 좌파 사민당과 세 차례(2005, 2013, 2018)에 걸쳐 대연정을 구성했다.

4기 대연정에서도 기민·기사당과 사민당의 의견은 종합적으로 반영되었다. 기민당은 소득세 최고세율을 높여 부자에게 돈을 더 걷자는 사민당의 요구에 맞서 누구에게도 증세는 없다는 원칙을 지켜냈다. 사민당은 향후 4년 동안 1000억 유로의 정부 소비를 늘리자고 했지만 기민당은 그 금액을 460억 유로로 막아내 균형예산이 가능해졌다. 반면 사민당은 연금, 교육, 헬스케어에서 많은 정부 투자를 받아냈다. 2020년까지 연금 지급액을 평생 일한 임금의 47.6%로 낮출 예정이었던 메르켈 정부의 계획에 제동을 걸어 2025년까지 현재 수준인 48%를 유지하는 데 성공했다. 건강보험에서 고용주들의 기여를 늘리고, 주택 150만 호를 추가로 건설하자는 주장도 관철시켰다. 보수 성향으로 난민에 엄격한 기사당은 매년 난민 수용 상한선 22만 명을 정해두고, 해외에 거주하는 난민 가족도 1000명 이상 못 들어오도록 했다.

메르켈은 총선 이후 시장경제 노선을 중시하는 자민당이나 좌파 성향인 녹색당과 연정을 추진하려다 실패했다. 그래서 정권 연장을 위해 옛 연정 파트너였던 사민당에 손을 내밀 수밖에 없었던 만큼 연정 협상에서 사민당 요구를 뿌리치는 데는 처음부터 한계가 있었다.

4

메르켈의 업적: 슈뢰더의 노동시장 계획을 추진하여 성공하다

한정된 지면에서 4기에 걸친 메르켈의 업적을 모두 다룰 수는 없다.
메르켈의 업적으로, 슈뢰더가 계획하고 메르켈이 이어받아 추진하여
성공한 노동시장 개혁을 중점적으로 다룬다.

노동시장 개혁 없이 경제 활성화는 이뤄질 수 없다. 영국과 뉴질랜
드가 이를 입증한다. 영국 경우는 마거릿 대처 편에서 이야기했고, 뉴
질랜드 경우는 중요성을 감안하여 독일 이야기 끝에 부록으로 첨부
했다.

노동시장 개혁의 대표적 성공 사례는 독일이다. 독일 노동시장 개
혁은 슈뢰더가 계획했고, 메르켈이 이어받아 추진했다. 슈뢰더는
2012년 〈어젠다 2010-독일의 경제적 성공의 열쇠〉라는 연설에서,
"독일경제의 회생은 근본적으로 '어젠다 2010'이 도입한 노동시장
개혁의 덕분"이라고 자랑했다.[101] 따라서 독일 노동시장 개혁은 슈뢰
더 이야기부터 시작해야 한다.

독일 노동시장 개혁은 훗날 우리에게 도움이 되리라고 생각하여

---

101) Schroeder, Gerhard(2012.4.23.), "Agenda 2010-The Key to Germany's
Economic Success."(http://www.egmontinstitute.be/).

그 과정을 비교적 소상하게 다룬다.

2000년대 초, 실업자 문제가 정치 이슈로 등장하다

독일은 1990년 통일 후에 실업자가 500만여 명에 이르자 '유럽의 병자'로 불렸다. 이런 상황에서 좌파 슈뢰더 사민당 총재는 '새로운 중도노선', '좌파 속의 우파' 구호를 내세워 1998년에 총리가 되었고, 2002년에 재선되었다. 독일경제는 2001년에 경기 침체를 겪었다가 1년 6개월 후에 또다시 경기 침체를 겪었다. 통일 후유증과 경기 침체로 실업자 문제가 정치 이슈로 등장했다. '실업자 문제를 해결할 수 있는 정치인이 미래의 독일을 맡아야 한다'는 공감대가 형성될 정도였다. 2000년대 초 독일은 구조개혁 외에 대안이 없었다.

'높고 지속적인 실업률', 노동시장 개혁을 부르다

〈그림 3〉에서 보듯이, 통일 이후 독일 실업률은 '높고 지속적'이었다. 독일은 실업자 수가 2001년에 308만 명이었는데 지속적으로 증가하여 2005년에 457만 명에 이르렀다. 실업률은 1991년에 5.5%였는데 지속적으로 증가하여 슈뢰더가 정권을 잡은 1998년에 9.5%를 나타냈다. 이어 실업률은 2001년에 7.9%로 다소 감소했다가 1년 6개월 후에 경기 침체를 다시 겪게 되자 빠르게 증가하여 2005년에 사상 최고치인 11.3%를 기록했다.

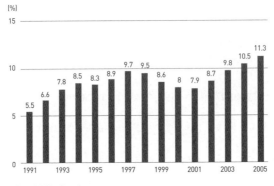

〈그림 3〉독일의 실업률, 1991~2005 (단위: %)

자료: OECD, Database.

슈뢰더는 실업자 문제를 해결하기 위해 처음에는 지지 기반인 노조를 끌어들여 노동시장 개혁을 추진하려 했으나 노조가 자신들의 이익만 챙기려 하자 포기했다. 이어 슈뢰더는 앞선 헬무트 콜 정부가 도입한, 소위 노·사·정위원회 격인 '일자리창출연대(Alliance for Jobs)'를 중심으로 사회적 합의를 이끌어내 노동시장 개혁을 추진하려 했으나 일자리창출연대 역시 자신들의 이익만 챙기려 하자 또 포기했다. 실업자 문제를 해결하기 위한 노동시장 개혁에 관한 사회적 합의는 적록연정 1기가 끝나는 2002년까지 이뤄지지 않았다. 슈뢰더는 2002년 재선을 앞두고 한 때 정치적 위기에 몰렸지만 국민적 호응을 이끌어낸 외교 정책에 힘입어 가까스로 재집권에 성공했다.

슈뢰더, 정부 단독으로 노동시장 개혁을 추진하다

슈뢰더는 경기 침체의 주요 원인이 경직된 노동시장, 정부의 지나친 시장 개입과 기업 규제, 지나친 사회보장제도, 해법 찾기가 쉽지 않은 통일 후유증 등 구조적 문제에 있다고 보았다. 2기 집권에 성공한 슈뢰더는 노동시장 개혁을 놓고 이번에는 노조나 일자리창출연대를 끌어들이지 않기로 했다. 대신 슈뢰더는 정부 단독으로 구조개혁을 추진하기로 했다. 그 이유를 슈뢰더는 2015년 5월 21일 전경련에서 가진 〈독일 어젠다 2010의 경험과 한국에 주는 조언〉이라는 강연에서 다음과 같이 밝혔다.

"노동시장 개혁을 할 때 노동자와 사용자 등 이해당사자들에게 결정권을 줘서는 안 됩니다. 개혁안을 만들기 위해 정부와 노조, 사측이 한 테이블에 모여 의논을 했지만 노사가 모두 적대적인 위치에서 정부에 요구만 했기 때문에 노사정위원회를 통한 개혁은 불가능하다는 결론을 내렸습니다. 정부가 합법적인 권한을 가지고 있고, 개혁의 당위성이 충분했기 때문에 '하르츠위원회'라는 별도 위원회를 구성해 개혁안을 만들었습니다. 선거를 통해 구성된 정부와 정부 수반이 개혁을 할 수 있는 정당성이 있습니다. 개혁이라는 것은 밑에서 위로 갈 수 없습니다. 개혁은 위에서 아래로 가야합니다. 그것이 정치가 해야 하는 일입니다."

슈뢰더는 침몰하는 '독일호 개혁'의 선장에 대기업 임원을 임명했다. 바로 1990년대 내내 폭스바겐 구조조정을 이끌었던 페터 하르츠

(Peter Hartz) 전 인사담당 이사였다. 슈뢰더는 폭스바겐 그룹 이사회에 참여하여 하르츠가 폭스바겐 구조조정을 성공적으로 이끌었던 사실을 잘 알고 있었다. 하르츠가 위원장을 맡기로 하고, 여야정치인·기업인·노조·학자 등 15명으로 구성된 노동개혁위원회가 '하르츠위원회'라는 이름으로 2002년 2월에 출범했다. 하르츠위원회는 343쪽에 이르는 '하르츠 보고서'를 내놓았는데, 이를 바탕으로 2002년 8월에 '하르츠 I ~IV'라는 4개 법안이 만들어졌다.

이어 '하르츠 개혁안'이 핵심 내용이 되어 구조개혁안 '어젠다 2010'이 마련되었다. 슈뢰더는 2003년 3월 14일 연방의회에서 구조개혁안 '어젠다 2010'을 발표했다. 이 개혁안은 집권당 사민당 내에서 90% 이상의 찬성으로 통과되었는데, 슈뢰더는 '어젠다 2010'이 의회 동의를 얻지 못하면 총리직을 사임하겠다는 정치적 배수진까지 쳐가며 그 해 10월 17일 연방의회 표결에서 동의를 얻어냈다. '어젠다 2010'은 앙겔라 메르켈이 이끄는 우파 성향의 야당 기민당이 동의하여 가까스로 연방의회를 통과할 수 있었다.

'어젠다 2010'이 의회를 통과하자 슈뢰더는 이렇게 선언했다: '독일 자체가 망하지 않게 하기 위해 분배 중심의 사회주의 정책을 버리고 성장 중심의 시장경제 정책을 도입하겠다.'

'어젠다 2010'은 어떤 내용을 포함했는가?

어젠다 2010은 크게 다섯 부분으로 나뉘어 여러 가지 세부 개혁

내용을 포함했다.

①노동시장 개혁: 지나친 고용보호 개혁, 실업급여 수급기간 단축, 임금교섭 형태 변경, 고용알선기능 강화, 실업급여제도와 사회보장혜택 통합, 구 동독지역의 고용 촉진, 고용창출 지원

②사회보장제도 개혁: 퇴직연금수령 개시연령 상향 조정, 의료보험제도 개혁

③경제 활성화: 수공업 촉진 위한 수공업법 제정, 중소기업 조세부담 경감

④재정 개혁: 구 동독지역 지원, 지방재정 개혁, 세금 감면

⑤교육 및 훈련 강화: 민간기업의 직업훈련 촉진, 전일제학교 교육 강화, 3세 미만 유아보육 확대

'하르츠 노동시장 개혁안'은 어떤 내용을 포함했는가?

'어젠다 2010'의 핵심 내용은 '하르츠 노동시장 개혁안'이다. '하르츠 노동시장 개혁안'을 정리한다. '하르츠 노동시장 개혁안'은 다음과 같이 'Ⅰ~Ⅳ법'으로 분류되어 시행되었다. 지면이 한정되고, 내용이 어렵지 않아 구체적인 설명은 생략한다.

〈표 7〉 하르츠 노동시장 개혁안과 실시 연표

개혁	실시일자	주요 정책	기대 효과
Job-AQTIV (노동시장 제도개혁법)	2002	• 일자리 탐색자의 질적 프로파일링 도입 • 보다 효율적인 적극적 노동시장정책 실시	일자리 탐색 효율성 제고
하르츠 I	2003. 1	• 근로자의 일자리 탐색 돕는 민간 기업 등록 • 일자리 수락 조건 강화와 실업수당 수급자 제재 도입 • 파견근로 자유화	일자리 탐색 효율성 제고 고용 택하는 인센티브 제고
하르츠 II	2003. 1	• 사회보장기여금이 많지 않은 미니잡(mini-job), 미디잡(midi-job) 같은 소규모 일자리 도입 • 자영업자가 된 실업자 보조	고용 택하는 인센티브 제고
하르츠 III	2004. 1	• 보다 효율적인 서비스 제공 위해 연방고용서비스청 재정비 • 적극적·소극적 노동시장정책을 단일화	일자리 탐색 효율성 제고
하르츠 IV	2005. 1	• 실업 지원과 사회적 지원을 소득조사 방식의 실업혜택 II 로 합병	복지수혜자의 근로의욕 제고 (예약임금 감소)
실업수당 수급기간 단축	2006. 2	• 수당 수급기간을 54세까지는 (이전 최고 26개월에서) 최고 12개월로, 55~64세는 (이전 32개월에서) 18개월로 단축	분명하게 고령 근로자의 근로 의욕 증가
조기퇴직 옵션을 단계적으로 철폐	2006. 10	• 2006년부터 2008년까지 60세부터 63세까지의 실업자 경우 조기연금 개시 연령을 인상 • 2008년 1월에는 58세 되는 실업자가 적극적으로 일자리 찾지 않고도 혜택 받을 수 있다는 규제 철폐 • 2010년 1월부터 고령 고용자를 위한 파트타임 고용 계획을 보조	고령 근로자의 근로 의욕 증가

주: 이 표 제목은 본래 "지난 10년간 독일 노동시장 개혁 기록표"임.

자료: OECD Economic Survey of Germany 2012, p.43.

독일 노동시장 개혁의 주요 내용: 종합

독일 노동시장 개혁의 핵심 내용은 '일자리 창출'과 '실업률 낮추

국가와 세계를 바꾼 위대한 7인의 정치가

기'다. 이런 시각에서, 앞에서 언급한 독일 노동시장 개혁의 주요 내용을 종합적으로 정리한다.

1) 일자리 창출 위한 노동시장 개혁

• 소규모·수공업기업의 경우 고용보호 대상을 기존의 '5인 이하'에서 '10인 이하'로 개정하여 해고제한법 적용 배제를 확대함으로써 해고를 쉽게 했다.

• '한 근로자를 2년 이상 같은 기업에 파견할 수 없다'는 파견근로 규제를 자유화하여[102] 일자리를 늘렸다. 이 결과 2003년 전체 취업자의 1.2%이던 파견 인력은 2014년 2.9%로 급증하여 이 기간 동안 55만 개의 일자리가 생겼다.

• 주당 노동시간 조건을 삭제함으로써 주당 15시간 미만의 미니잡(mini-jobs; 월급 400유로로 원화 약 60만 원)과 미디잡(midi-jobs; 월급 400~800유로)을 도입하여 일자리를 늘렸다. 미니잡 도입으로 900만 개 일자리가 생겼다.[103]

• 실업자가 자영업자가 되면 보조금을 지급했다.

• 창업기업의 경우 4년간 기간제(임시직) 근로계약을 허용할 수 있게 하여 일자리를 늘렸다.

---

102) OECD는 '파견근로 규제 완화'를 '파견근로 자유화(Liberalization of temporary agency work)'라고 표현한다.

103) 이는 페터 하르츠가 2015년 5월 21일 'IGE/KITA 세계무역포럼' 연설에서 직접 밝힌 내용이다.

• 임금교섭 형태를 기존의 산업별 단체교섭에다 기업별 교섭을 추가로 도입하여 임금유연화에 성공함으로써 임금 인상이 낮은 수준에서 결정되게 했다.

• 동독지역의 고용 촉진을 위해 재정 지원을 강화했다.

2) 실업률 낮추기 위한 노동시장 개혁

• 적극적 노동시장정책을 더욱 효율적으로 활용했다.

• 실업급여 수급기간을 기존의 32개월에서 12개월로 단축하여 실업자를 노동시장으로 끌어내고, 64개월까지 지급하던 55세 이상 실업자의 실업급여 수급기간을 18개월로 단축하여 고령 실업자들의 경제활동 참여를 유도했다.

• 실업급여와 사회보장혜택을 소득조사 방식을 적용하여 정액급여로 통합함으로써 재정 지출의 효율성을 높이고 실업자의 경제활동 참여를 유도했다.

• 정부가 취업을 알선했는데도 거부하는 실업자에게는 실업급여 지급을 중단했다.

• 연방고용서비스청을 민간운영체제로 개편하고, 연방고용서비스청의 지방사무소와 사회복지사무소를 통합하여 '직업소개센터'로 바꿈으로써 직업 알선 효율성을 높였다.

• 연방·지방정부로 나뉜 실업자 지원체계를 하나로 통합하여 재정 부담을 줄였다.

• 실업자의 조기연금 개시 연령을 60세에서 63세로 인상했다.

- 58세가 되는 실업자가 적극적으로 일자리를 찾지 않고도 혜택을 받을 수 있는 제도를 없앴다.
- 고령 고용자를 위한 파트타임 고용을 보조했다.
- 단시간 근로제도를 도입하여 임금과 고용 안정을 돌봤다.
- 실업자나 훈련생을 고용한 기업에 감세와 10만 유로까지 저리 융자로 지원했다.
- 근로자가 일자리 찾는 것을 돕는 민간기업 명단을 작성했다.
- 일자리 탐색자의 질적 면모도 조사했다.
- 보다 효율적인 서비스를 제공하기 위해 연방고용서비스청을 재편성했다.

슈뢰더, 노동시장 개혁을 추진하다 정권을 잃다

노동시장 개혁의 정책 효과는 곧바로 나타나지 않았다. 반대 세력이 막강했기 때문이다. '실업급여 수급기간을 기존의 32개월에서 12개월로 단축하여' 복지 혜택을 축소하자 실업자뿐만 아니라 노동자들마저 강하게 반발했다. 베를린 장벽을 무너뜨려 통일의 단초를 제공했던 '월요시위'가 2005년 노동자들을 중심으로 15년 만에 다시 등장하기도 했다. 사민당 내 개혁안에 반대하는 좌파 세력이 떨어져 나가 동독에 뿌리를 둔 민주사회당 계열과 연합하여 통합좌파 정당 '디 링케(Die Linke)'를 창당하기도 했다.

결국 노동자들의 저항으로 슈뢰더 정부 2기가 임기 전에 끝나고 말았다. 사민당의 2006년 총선 참패가 확실시되는 상황에서 정치적 위기에 몰린 슈뢰더가 2005년 의회를 해산하고 조기 총선을 실시했다. 사민당 슈뢰더가 패배했다. 기민당·자민당 우파 연합이 승리했다.

정권을 잡은 메르켈은 좌파 성향의 사민당과 좌우 대연정을 이루어 출범했다. 메르켈은 프란츠 뮌터페링 사민당 대표를 부총리 겸 노동부장관에 지명하는 등 장관직 14자리 가운데 핵심 8개 부처 장관을 사민당에 내줬다. 기민당의 여러 정책들이 좌파 사민당 장관 벽에 가로막힐 가능성이 컸기 때문에 메르켈은 슈뢰더 개혁안을 고수해 경제 위기를 돌파하려고 그런 묘수를 쓴 것이다.

메르켈, 슈뢰더의 '어젠다 2010'을 그대로 추진하다

메르켈은 슈뢰더가 계획한 '어젠다 2010'의 노동시장 개혁안을 그대로 추진했다. 메르켈은 '어젠다 2010' 기조를 유지하면서 노동시장을 비롯한 사회보장 개혁 등 구조개혁을 지속적으로 추진해 갔다.

메르켈은 어젠다 2010의 기조를 '그대로 유지하면서' 다음과 같은 정책을 도입했을 뿐이다.

• 노동: 신규 직원 해고 가능기간을 6개월에서 2년으로 연장하고, 고령자 고용에 대한 고용주 지원 등 재취업을 촉진했다.

• 세제: 부가가치세를 16%에서 19%로 인상하고, 최고소득세율을 42%에서 45%로 인상했다.

• 경제 활성화: 250억 유로 규모의 투자 프로그램 실시했다.

• 출산장려책: 2007년부터 출산 가족에게 1년간 월 300유로 지급했다.

독일경제가 살아나기 시작했다. 이를 놓고 앞에서 언급한 대로 정계를 떠난 슈뢰더는 2012년 한 연설에서 '노동시장 개혁은 독일경제 회생의 주역'이라고 내세웠다.

슈뢰더-메르켈의 업적

슈뢰더-메르켈의 업적은 슈뢰더가 실업률을 낮추기 위해 노동시장 개혁을
계획하고, 메르켈이 슈뢰더의 개혁 계획을 그대로 이어 받아 추진하여
성공했다는 점에서 찾아야 한다.

슈뢰더-메르켈, 실업률 11.3%를 3.4%로 낮추다

슈뢰더-메르켈은 2005년에 11.3%이던 실업률을 2018년 말에
3.4%로 낮췄다. 이를 그림으로 나타낸다(《그림 4》 참조). 13년 만에 실
업률이 11.3%에서 3.4%로 낮아진 경우는 독일 외에는 어느 나라에
서도 찾아볼 수 없다.

독일, '노동시장 규제' 순위가 124위→38위로 개선되다

독일은 2000년대에 들어와서도 노동시장 규제가 선진국 가운데
가장 심한 나라의 하나였다. 프레이저 인스티튜트의 '노동시장 규제
순위'에 따르면, 2005년에 독일은 노동시장 규제가 약하기로 141개
국 가운데 124위였다. 거꾸로 말하면, 노동시장 규제가 심하기로 141

개국 가운데 17위였다. 당시 독일보다 노동시장 규제가 더 심한 나라
는 브라질, 이란, 그리스, 토고 등으로, 독일은 선진국 가운데 노동시
장 규제가 사실상 '가장 심한 나라'였다. 2005년에 한국은 노동시장
규제가 약하기로 141개국 가운데 68위로, 독일보다 훨씬 앞섰다.

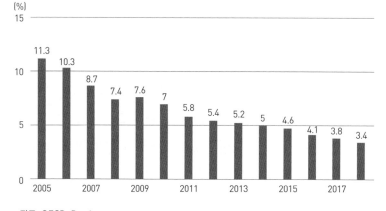

〈그림 4〉 독일의 실업률, 2005~2018 (단위: %)

자료: OECD, Database.

그런데 2016년에 독일은 노동시장 규제가 약하기로 162개국 가운
데 38위로, (거꾸로 말하면, 노동시장 규제가 심하기로 162개국 가운데 124위)
2005년에 비해 순위가 무려 124위에서 38위로 개선되었다. 등급으
로 평가할 때 불과 10년 만에 노동시장 규제가 124위에서 38위로 무
려 86위나 개선되었다. 한 마디로, 놀랍다. 그러나 같은 기간에 한국
은 노동시장 규제가 약하기로 74위에서 143위로 무려 69위나 악화
되었다. 한국의 대통령들은 슈뢰더-메르켈과는 달리 노동시장 규제

를 강화해 왔기 때문이다.[104]

<표 8> 독일과 한국의 '노동시장 규제' 순위, 2000~2016

연도	2000년 김대중	2003년 노무현	2005년 노무현	2012년 이명박	2016년 박근혜
국가 수	123개국	127개국	141개국	152개국	162개국
독일 한국	74위 58위	101위 81위	124위 74위	80위 134위	38위 143위

주: 순위 수치가 낮을수록 '노동시장 규제'가 약하다는 것을 뜻함.
자료: Fraser Institute, Economic Freedom of the World, 2002~2018.

그러면 문재인 정부에서 노동시장 규제는 완화될 수 있을까? 완화되기 어렵다. 대선에서 문재인 대통령 당선을 도운 민노총이 거리 투쟁, 공공건물 점거, 파업 위협 등으로 문재인 정부를 향해 줄기차게 청구서를 들이밀고 있기 때문이다. 노동시장 규제 완화는 기업의 경제활동을 돕는 것인데, '기업 위에 문재인 정부가 있고, 문재인 정부 위에 민노총이 있기 때문에' 문재인 정부에서 노동시장 규제 완화란 '그림의 떡'일 것이다.

---

104) 박동운(2018), 「역대 정부별 노동정책 평가」, 최광 편저, 『기적의 한국경제 70년사』, 북앤피플, pp.387~400.

6
독일경제의 현주소

독일경제의 현주소를 노동시장 중심으로 간략히 소개한다.

• 2016년 현재 독일은 경제규모가 세계 4위다. 1위는 미국, 2위는 중국, 3위는 일본. 한국은 11위. 순위는 각주 참조.[105]

• 독일경제의 최대 장점은 지속적으로 감소해온 낮은 실업률이다. 슈뢰더가 정계를 떠난 2005년 독일 실업률은 11.3%로 역대 최고치에 이르렀으나 노동시장 개혁으로 그 후 지속적으로 감소하여 2018년 10월에는 3.4%를 기록했다. 13년도 안 되어 실업률이 11.5%에서 3.4%로 낮아진 경우는 어느 나라에서도 찾아볼 수 없다.

참고로 2018년 10월 실업률을 보면, 한국 3.9%, 미국 3.7%, 일본

---

105) 경제규모 1~13위. 괄호 안의 수치는 세계경제에 대한 점유율. 1위 미국 18조 6245억 달러(24.1%), 2위 중국 11조2183억 달러(14.8%), 3위 일본 4조9362억 달러(6.5%), 4위 독일 3조4778억 달러(4.6%), 5위 영국 2조6479억 달러(3.5%), 6위 프랑스 2조4655억 달러(3.3%), 7위 인도 2조2596억 달러(3.0%), 8위 이탈리아 1조8589억 달러(2.5%), 9위 브라질 1조7959억 달러(2.4%), 10위 캐나다 1조5298억 달러(2.0%), 11위 한국 1조4112억 달러(1.9%), 12위 러시아 1조2460억 달러(1.6%), 13위 스페인 1조2373억 달러(1.6%).

2.3%, 유로지역 8.1%, 영국 4.1%, 프랑스 9.3%, 싱가포르 1.8%다. 문재인 대통령의 '거꾸로 가는 정책' 때문에 한국만 올랐다.

• 독일은 노동시장 규제가 약하기로 2005년 141개국 가운데 124위였으나 2016년에는 162개국 가운데 38위로 엄청나게 개선되었다. 같은 기간 한국은 74위에서 143위로 독일과는 정반대로 엄청나게 악화되었다.

• 독일은 정규직 고용보호가 약하기로 OECD 국가 가운데 30위. 독일은 정규직 고용보호가 한국처럼 심한 나라다.

• 고용률은 2005년에 65.5%에서 2018년에 76.0%로 크게 증가했는데, 2018년에는 높기로 OECD 국가 가운데 6위다. OECD 평균은 68.3%.

• 독일은 노조조직률이 2016년 17.0%로 낮은 편이다. 2016년 노조조직률은 일본 17.3%, 영국 23.5%, 미국 10.3%, 한국 11.9%다.

• 독일은 2017년 수출 점유율이 7.6%로 세계 3위다. 1위 중국 10.7%, 2위 미국 10.2%, 4위 일본 3.8%, 5위 프랑스 3.5%, 6위 영국 3.5%, 7위 네덜란드 3.4%, 8위 한국 2.9%.

⑦

슈뢰더-메르켈이 주는 교훈

슈뢰더-메르켈이 주는 교훈은 강력하다. 엄청나게 낮아진 실업률, 엄청나게
낮아진 노동시장 규제, 정권을 잃어가면서까지 노동시장 개혁을 추진한 슈뢰더의
개혁 의지, 적폐청산 대상으로 삼지 않고 슈뢰더 정책을 이어받아 개혁을 계속
추진한 메르켈의 통치스타일 등이 이를 입증한다.

❖

슈뢰더, 정권을 잃어가면서까지 노동시장 개혁을 추진하다

노동시장 개혁 없이 경제 활성화는 이루어질 수 없다. 이런 시각에
서 프랑스의 젊은 대통령 마크롱도 노동시장 개혁을 과감하게 추진하
여 성과를 내고 있다. 프랑스는 선진국 가운데 사회주의 망령에서 아
직도 벗어나지 못한 나라다. 프랑스는 실업률이 2018년 말에 9.3%
로, 유로지역 8.1%보다 훨씬 더 높다. 그래서 슈뢰더-메르켈의 노동
시장 개혁은 높게 평가되어야 한다.

우리는 정권을 잃어가면서까지 노동시장 개혁을 추진하여 경제를
살리려는 슈뢰더 같은 대통령이 필요하다. 슈뢰더가 한국을 방문하여
2015년 5월 21일 전경련에서 가진 '독일 어젠다 2010의 경험과 한
국에 주는 조언'이라는 강연은 문재인 대통령이 받아들여야 할 교훈
이다(399쪽 참조).

메르켈, 슈뢰더 정책 이어받아 노동시장 개혁에 성공하다

메르켈은 슈뢰더가 '독일 자체가 망하지 않게 하기 위해' 노동시장 개혁을 추진하다가 정권마저 잃은 여건에서 슈뢰더의 정책을 그대로 이어받아 2005년에 11.3%에 이른 실업률을 4선을 거치면서 2018년 말에 3.4%까지 낮췄다. 실업률 3.4%는 완전고용의 척도(尺度)인 '4.0% 실업률'보다 훨씬 더 낮다. '완전고용은 최고의 복지'라는 세계적 공인을 감안할 때 메르켈은 복지정책과 상관없이 노동시장 개혁만으로도 '최고의 복지'를 실현한 셈이다. 우리는 메르켈 같은 정치가가 필요하다.

문재인 대통령, 슈뢰더-메르켈 벤치마킹해야 경제가 산다

문재인 대통령은 대선 후보 때부터 취임 1년 반이 지난 시점까지 줄곧 사회주의로 가는 노동정책만 쏟아내고 있다. 영국, 뉴질랜드, 독일이 노동시장 개혁에 성공하여 경제를 살렸다는 점을 감안할 때 문재인 대통령의 친노(親勞)정책은 한국경제를 침체의 늪으로 빠뜨리고 말 것이다. 참고로, 중요성을 감안하여 뉴질랜드 노동시장 개혁을 〈07 부록〉으로 이 글의 끝에 첨부했다.

문재인 대통령은 대선 후보 때부터 '일자리 창출'을 최우선 정책과제로 내세워 대통령 취임 직후 청와대에 일자리 상황판을 설치할 정도였다. 그러나 문재인 대통령의 노동정책은 '거꾸로 가는 정책'뿐이어서 일자리를 만들기는커녕 오히려 소멸시키기만 해 오고 있다. 몇 가지 노동정책을 간략히 비판한다.

• 비정규직 제로 추진

문재인 대통령은 당선 직후 공항공사로 달려가 비정규직 정규직화를 선언했다. 그는 대선 공약으로 '비정규직 제로'를 선언했었다. 공항공사의 비정규직 정규직화가 지연되자 민노총이 공항공사를 찾아가 대통령의 공약 실천을 촉구하기도 했다. 이제 청년들에게 '신의 직장'으로 일컫는 공공부문 일자리는 '그림의 떡'이 될 것이고, '고용절벽'은 더욱 높아지게 될 것이다. 뿐만 아니라 한국은 정규직 고용보호가 세계에서 가장 심한 나라 가운데 하나인데, '비정규직 제로화'가 이뤄지면 한국은 정규직 해고란 명실공히 '그림의 떡'이 되고 말 것이다.

• 공공부문 인력·공무원 81만 명 증원

문재인 대통령은 대선 후보 때 공공부문 인력과 공무원으로 81만 명을 증원하겠다고 공약하고, 필요한 예산은 4조 원이라고 발표했다. 이는 크게 잘못된 액수이고, 40조 원 가량 든다고 내가 처음으로 지적했다.[106] 그런데도 문재인 대통령은 끝내 사과 한 마디 없다.

---

106) 박동운(2017.4.21), 〈문재인 후보의 셈법, 81만 명 채용에는 세금 40조 원이 드는데 4조원이라!(조선pub 칼럼.) 4,000,000,000,000원÷810,000명=4,938,272원. 이는 연봉이다. 4,938,272원÷12월=411,523원. 이는 월급이다. 월급 41만 원 정도 주는 공무원을 81만 명이나 뽑는다니! 더군다나 4조 원 풀어 공무원 81만 명을 뽑는다면 월급을 1년만 주고 끝낼 것인가? 30년 근무한다 하고 보너스, 연금 등을 감안하면 81만 명에게 드는 총비용은 700조 원 가까이 될 것이다. 그런데도 문재인 대통령은 잘못된 셈법이라고 사과 한 마디 없었다. 대통령이 국민을

• 청와대 '일자리 상황판'

문재인 대통령은 일자리 창출에 관심을 쏟고, 취임 직후 '일자리 위원회'를 도입하면서 청와대에 '일자리 상황판'을 설치했다. 그러나 '일자리 상황판'은 한 번도 작동하지 않았다.

• 최저임금 대폭 인상

문재인 대통령은 대선 후보 때 시급 6,470원 최저임금을 2020년까지 1만 원으로 올리겠다고 공약하고, 2018년에 16.4% 올렸다. 이로 인해 저임금 일자리가 사라져 실업률이 IMF 이후 최악을 기록하고, 영세업자들이 최저임금 인상으로 줄폐업하고, 최저임금 관련 상품가격이 줄지어 오르고, 소득 하위계층의 소득불평등이 악화되고, 심지어 세금으로 중소기업을 돕는 정책까지 등장했다. 2019년에도 최저임금 법정인상률은 10.9%나 되어 시급이 8,350원이 된다. 여기에다 '주휴수당, 주휴시간'까지 포함하면 실제인상률은 33%나 되어 최저임금 시급이 10,030원으로 오른다. 최저임금 폭탄이 한국경제를 침몰시켜가자 문재인 정부가 (이 글을 쓰는 시점인) 2019년 벽두에 '최저임금 개편안'을 내놓았는데, 노동계와 소상공인 모두가 반대하는 입장이다. 최저임금이 폭탄으로 바뀌게 된 이유는 문재인 대선 후보가 최저임금을 재임 3년 동안에 시급을 1만 원으로 대폭 올리겠다고 공약했기 때문이다.

• 소득주도 성장 정책

문재인 대통령은 소득주도 성장 정책을 도입하여 경제를 더욱 망

─────────────

이렇게 속여도 되는 것인가!

치고 있다. 소득주도 성장이란 '실험실 안의 이론'으로 허구다. 스위스가 '전 국민에게 기본소득 2500 스위스프랑(한화 약 275만원)을 지급하는 소득주도 성장' 실험을 놓고 2016년에 국민투표를 실시하여 부결(찬성 23%)되었다. 핀란드가 2018년 4월 23일에 실험 중인 기본소득제(소득주도 성장) 시범사업을 중단한다고 발표했다. 핀란드는 기본소득제를 전국적으로 확대하려면 소득세를 30%나 더 올려야 하므로 '기본소득제 실험'을 중단하게 되었다고 발표했다. 소득주도 성장은 캐나다, 미국, 인도의 몇 개 주(州)에서 한정된 인원을 대상으로 실험 중이고, 한국에서만 전국적으로 실험 중이다. 경제학은 실험의 학문이 아니기 때문에 소득주도 성장이 성공할 가능성은 전혀 없다. 문재인 대통령은 최저임금 대폭 올려 소득주도 성장을 시도했지만 경제가 망가지고 있지 않은가!

• 노조 출신들이 점령한 노사 관련 조직

노조 출신만으로 노사관련 조직을 구성하여 한국은 명실공히 노조 천국이 되어 있다. 고용노동부장관을 비롯하여 경제사회노동위원회 위원장, 일자리위원회 부위원장, 한국산업인력공단 이사장, 한국폴리텍대 이사장, 노사발전재단 사무총장, 한국공항공사 공항버스 사장 등이 모두 노조 출신이다. 특히 민노총 출신이 노사관련 조직의 주요 자리를 독점하고 있다.

• 세금 풀어 일자리를 만들기

문재인 대통령은 여러 차례 세금 풀어 청년 일자리를 지원해 왔다. 세금 풀어 일자리를 만드는 나라가 지구상 어디에 있을까! 사회주의

국가에서나 있을 법한 일이다.

• 유예 기간 없는 '주 52시간 근로'

유예기간 없이 실시된 '주 52시간 근로'는 인력난을 가중시켜 중소기업 경영을 더욱 어렵게 만들 것이다.

문재인 대통령, 경제를 알까? 모를까?

앞에서 언급한 문재인 대통령의 노동정책은 한결같이 '거꾸로 가는 정책'뿐이다. 문 대통령은 2019년 1월 10일 신년 기자회견에서, 청년실업률이 최악인데도 '20대 고용률은 사상 최고'라며 현실과 동떨어진 자화자찬만 늘어놓았다. 문 대통령은 '경제는 아프다'면서도 '정책은 안바꾼다'는 입장이다. 문 대통령의 '거꾸로 가는 정책'이 지금 한국경제를 침몰시키고 있다. 그래서 나는 묻지 않을 수 없다. 문재인 대통령, 과연 경제를 알까? 모를까?

문재인 대통령의 통치 스타일을 놓고, 김순덕 동아일보 논설위원은 "정권 초 괴물은 머리카락을 보인다"며 이렇게 썼다. "대통령한테 대리운전을 시킨다는 말까지 듣는 '전대협 청와대'가 걱정스러운 것도 이 때문이다."[107] 최보식 조선일보 선임기자는 또 이렇게 썼다. "현 정권은 유독 사실을 따져보고 확인하는 절차를 무시한다. 그 첫 줄에 문 대통령이 있다. 어디서 한 가지를 얻어들으면 그게 답이 돼 버린다. …. 만화 같은 재난 영화 '판도라'에 크게 감동하고 국민 안전을

---

107) 동아일보(2018.12.3.), 〈김순덕 칼럼: 괴물은 정권 초 머리카락을 보인다〉.

위해 탈원전 결심을 했다는 게 대표적인 사례일 것이다. …. 이런 지
경에 빠진 것이 본인의 타고난 스타일 때문인지, 공부를 덜 한 탓인
지, 아니면 청와대 참모들에게서 한쪽 이념으로 오염된 자료만 보고
받아 그런지는 알 수 없다. …."[108]

---

108) 조선일보(2018.12.28.), 〈최보식 칼럼: 이제껏 무슨 虛像에 홀려 열심히 쫓아다녔나〉.

〈07 부록〉 뉴질랜드의 노동시장 개혁, 소중한 교훈이다

(앞에서 언급한 대로, 1980년대 중반에 세계에서 노동시장이 가장 경직되었던 뉴질랜드는 가까스로 노동시장 개혁에 성공하여 지금은 미국, 영국 다음으로 노동시장이 유연한 나라로 바뀌어 있다. 뉴질랜드의 노동시장 개혁은 우리에게 소중한 교훈이라고 생각되어 〈부록〉으로 첨부한다.)

한국경제는 노무현 정부 이후로 저성장의 늪에서 벗어나지 못하고 있다. 그 이유의 하나는 노동시장 경직화에서 찾아야 한다. 한국경제의 지속적인 성장을 위해 노동시장 개혁은 시급한 과제다. 어느 대통령이 '고양이 목에 방울을 달까?' '뉴질랜드 노동시장 개혁'은 우리에게 소중한 교훈이다.

강성노조, 뉴질랜드를 노동시장이 경직된 나라로 만들다

뉴질랜드는 1980년대 중반부터 영국인들이 '신이 내린 천국'을 건설하겠다며 뉴질랜드에 정착하기 시작했다. 영국인들은 출발부터 뉴질랜드를 '노동자 천국'으로 건설해 갔다.

뉴질랜드는 1894년에 세계 최초로 최저임금제를 도입했다. 최저임금제 도입은 노동자들을 보호하고, 조직화되지 않은 공장 노동자들

의 혹사를 방지하려는 데 있었다. 그 후 최저임금제는 전 세계로 퍼져 나갔다. 뉴질랜드는 또 1894년에 '산업 평화와 중재에 관한 법'을 도입했다. 이 법은 항만노조의 격렬한 파업을 막고 산업 평화와 중재를 실현할 목적으로 도입되었다. 그런데 이 법은 시간이 지나면서 '노동자 천국'의 기반을 다지는 법으로 악용되었다. 이 법에 힘입어 뉴질랜드는 100여 년 동안 중앙집권적 노사관계를 유지하여 강성노조가 탄생했다.

강성노조는 파업을 강행하다가 1916년에 노동당을 창당했고, 1935년에 집권에도 성공했다. 정권을 잡은 노동당은 모든 노동자를 의무적으로 노조에 가입케 했고, 각종 사회입법과 사회보장제도를 무차별적으로 도입했다. 모든 노동자는 고용계약 체결 후 14일 이내에 노조에 가입해야 했고, 정부에 설립신고를 마친 노조는 해당 직종의 모든 노동자에 대해 독점권을 가졌다. 그 과정에서 뉴질랜드경제는 1970년대에 두 차례의 유가파동을 겪고 나서 활력을 잃고 말았다. 강성노조는 1980년대 중반에 뉴질랜드를 세계에서 노동시장이 가장 경직된 나라로 만들었다.

롱이 총리, 구조개혁을 추진하다

노동당 롱이 총리는 1984년에 정권을 잡자마자 영국의 마거릿 대처처럼 구조개혁을 추진하기 시작했다. 롱이 총리에 이어 파머·무어·볼저 총리도 1996까지 지속적으로 구조개혁을 추진했다. 구조개혁은 비교적 성공적으로 추진되었지만 노동시장 개혁은 노조의 막강한 파워에 밀려 성역(聖域)으로 남아 있었다. 노동시장 개혁은 3차에 걸쳐 추진되었다.

1차 노동시장 개혁은 국민당 정부가 1980년대 초반에 추진했지만 강성노조의 파워에 밀려 실패했다. 2차 노동시장 개혁은 1984년에 노동당 정부가 추진하다가 역시 강성노조의 파워에 밀려 실패했다. 3차 노동시장 개혁은 국민당 볼저가 정권을 잡고 우여곡절 끝에 1991년 5월 15일에 가까스로 '고용계약법'을 도입함으로써 성공했다. 이 법 도입만으로 100여 년 동안 유지되어 오던 '중앙집권적 노사관계'가 하루아침에 '분권적 노사관계'로 바뀌었다. 다음은 노동시장 개혁이 가져온 주요 변화다.

- 고용계약은 고용주와 노동자 간에 자유롭게 체결되었다.
- 고용계약에서 법적 규제가 거의 사라졌다.
- 노조가 가진 의무가입규정과 독점적 교섭권이 폐지되었다.
- 노조는 산업별·직종별 파업을 할 수 없게 되었다.
- 분쟁조정은 원칙적으로 자율적으로 해결하게 되었다.
- 단체협약의 포괄적 적용이 폐지되었다.
- 기업별 임금교섭이 가능해졌다.
- 노동이 더 이상 특별 상품으로 간주되지 않게 되었다.
- 노조파워 약화로 단체행동에 의한 파업이 크게 감소했다.
- 임금상승률이 낮아졌고 근로형태가 다양해졌다.

이렇게 하여 뉴질랜드는 1980년대 중반에 세계에서 노동시장이 가장 경직되었던 나라였지만 지금은 미국, 영국 다음으로 노동시장이 유연한 나라로 바뀌었다. 경제도 살아났다.

뉴질랜드는 1970년대 후반부터 1990년 초 노동시장 개혁이 성공할 때까지 총리가 다섯 차례나 바뀌었다. 그런 과정을 거쳐 뉴질랜드는 노동시장 개혁에 성공할 수 있었다. 노동시장을 개혁하여 경제를 살리려는 통치자의 의지, 그것이 교훈이다.

박동운(朴東雲)

- 1941년 광주광역시 출생
- 광주서중과 광주제일고 졸업
- 전남대 문리대 영문학과 졸업
- 미국 하와이대에서 경제학 석사 및 박사학위 받음
- 박사학위 논문: Sources of Employment Growth in the Korean Manufacturing Sector, 1963-1973
- 전남대 경영대 교수, 단국대 상경대 경제학과 교수, 현재 단국대 경제학과 명예교수

저서
- 『최저임금제』(공저, 우아당, 1985)
- 『한국기업과 고용창출』(공저, 전경련 경제사회연구원, 1990)
- 『전환기의 중국경제』(공저, 집문당, 1992)
- 『최저임금제도의 개선방향』(대한상의, 1992)
- 『노동시장의 유연성』(자유기업원, 1997)
- 『개방경제 거시경제론-이론과 정책』(영지문화사, 1999)
- 『구조개혁과 실업대책-OECD 국가들의 경험을 중심으로』(집문당, 2000)
- 『Q&A 형식으로 엮은 시장경제 이야기』(FKI미디어, 2001; 제13회 시장경제출판문화상 우수상 수상)
- 『시장경제인가, 반(反)시장경제인가-김대중 정부의 구조개혁 평가』(자유기업원, 2002)
- 『한국 노동시장, 지금 어디로 가고 있는가-〈Q&A〉 노동시장 유연성의 국제비교』(FKI미디어, 2003)
- 『경제사회 구조와 복지』(공저, 도서출판 소화, 2003)
- 『대처리즘: 자유시장경제의 위대한 승리-구조개혁에 성공한 마거릿 대처 전 영국 수상 이야기』 (FKI미디어, 2004; 제15회 시장경제출판문화상 우수상 수상)
- 『위기의 한국경제 시장경제가 돌파구다-국제비교를 통해본 한국경제의 과제와 방향』(월간조선사, 2005)
- 『대처리즘: 자유시장경제의 위대한 승리-구조개혁에 성공한 마거릿 대처 전 영국 수상 이야기』 개정판(FKI미디어, 2005)

- 『21세기 한국-자유, 진보 그리고 번영의 길』(공저, 나남출판, 2005)
- 『경제정책의 방향을 돌려라-노무현 정부의 반(反)시장정책, 비판과 대안』(자유기업원, 2006)
- 『세상을 움직이는 힘-시장경제와 사람 사는 이야기』(삼영사, 2006)
- 『마거릿 대처 시장경제로 영국병을 치유하다』(살림, 2007)
- 『희망한국 이야기 더 좋은 대한민국 가꾸기』(FKI미디어, 2007; 제19회 시장경제출판문화상 추천도서상 수상)
- 『CEO정신을 발휘한 사람들』(삼영사, 2008)
- 『노동시장은 왜 유연해야 하는가-노동시장 유연성의 국제비교가 주는 교훈』Issue Paper 09-06 (한국경제연구원, 2009. 6)
- 『성경과 함께 떠나는 시장경제 여행』(FKI미디어, 2009)
- 『장하준 식 경제학 비판』(nos vos, 2011)
- 『좋은 정책이 좋은 나라를 만든다』(FKI미디어, 2012)
- 『나는 왜 자유주의자가 되었나』(공저, 에프케이아이미디어, 2013; 제25회 시장경제출판문화상 대상 수상)
- 『대한민국 가꾸기』(선, 2015).
- 『노동시장 개혁은 슈뢰더처럼, 대처처럼』(keri, 2016).
- 『오래된 새로운 비전, 전략』(공저, 기파랑, 2017).
- 『기적의 한국경제 70년사』(공저, 북앤피플, 2018).
- 『성경, 예수, 그리고 기업가정신』(이담북스, 2018).

등 30여 권.

논문
- 90여 편 발표

국가와 세계를 바꾼

위대한 7인의 정치가

초판 1쇄 인쇄 2019년 3월 10일
　　　　발행 2018년 3월 15일

지은이 | 박동운

펴낸곳 | 북앤피플
대　표 | 김진술
펴낸이 | 김혜숙
디자인 | 박원섭

등　록 | 제2016-000006호(2012. 4. 13)
주　소 | 서울시 송파구 성내천로37길 37, 112-302
전　화 | 02-2277-0220
팩　스 | 02-2277-0280
이메일 | jujucc@naver.com

ⓒ2019, 박동운
ISBN 978-89-97871-39-1 03340